Cycle 3
CM1

Outils pour le Français

NOUVELLE ÉDITION

Sylvie Bordron
Professeur des Écoles
Documentaliste

Martine Palau
Professeur des Écoles

Hélène Pons
Agrégée de l'université

Coordination
Claire Barthomeuf
Professeur des Écoles

MAGNARD
www.magnard.fr

Sommaire

Grammaire

La phrase et le texte

Les fonctions dans la phrase

Le nom et le groupe nominal

Conjugaison

Le verbe

Le présent de l'indicatif

Le futur de l'indicatif

Les temps du passé de l'indicatif

Un autre mode

Orthographe

Des sons, des lettres

Les homonymes grammaticaux

Les accords

Vocabulaire

Le dictionnaire

La formation des mots

Le sens des mots

Enrichir son vocabulaire

Conception de couverture : Delphine d'Inguimbert ■ **Conception intérieure :** Avis de Passage
Illustrations : Mélisande Luthringer, Florence Quintin (pp. 15, 17, 19, 103, 111, 112, 117, 141, 187), Stéphane Sénégas (pp. 31, 200)
Mise en page : Al'Solo ■ **Relecture :** Lucie Martinet ■ **Droits textes :** Sophie Delauney
Iconographie : Virginie Dauvet ■ **Édition :** Virginie Chartrel

Outils

Le titre du **chapitre**.

Le titre de la **leçon**.

Grammaire *Les fonctions dans la phrase*

Le sujet du verbe

Un texte à lire et à observer.

La camionnette cahotait sur la piste de terre rouge.
– C'est ici que commence la réserve, dit mon père.
Devant moi s'étendait une vaste plaine, cernée de collines boisées : le pays Lobi. Mes yeux n'étaient pas assez grands pour contenir son immensité...
En franchissant la rivière, je vis mes premiers hippopotames.

René Guillot, *Le Maître des éléphants*, Magnard Jeunesse.

Des activités collectives pour réfléchir et manipuler ensemble.

Cherchons

- **Repérez tous les verbes conjugués du texte et leurs sujets. Comment faites-vous pour identifier les sujets ?**
- **Observez la phrase en rouge. Que remarquez-vous sur la place du sujet ? Citez une autre phrase construite de la même façon.**
- **Remplacez le sujet de la première phrase par *les camions* : qu'est-ce qui change ?**

Le mémento : ce que tu dois retenir.

✔ Le sujet **commande** le verbe : le verbe s'accorde en personne et en nombre avec son sujet.

✔ Le sujet peut être :
– un **groupe nominal** :
La camionnette cahotait sur la piste de terre rouge.
– un **pronom** : *Je vis mes premiers hippopotames.*
– un **nom propre** : *René Guillot a écrit* Le Maître des éléphants.
– un **infinitif** ou un **groupe infinitif** :
Voir les hippopotames a été extraordinaire.

✔ Le sujet peut être placé après le verbe : c'est un **sujet inversé**.
Devant moi s'étendait une vaste plaine.

Les objectifs des exercices.

Des exercices pour t'entraîner.

Reconnaître le sujet d'un verbe

1 * **Recopie les phrases et souligne le sujet.**

Pour t'aider à trouver le sujet d'un verbe, tu peux utiliser la formule « c'est... qui ».

a. Une montgolfière multicolore vole au-dessus d'un champ de coquelicots.
b. Les CD et les cassettes sont rangés à côté de la chaîne hi-fi.
c. Vous roulez beaucoup trop vite !
d. Es-tu content de ta nouvelle bicyclette ?
e. Chanter est ma passion.

POUR LE
Français

Le niveau de difficulté de l'exercice.

2 * Recopie ce texte en sautant des lignes. Souligne les sujets des verbes en gras, puis trace une flèche du sujet vers le verbe.
Il y a longtemps, dans un vieux château, **vivait** une ravissante princesse. Un jour, elle **vit** arriver un chevalier dont l'armure **portait** les traces d'un récent combat. Son cheval, lui aussi, **semblait** fourbu. Prise de pitié, la princesse **fit** abaisser le pont-levis et **accueillit** le cheval et le chevalier.

Identifier la classe grammaticale du sujet

3 * Relève les sujets des verbes en gras. Précise quelle est leur nature (nom propre, groupe nominal, pronom, groupe infinitif).
→ ***a.*** *Zak : nom propre*

Attention, relève bien tous les sujets !

a. Pour le carnaval, Zak **s'était déguisé** en chevalier du Moyen Âge.
b. Fabriquer l'armure n'**avait** pas **été** facile.
c. « **Veux**-tu que je t'**aide** à mettre ton armure ? » **a demandé** la maman de Zak.
d. « Mon armure m'**empêche** de courir ! » **s'exclama** le jeune chevalier.

4 * Même exercice.
Thomas ne **cessait** de s'émerveiller du confort luxueux de la grosse voiture. Le tissu du siège **était** doux. Tout **était** méticuleusement rangé, bien à sa place. Le tableau de bord **brillait** doucement dans l'obscurité, et le véhicule **avançait** souplement dans la nuit avec un ronron discret propice aux rêves les plus fous.

Hélène Montardre, *La Nuit du rendez-vous*, Magnard.

Utiliser les pronoms sujets

5 * Remplace le sujet en gras par un pronom personnel.
Mon frère et ma sœur *vont au collège.*
→ *Ils vont au collège.*
a. Tous les samedis matin, **mon père et moi** allons à la piscine.
b. Étienne et toi êtes de vrais champions aux rollers !
c. Djamila et ses frères ont invité toute la classe à goûter.
d. Jeanne et moi prenons le même autobus pour aller à l'école.
e. Loubna et Rosalie prennent le même autobus pour aller à l'école.

Trouver des sujets

6 ** Construis des phrases avec un sujet en respectant la classe grammaticale du sujet indiquée entre parenthèses.

Accorde le verbe avec son sujet. Tu peux conjuguer les verbes à des temps différents et ajouter des mots.

Des conseils pour t'aider.

a. *(nom propre)* manger avec ses doigts
b. *(pronom personnel)* ranger sa chambre
c. *(groupe nominal)* traverser la pièce en courant
d. *(noms propres)* arriver en avance
e. *(infinitif)* être une activité agréable

Écrire

Une activité d'écriture pour utiliser ce que tu as appris dans cette leçon.

7 Imagine le début de l'histoire représentée par le dessin puis invente la suite.

Utilise des sujets variés : des groupes nominaux, des pronoms, des noms propres.

La phrase

Vendredi, dix-huit heures trente. La sonnerie du téléphone... Quentin saute sur le combiné.
« Ça, c'est p'pa qui va me dire qu'il sera en retard !
– **Allo ?**
– **Quentin ?** C'est papa. Ta mère n'est pas encore rentrée ? »
Le garçon sourit pour lui-même.
« Non, elle est à la librairie. [...] Tu es où, toi ? Je t'attends. »
Embarras du père. La petite toux habituelle.
« Je suis encore au bureau. J'aurai un peu de retard... C'est à cause d'une affaire qui vient de nous tomber dessus ! »

Didier Convard, *Les Trois Crimes d'Anubis*, Magnard.

Cherchons

- **Combien y a-t-il de phrases dans ce texte ? Comment les avez-vous reconnues ?**
- **Quelle est la particularité des phrases en rouge ?**

✔ Une phrase est une **suite de mots** qui a un **sens**.
Une phrase commence par une **majuscule** et se termine par un **point** (.), un point d'interrogation (?), un point d'exclamation (!) ou par des points de suspension (...).

✔ Lorsque la phrase comporte un ou plusieurs **verbes conjugués**, c'est une **phrase verbale** : *Quentin **saute** sur le combiné.*

✔ Lorsqu'elle ne comporte pas de verbe conjugué, c'est une **phrase non verbale** : *Vendredi, dix-huit heures trente.*

Écrire des phrases qui ont un sens

1 * **Reconstitue les phrases en écrivant les mots dans le bon ordre.**

N'oublie pas les majuscules et la ponctuation.

a. adore • dessinées • des • Jade • lire • bandes
b. aventures • au • merveilles • les • d' • des • Alice • pays
c. piscine • chaque • vais • mercredi • à • je • la • matin
d. date • rouge • souligner • la • en

Reconnaître les phrases verbales et les phrases non verbales

2 * **Classe les phrases dans le tableau.**

phrases non verbales	phrases verbales

a. Quelle heure est-il ?
b. Nous n'irons plus au bois.
c. Pas chères, mes oranges, pas chères !
d. Quelle belle journée !
e. Éteignez les lumières, s'il vous plaît.

3 * **Même exercice.**
a. Fin de la représentation à dix heures.
b. Le concours débutera dans une heure.
c. La course se termine bientôt.
d. Arrivée de la course dans une dizaine de minutes.
e. Réduction de 30 % sur tous les articles.
f. Une réduction de 30 % est accordée sur tous les articles.

Transformer les phrases verbales et les phrases non verbales

4 ** **Transforme les phrases non verbales en phrases verbales.**
Grande vente de printemps à la salle des fêtes.
→ *Une grande vente de printemps est organisée à la salle des fêtes.*
a. Temps pluvieux au nord de la Loire.
b. Naissance d'un lionceau au cirque Caruso.
c. Sortie des passagers porte B.
d. Début du match dans une demi-heure.
e. Fin de la période des soldes samedi prochain.

5 ** **Transforme les phrases verbales en phrases non verbales.**
Les passagers doivent obligatoirement boucler leur ceinture.
→ *Bouclage des ceintures obligatoire.*
a. Vous n'avez pas le droit de stationner entre 8 heures et midi.
b. Faites attention, le chien est méchant.
c. Il y a une école. Réduisez votre vitesse.
d. Exceptionnellement, les boutiques de jouets seront ouvertes dimanche toute la journée.

6 ** **Astérix était très pressé. Il a laissé un message rapide à Obélix. Réécris ce message en utilisant des phrases verbales.**
Grande agitation chez les Romains, ce matin. Arrivée de César prévue pour bientôt. Sangliers effrayés. Enquête nécessaire. Rendez-vous sous le chêne après la sieste. Sans menhir !

7 ** **Lis ces résumés de romans. Écris, avec des phrases non verbales, les titres qui pourraient convenir.**
a. Paul habite avec son père au Muséum d'histoire naturelle. Un vieux musée rempli de minéraux, d'animaux empaillés… Mais celui-ci doit fermer et, au fil des jours, des événements surprenants et inquiétants surviennent : une momie disparaît, les animaux empaillés semblent se réveiller... Que se passe-t-il au Muséum ?
b. L'éditeur des éditions Garnassière participe à une conférence sur le polar, au Salon du livre. Il monte sur l'estrade et fait un malaise... mortel !
c. La sœur de Lucas a perdu ses boucles d'oreilles en forme de clés de sol ; sa maman a égaré son trousseau de clés ; son papa, lui, cherche ses clés anglaises. Que s'est-il passé ? Lucas, lui, garde le silence... Détiendrait-il la clé du mystère ?

Écrire

8 **Observe ces titres de romans et explique avec des phrases verbales de quoi il peut s'agir.**
a. *Le Club des cinq sur la piste du trésor*
b. *Les Trois Souhaits*
c. *L'Étrange Monsieur Bobo*

La ponctuation

Texte 1

la sixième planète était une planète dix fois plus vaste elle était habitée par un vieux Monsieur qui écrivait d'énormes livres tiens voilà un explorateur s'écria-t-il quand il aperçut le petit prince le petit prince s'assit sur la table et souffla un peu il avait déjà tant voyagé d'où viens-tu lui dit le vieux Monsieur quel est ce gros livre dit le petit prince que faites-vous ici je suis géographe, dit le vieux Monsieur

Texte 2

La sixième planète était une planète dix fois plus vaste. Elle était habitée par un vieux Monsieur qui écrivait d'énormes livres.
« Tiens ! voilà un explorateur ! » s'écria-t-il, quand il aperçut le petit prince.
Le petit prince s'assit sur la table et souffla un peu. Il avait déjà tant voyagé !
« D'où viens-tu ? lui dit le vieux Monsieur.
— Quel est ce gros livre ? dit le petit prince. Que faites-vous ici ?
— Je suis géographe, dit le vieux Monsieur. [...] »

Antoine de Saint-Exupéry, *Le Petit Prince*, © Éditions Gallimard.

Cherchons

- **Quel texte est le plus facile à lire ? Pourquoi ?**
- **Nommez les éléments que l'on ne voit que dans le texte 2.**

✔ La ponctuation sert à marquer les limites entre les phrases et à indiquer les pauses et l'intonation.

✔ Le **point**, le **point d'exclamation**, le **point d'interrogation** et les **points de suspension** marquent la fin des phrases.

✔ La **virgule** sépare différents mots ou groupes de mots.

✔ Les **deux-points** indiquent une énumération ou permettent de rapporter les paroles de quelqu'un.
Le vieux monsieur s'écria **:** *« Tiens ! voilà un explorateur ! »*

✔ Les **guillemets** indiquent le début puis la fin d'un dialogue.

✔ Le **tiret** indique un changement de la personne qui parle dans un dialogue.
« *D'où viens-tu ? lui dit le vieux Monsieur.*
— *Quel est ce gros livre ? dit le petit prince. Que faites-vous ici ?* **»**

Utiliser les signes de ponctuation

1 * Ajoute le signe de ponctuation qui convient à la fin de chaque phrase.

a. Quelle joie de lire votre lettre
b. Avez-vous retrouvé tous les signes de ponctuation
c. C'est facile de reconnaître les phrases
d. Penses-tu réussir cet exercice
e. Concentrez-vous davantage

2 * Recopie le texte et remplace les ★ par une virgule ou par un point. Ajoute les majuscules après les points.

Autrefois ★ les fées ★ les elfes ★ les magiciens et les lutins se réunissaient dans cette clairière ★ ils décidaient du sort des hommes ★ des femmes ★ des enfants qui avaient pénétré dans la forêt et qui avaient découvert leurs lieux de réunion ★ leur présence ou certains secrets ★ c'est là ★ dans ce lieu mystérieux ★ que je les ai rencontrés un soir de l'été dernier ★

3 * Écris une phrase pour décrire chaque dessin en utilisant les deux-points et des virgules.

4 ** Recopie ce texte en ajoutant la ponctuation et les majuscules.

qui est prêt demanda le maître il prit les ballons et se dirigea vers le terrain de sport nous étions un peu énervés à l'idée de rencontrer l'équipe des CM de l'école du centre c'était sûr nous allions gagner ils ne pouvaient pas nous battre

5 ** Recopie ce dialogue en ajoutant la ponctuation et les majuscules.

veux-tu venir avec moi
non je préfère rester ici
tant pis pour toi je m'en vais au revoir
attends j'ai changé d'avis je viens avec toi

Comprendre l'importance des signes de ponctuation

6 ** Écris ces phrases en plaçant la ponctuation de deux manières différentes. Tu obtiendras des phrases qui n'ont pas le même sens.

a. Mon père pensa ce garçon est de bonne humeur.
b. Il y a du soleil depuis ce matin je suis en forme.
c. Le lion a failli dévorer le dompteur Jules le clown l'a sauvé.

7 ** a. Recopie ce texte en ajoutant les majuscules et la ponctuation.

tu as entendu le chien demande Laurence à Mickette il fait grand jour et tout le monde petit-déjeune sur la terrasse Mickette lève la tête de son bol de café au lait et comme elle a la bouche pleine elle se contente de faire « oui » de la tête ça m'a empêché de dormir dit papa et moi donc renchérit Laurence

Gudule, *Le Château des chiens perdus*, Hachette Jeunesse.

b. Compare ton texte avec celui de ton voisin. Vous n'aurez peut-être pas fait les mêmes choix. Voyez ensemble quels sont les meilleurs choix.

Écrire

8 Imagine que tu rencontres ton héros préféré (de roman ou de bande dessinée). Écris, sous la forme d'un dialogue, ce que vous vous dites.

Les types de phrases

Qu'est-ce qu'un Euoplocephalus ? Soyez attentifs. Je vais vous le dire. C'était un des premiers dinosaures. Il était quadrupède, ce qui veut dire qu'il marchait sur quatre pattes. Pour se défendre, il disposait d'une arme très originale : sa queue. Elle se terminait par une sorte de massue osseuse, il pouvait donc assommer ses ennemis d'un simple coup de queue. Quel redoutable adversaire !

Cherchons

- **Que fait la personne qui parle dans la phrase en bleu ? Dans les phrases en vert ? Dans la phrase en rouge ? Dans la phrase en orange ? Quels éléments vous permettent de répondre ?**

On distingue **quatre types de phrases**.

✔ Les phrases **déclaratives** servent à donner un renseignement ou à décrire un fait. Elles se terminent par un point.
C'était un des premiers dinosaures.

✔ Les phrases **interrogatives** servent à demander un renseignement. Elles se terminent par un point d'interrogation.
Qu'est-ce qu'un Euoplocephalus ?

✔ Les phrases **injonctives** (ou impératives) servent à donner un ordre. Elles se terminent par un point ou par un point d'exclamation. Dans ces phrases, il n'y a pas de sujet et le verbe est conjugué au mode impératif.
Soyez attentifs.

✔ Les phrases **exclamatives** servent à exprimer un sentiment (joie, irritation, admiration, soulagement...). Elles se terminent toujours par un point d'exclamation.
Quel redoutable adversaire !

Reconnaître les types de phrases

1 * **Recopie les phrases déclaratives.**

a. Notre petit chat s'est enfui.

b. Vous n'auriez pas vu un chat noir à pattes blanches, par hasard ?

c. Où a-t-il pu aller, cette fois-ci ?

d. Il ne doit pas être bien loin.

e. Il revient toujours à l'heure des croquettes.

f. Le voilà enfin !

2 * **Classe les phrases ci-dessous dans le tableau.**

phrases déclaratives	phrases interrogatives

a. À quelle heure t'es-tu couché hier soir ?
b. J'ai vu des dizaines d'étoiles filantes.
c. Pourquoi s'est-il mis en colère ?
d. Que faites-vous ici ?
e. Il n'a jamais aimé les bonbons.

3 * **Recopie les phrases interrogatives.**

J'ai fourré mon trésor dans ma poche, et on est restés là un moment, plantés sur le trottoir, sans rien dire. Gary contemplait ses baskets. Puis il a relevé la tête et m'a dit :
– On recommence ? Qu'est-ce que tu en penses ? On refait une chasse au trésor ?
J'étais tout à fait d'accord.
– Avec des cartes ou avec des indices ?
– Moi, je vais faire une carte. (Je trouvais ça bien plus drôle.) Mais toi, si tu préfères, tu peux faire des indices.

Betsy Byars, *Les Sept Chasses au trésor*,
trad. R. M. Vassallo, D.R.

4 * **Recopie ces phrases en ajoutant un point d'exclamation ou un point d'interrogation.**

a. Savez-vous par qui la grotte de Lascaux a été découverte
b. Quelle splendeur, toutes ces peintures
c. Voyez-vous deux ou trois bisons sur cette paroi
d. Ne touchez pas les peintures, malheureux
e. Comme les couleurs sont vives

5 * **Classe les phrases dans un tableau à quatre colonnes : interrogatives, déclaratives, exclamatives, injonctives. N'inscris que la lettre.**

a. Nous avons très soif.
b. Quel magnifique paysage !
c. Quelle heure est-il ?
d. Il fait un temps superbe.
e. Prenez votre chapeau et vos gants.

6 * **Même exercice.**

a. Est-ce que vous êtes prêts ?
b. Il est tard ?
c. Il est tard !
d. Il est tard.
e. Partons vite !
f. Que je suis contente de te revoir !
g. Ne parle pas si fort !

7 ** **Indique à quel type de phrase appartiennent les phrases en gras.**

« **Vous ne pourrez quand même pas rester là éternellement, dit l'Oiseau Arc-en-Ciel.**
– **Pourquoi pas ?** demanda Bob l'Acrobate. L'endroit nous plaît.
– Tu changeras d'avis en hiver, dit l'Oiseau Arc-en-Ciel. Je ne crois pas que les singes aiment le froid, n'est-ce pas ? [...]
– **Alors que faire ?** demanda Bob l'Acrobate. **Ma femme et moi, nous allons mourir de froid !**
– Pas du tout, répliqua l'Oiseau Arc-en-Ciel. Dès que les premières feuilles tomberont des arbres, en automne, vous rentrerez en Afrique à tire-d'aile, avec moi.
– **Ne dis pas de bêtises !** s'exclama Bob l'Acrobate. **Les singes ne volent pas.** »

Roald Dahl, *Les Deux Gredins*,
trad. M.-R. Farré, © Roald Dahl Nominee,
© Éditions Gallimard.

Utiliser des phrases déclaratives

8 * **Réponds aux questions par une phrase déclarative en utilisant les éléments proposés entre parenthèses.**

a. Où a-t-elle posé son cartable ? *(sous le portemanteau)*
b. Quel âge a Émilie ? *(dix ans)*
c. Que prennent les jeunes Anglais au petit déjeuner ? *(céréales, œufs à la coque ou au plat, jambon, lait, jus de fruits)*
d. À quelle heure les enfants se sont-ils réveillés ? *(7 heures)*
e. Pourquoi faut-il se laver les dents après chaque repas ? *(dents en bonne santé)*
f. Combien de temps dure le film que nous allons voir ? *(1 h 30 min environ)*

Les types de phrases

9 * **Réponds aux questions par une ou deux phrases déclaratives.**

a. Quelle est la différence entre un éléphant et un mammouth ?

b. Peut-on encore visiter la grotte de Lascaux ?

c. Dans quel pays y avait-il encore des troupeaux de bisons au XIXe siècle ?

d. Un daim est-il plus petit ou plus gros qu'un cerf ?

e. En dehors des mammouths et des bisons, quels animaux les hommes préhistoriques ont-ils représentés ?

10 * **Réponds aux questions par une phrase déclarative complète.**

a. Quel âge as-tu ?

b. Quel est ton sport favori ?

c. À quelle heure te couches-tu le soir (en général) ?

d. Quel est ton dessert préféré ?

e. As-tu un animal chez toi ? Sinon, aimerais-tu en avoir un ? Pourquoi ?

Utiliser des phrases interrogatives

11 * **Forme des phrases interrogatives avec les mots proposés.**

• *pourquoi / faire froid* (présent) / *en hiver / ?*

→ *Pourquoi fait-il froid en hiver ?*

• *quand / Kevin / rentrer* (passé composé) */ ?*

→ *Quand Kevin est-il rentré ?*

> **Remarque**
> Dans les phrases interrogatives, le verbe est réuni au pronom personnel par un **tiret**.

a. où / aller *(présent)* / tu / ?

b. quand / partir *(passé composé)* / en vacances / vous / ?

c. que / pour le goûter/ Jawad / manger *(présent)* / ?

d. à quelle heure / vos grands-parents / arriver *(futur)* / ?

e. combien / un agneau nouveau-né / peser *(présent)* / ?

12 ** **Pose la question qui correspond à la partie de la réponse écrite en gras.**

a. Aymeric a installé le barbecue **dans le jardin**.

b. **Kenza** s'occupera du dessert.

c. Ils ont oublié **les boissons**.

d. Nous avons joué **à la balle au prisonnier**.

e. Je pars en vacances **mercredi matin**.

f. C'est **Brice** qui a utilisé l'ordinateur.

g. Nous l'avons appelé **parce que nous étions inquiets**.

13 ** **Formule des questions qui correspondent à ces phrases déclaratives.**

a. C'est une figure géométrique qui a quatre côtés et quatre angles égaux.

b. Il faut utiliser un compas pour tracer un cercle.

c. Ce segment de droite mesure 5 cm.

d. L'équerre sert à tracer des angles droits.

e. Il y a deux diagonales dans un rectangle.

f. Le triangle possède trois côtés.

Utiliser des phrases injonctives

14 ** **Écris un petit texte avec des phrases injonctives pour expliquer à un camarade comment reproduire le dessin ci-dessous.**

À quel pays appartient ce drapeau ?

15 ** **Écris une phrase injonctive pour donner l'ordre ou la consigne dans les situations décrites. La personne qui donne la consigne est indiquée entre parenthèses.**

Sylvain et son frère ont rendez-vous chez le dentiste. (leur mère)

→ *N'oubliez pas de vous laver les dents avant d'aller chez le dentiste.*

Fais attention à la ponctuation.

a. À la ferme, le petit Fred se met juste derrière l'âne. *(sa maman)*
b. Marianne laisse tomber un papier de bonbon par terre. *(sa sœur)*
c. Zoé va traverser la rue et le feu est au vert pour les voitures. *(son papa)*
d. En géométrie, les élèves doivent tracer un cercle. *(la maîtresse)*
e. La récréation est finie. *(le maître)*

Transformer les différents types de phrases

16 ** **Transforme les phrases déclaratives en phrases injonctives et les phrases injonctives en phrases déclaratives.**

a. Il est interdit de jouer dans les douves du château.
b. Nous pourrions nous cacher dans les oubliettes.
c. Touristes, ne traversez pas le pont-levis.
d. Pour visiter le château, vous devez acheter des billets à la conciergerie.
e. Prenez la troisième rue sur la gauche.

17 ** **Réécris ces phrases interrogatives dans un langage moins familier.**

Remarque
À l'écrit, les phrases interrogatives ne sont pas construites de la même façon qu'à l'oral : le langage est moins familier.

a. T'es déjà allé en Afrique ?
b. C'est qui le gagnant ?
c. Vous partez où cet été ?
d. Quand est-ce que nous irons au cinéma ?

18 ** **Observe l'exemple puis complète chaque série de phrases.**

Phrase déclarative : *Tu fais tes devoirs régulièrement.*
Phrase interrogative : *Fais-tu tes devoirs régulièrement ?*
Phrase injonctive : *Fais tes devoirs régulièrement !*

a. *Phrase déclarative :* Tu réponds au téléphone.
Phrase interrogative : ....
Phrase injonctive : ....
b. *Phrase déclarative :* ....
Phrase interrogative : Allons-nous dîner au restaurant ce soir ?
Phrase injonctive : ....
c. *Phrase déclarative :* ....
Phrase interrogative : ....
Phrase injonctive : Arrosez vos plantes chaque matin.
d. *Phrase déclarative :* ....
Phrase interrogative : Ne viens-tu pas me voir demain ?
Phrase injonctive : ....

Utiliser différents types de phrases

19 ** **Un bébé vient de naître dans la famille. Utilise différents types de phrases pour exprimer ce que peut penser chaque membre de la famille (la grand-mère, la tante, le cousin...).**

20 ** **Réécris le texte ci-dessous sous la forme d'un dialogue en utilisant différents types de phrases.**

Monsieur Dupuis entre dans une boutique de jouets. Il s'adresse à la vendeuse et lui explique qu'il veut un jouet original pour l'anniversaire de sa fille qui a 10 ans. La vendeuse lui montre plusieurs jouets. Monsieur Dupuis choisit, sur les conseils de la vendeuse, un petit théâtre de marionnettes. Monsieur Dupuis est très content de son choix. Il remercie la vendeuse pour son aide et la salue joyeusement.

La forme affirmative et la forme négative

1. La guerre de Troie n'aura pas lieu.
2. Le Père Noël est une ordure.
3. Vous ne l'emporterez pas avec vous.
4. Y a-t-il un pilote dans l'avion ?
5. Ne touchez pas au grisbi !
6. Mais qui a tué Harry ?
7. La vie est belle !
8. Le train sifflera trois fois.
9. Il ne faut pas prendre les enfants du Bon Dieu pour des canards sauvages.

Cherchons

- **Voici des phrases utilisées pour des titres de films ou de pièces de théâtre. Lesquelles sont à la forme négative ? Lesquelles sont à la forme affirmative ?**
  Comment faites-vous la différence entre ces deux formes ?

✔ Les différents types de phrases peuvent être :

– à la **forme affirmative** :		– à la **forme négative** :
La guerre de Troie aura lieu.	→	*La guerre de Troie n'aura pas lieu.*
La vie est belle !	→	*La vie n'est pas belle !*
Y a-t-il un pilote dans l'avion ?	→	*N'y a-t-il pas un pilote dans l'avion ?*
Touchez au grisbi !	→	*Ne touchez pas au grisbi !*

Remarque *ne ... pas, ne ... plus, ne ... jamais, ne... rien, ne ... personne, ne ... aucun, ni... ni* sont les marques de la négation.

Distinguer les formes de phrases

1 * Classe les phrases dans le tableau.

phrases affirmatives	phrases négatives

a. Il n'est jamais content.
b. Avez-vous essayé de le convaincre ?
c. Je n'ai vraiment pas de chance.
d. Interdit de marcher sur la pelouse.
e. Il n'y a aucune erreur dans ta dictée !

2 * Même exercice.

a. Il n'aime ni le saucisson ni le pâté.
b. Justine refuse de partager son goûter avec son frère.
c. Je regarde souvent dans le dictionnaire.
d. Les enfants sont rentrés à pied.
e. Hamid n'a plus mal au ventre.
f. Il est inutile de prendre un parapluie.
g. Margaux et Sarah ne s'habituent toujours pas à leur nouvelle maison.

Reconnaître les mots de la négation

3 * **Recopie ces phrases et souligne les mots qui expriment la négation.**

Ces vers sont tirés des *Fables* de La Fontaine. Les reconnais-tu ?

a. La fourmi n'est pas prêteuse.
b. Le corbeau honteux et confus jura, mais un peu tard, qu'on ne l'y prendrait plus.
c. Je ne suis pas de ceux qui disent : ce n'est rien.
d. Le monde n'a jamais manqué de charlatans.

Utiliser la forme affirmative et la forme négative

4 * **Mets ces phrases à la forme affirmative.**
a. Nous n'avons pas le temps.
b. Ne tournez pas à gauche !
c. Ne sommes-nous pas les meilleurs ?
d. Qui n'a pas son livre de grammaire ?
e. Je ne mangerai ni les épinards, ni les endives.

5 ** **Mets les phrases affirmatives à la forme négative et les phrases négatives à la forme affirmative.**

Attention, tu devras changer les mots en gras.

a. Rémi n'est **jamais** en retard.
b. Je ne vois **rien**.
c. **Quelqu'un** m'attend à la gare.
d. Il dort **encore** ?
e. Elles ont **tout** oublié.
f. Lucas cherche **toujours** à se faire remarquer.

6 ** **Écris ces phrases à la forme négative.**
a. On a faim et on a soif.
b. On a compris la nouvelle leçon de grammaire.
c. De notre chambre, on a une belle vue.
d. On attend le bus depuis longtemps.
e. Hier, on est rentré très tard.

7 ** **Réécris les phrases ci-dessous correctement.**

Remarque
À l'oral, la première partie de la négation (*ne*) est souvent oubliée. Mais à l'écrit, elle est absolument obligatoire.
« Je veux pas écouter cette musique. »
→ Je ne veux pas écouter cette musique.

a. T'as pas vu ma trousse ?
b. J'suis jamais allé au Canada.
c. Faut pas jouer au ballon dans la maison.
d. Y a rien à manger pour ce soir, on doit aller faire les courses au supermarché.
e. Pourquoi est-ce que vous portez plus vos lunettes ?

8 ** **Rédige quelques articles du règlement de la classe en utilisant la forme affirmative précédée de** *Il est interdit…*. **Puis écris les mêmes consignes à la forme négative avec** *Il ne faut pas…*, *Vous ne devez pas…* **ou** *Vous n'avez pas la permission…*.

Écrire

9 **Explique le sens de ces panneaux de signalisation en utilisant uniquement des phrases négatives.**

Essaie de varier tes phrases : utilise des phrases verbales et non verbales, des phrases déclaratives et injonctives.

La phrase simple et la phrase complexe

Je dormais à moitié lorsque je sentis quelque chose me mordiller le pied. J'ouvris un œil et poussai un hurlement : une vache avait passé la tête par l'ouverture de la tente et broutait tranquillement mon sac de couchage. Un instant, elle me regarda, mâchouillant d'un air stupide. Puis elle tourna les talons et s'éloigna au petit trot. Péniblement, j'émergeai de la tente. Le soleil était déjà haut et me blessait les yeux. Quelle heure était-il donc ?

Jean-Philippe Arrou-Vignod, *Sur la piste de la salamandre*, © Gallimard Jeunesse.

Cherchons

- **Combien y a-t-il de phrases dans ce texte ? Indiquez le nombre de verbes conjugués. Y a-t-il autant de phrases que de verbes conjugués ?**
- **Relevez une phrase avec un seul verbe conjugué et une phrase avec plusieurs verbes conjugués.**

✔ Une **phrase verbale simple** contient **un seul verbe conjugué**.
*Péniblement, j'**émergeai** de la tente.*

✔ Une **phrase verbale complexe** contient **plusieurs verbes conjugués**.
Chaque groupe de mots organisé autour d'un verbe s'appelle une **proposition**. Dans une phrase complexe, **il y a autant de propositions que de verbes conjugués**.
*Le soleil **était** déjà haut / et me **blessait** les yeux.*
deux verbes conjugués donc deux propositions

Distinguer les phrases simples des phrases complexes

1 * Repère les verbes conjugués dans chaque phrase et indique si les phrases sont simples ou complexes.

a. Au petit matin, la renarde part à la chasse pour nourrir ses renardeaux.
b. Elle renifle le sol pour trouver la piste des lapins qui sont passés par là.
c. Elle suit alors la piste jusqu'à la cachette des lapins qui est parfois très éloignée.
d. Enfin, elle trouve un terrier.
e. La renarde s'approche tout doucement et attend patiemment.

2 * **Recopie les phrases simples de ce texte.**

Soudain, Alan aperçoit un petit corps noir et gluant battant maladroitement des ailes. Il attend que les vagues déposent l'animal sur le sable pour se poster entre lui et l'océan. Ça marche. L'oiseau a peur de l'enfant et s'éloigne en direction des dunes. Le fioul visqueux qui recouvre son corps l'empêche de marcher normalement. Il titube et tombe la tête en avant. Alan s'approche doucement. L'animal n'est plus qu'à un mètre. Il essaie de se redresser... en vain.

É. Simard, *Je te sauverai !*, Magnard Jeunesse.

3 ** **Recopie les phrases complexes de ce texte.**

Dès qu'elle a un moment, Noura court rejoindre Sami qui garde le troupeau sous les palmiers. Ils se sont construit une cabane de branches contre les arbres. Les enfants du village viennent souvent les rejoindre dans leur nouawala[1]. Ils s'amusent, ils crient, se poursuivent, se cachent dans les buissons ou entre les pattes des bêtes. Ils jouent de la flûte et tapent dans leurs mains. [...] Quand Sami et Noura sont seuls, Noura chante des chansons pour distraire son frère. Ils se racontent d'interminables histoires de génies et de trésors cachés.

1. nouawala : cabane de branchages.

C. Roumiguière, *L'École du désert*, Magnard Jeunesse.

Distinguer les propositions des phrases

4 ** **Encadre les verbes conjugués et sépare les différentes propositions par un trait vertical.**

a. On a entendu un roulement de tonnerre puis les premières gouttes se sont mises à crépiter sur le trottoir.

b. Les rares piétons ont commencé à courir et ils essayaient de se couvrir la tête.

c. La pluie rebondissait sur le toit des voitures ; à l'intérieur, les passagers se sentaient au sec et regardaient l'orage avec plaisir.

d. Mon chien m'a entraîné vers la maison à toute vitesse car il déteste l'eau.

Écrire des phrases simples à partir d'une phrase complexe

5 ** **Transforme les phrases complexes en deux phrases simples.**

Le carré est un quadrilatère qui a quatre côtés égaux et quatre angles droits.

→ *Le carré est un quadrilatère. Il a quatre côtés égaux et quatre angles droits.*

a. Il lit le journal tous les jours car il est abonné.

b. Le Venezuela est un pays d'Amérique du Sud dont la capitale est Caracas.

c. Près de chez moi, il y a une boutique merveilleuse où l'on vend les meilleures farces et attrapes de la ville.

d. Le Rhin est un long fleuve qui traverse la France et l'Allemagne.

Savoir écrire des phrases complexes

6 ** **Complète ces débuts de phrases pour en faire des phrases complexes.**

a. Les nuits rallongent quand ... .

b. Je n'aime pas les choux-fleurs mais ... .

c. Je ne suis pas allée au cirque car ... .

d. Zoé a tellement de jouets que ... .

Écrire

7 **Samy doit rejoindre Marie à la piscine. Explique-lui le chemin à partir du plan.**

Utilise des phrases simples et des phrases complexes.

La phrase complexe : juxtaposition et coordination

Du bout du doigt, Noura creuse le sable, elle dessine une maison aux fenêtres ouvertes. Là, il y a la classe de Sami et là, il y aura la sienne, à la rentrée. **Elle soupire en regardant la route vers Oum Jrane, la ville voisine : il faut marcher jusque là-bas pour aller à l'école. [...] Mais maintenant, Samir est en vacances, il ne va pas à l'école.** En septembre, ils partiront ensemble, tous les matins. **Elle portera le tablier bleu des écolières et elle aura son cartable à elle.**

Cécile Roumiguière, *L'École du désert*, Magnard Jeunesse.

Cherchons

- **Observez les phrases complexes en couleur. Combien comportent-elles de propositions ? Après quel mot pouvez-vous mettre une barre verticale pour séparer ces propositions ?**
- **Quels éléments relient ces propositions entre elles dans les phrases en rouge ? Dans la phrase en vert ?**

✔ On dit qu'une **proposition** est **indépendante** quand elle ne dépend d'aucune autre proposition et qu'aucune proposition ne dépend d'elle.
En septembre, ils partiront ensemble, tous les matins.

✔ On peut relier deux propositions indépendantes par une virgule, un point-virgule ou par deux points. On dit alors que ces deux **propositions** sont **juxtaposées.**
Du bout du doigt, Noura creuse le sable, elle dessine une maison aux fenêtres ouvertes.

✔ On peut relier deux propositions indépendantes par une conjonction de coordination *(mais, ou, et, donc, or, ni, car)* ou par un adverbe *(cependant, alors, puis, ensuite...)*.
On dit alors que ces deux **propositions** sont **coordonnées.**
Elle portera le tablier bleu des écolières et elle aura son cartable à elle.

Identifier les propositions

1 * **Sépare les propositions par un trait vertical puis indique si elles sont juxtaposées ou coordonnées.**

a. Aujourd'hui, il fait beau : nous pouvons déjeuner sur la terrasse.
b. Tu viens avec moi à la piscine ou tu préfères rester à la maison ?

c. Pedro emprunte le compas de son voisin car il a perdu le sien.
d. La marée est basse ; les vacanciers prennent leur seau et leur épuisette pour faire une pêche à pied.

2 ** **Même exercice.**
Théophile ferma son livre et alla poser son bol dans l'évier. [...] La pendule marquait neuf heures vingt-quatre et on était mercredi, jour de liberté, jour de bibliothèque ! Il monta s'habiller en hâte, passa rapidement son pantalon de la veille et un tee-shirt propre à l'effigie de la Fraise Masquée, courut à la salle de bains, se tira la langue à lui-même dans la glace et ébouriffa avec du gel ses cheveux blonds cendrés.

Éric Boisset, *Le Grimoire d'Arkandias*, Magnard Jeunesse.

Construire des propositions coordonnées

3 * **Coordonne les propositions à l'aide d'une conjonction de coordination.**
car • *ou* • *mais* • *et*
a. Il viendra me voir ... il me téléphonera.
b. Il viendra me voir ... nous discuterons de notre projet.
c. Il doit venir me voir ... j'ai oublié de lui donner mon adresse.
d. Il doit venir me voir ... il a un service à me demander.

4 ** **Construis des phrases complexes en coordonnant les propositions indépendantes avec les mots ci-dessous.**
donc • *puis* • *mais* • *et*
a. Le sauteur prend ses repères ... il démarre sa course d'élan.
b. La voiture de M. Triboula est en panne ... il doit prendre l'autobus pour se rendre à son travail.
c. Je suis obligée de faire de la gymnastique ... je n'aime pas ça.
d. Les enfants se sont installés dans la barque ... l'aîné a pris la barre.

5 ** **Complète les phrases par une proposition coordonnée.**

Utilise différentes conjonctions de coordination et des adverbes.

a. Les coureurs sont prêts à prendre le départ ... .
b. L'alpiniste prépare son matériel ... .
c. Tout à l'heure, les joueuses de tennis entreront sur le court ... .
d. La pluie a interrompu le match ... .
e. Les journalistes se précipitent vers le vainqueur ... .

Construire des propositions juxtaposées

6 ** **Complète les phrases par une ou plusieurs propositions juxtaposées.**

Utilise différents signes de ponctuation.

a. Le judoka entre sur le tatami ... .
b. La victoire de l'équipe est proche ... .
c. Les kayaks sont prêts à prendre le départ ... .
d. La course d'aviron est terminée ... .
e. Les sportifs quittent le terrain ... .

Écrire

7 **Explique ce qui se passe dans ce dessin. Utilise des phrases complexes comportant des propositions coordonnées et juxtaposées.**

Le verbe

« Souviens-toi qu'il est fort et têtu, et presque toujours sage. Il connaît le chemin qui mène au pays de son frère, car il l'a fait il y a bien longtemps, lorsqu'il était jeune homme. Écoute ce qu'il te dira, et apprends ce qu'il t'enseignera, car c'est ainsi que tout le savoir est venu à notre famille. »

James Houston, *Akavak*, Castor Poche, Flammarion.

Cherchons

- **Relevez tous les verbes conjugués de ce texte. Essayez d'expliquer comment vous faites pour les reconnaître.**
- **Proposez une manière de les classer.**

✔ Le verbe est un élément essentiel dans une phrase.

✔ Dans le dictionnaire, les verbes sont à l'**infinitif** *(connaître, mener, apprendre...)*.

✔ Le verbe **se conjugue**, c'est-à-dire qu'il change selon la **personne** *(je, tu, il...)*, le **mode** (indicatif, impératif, infinitif...) et le **temps** (présent, futur...).

Reconnaître les verbes

1 * Dans chaque liste, il y a un mot qui n'est pas un verbe. Recopie chaque liste sans l'intrus.

a. parler • voir • poirier • dire • saluer
b. finir • parloir • parier • cuire • aller
c. courir • entendre • revoir • suivre • lavoir
d. paraître • dormir • changer • cirer • cuir
e. jouer • tenir • prisonnier • rugir • écrire

2 * Recopie le verbe à l'infinitif qui se trouve dans chaque liste.

a. cidre • foudre • ordre • coudre • cadre
b. plongeoir • tiroir • percevoir • couloir
c. aventurier • associer • damier • bouclier

3 * Indique la classe grammaticale des mots en gras (*verbe* ou *nom*).

→ ***a.*** *nom - verbe*

a. Attention à la **marche** !
Ne **marche** pas sur la pelouse !
b. Le **pêcher** est un arbre fruitier.
Guillaume va **pêcher** avec son grand-père chaque samedi.
c. À quelle heure pourrons-nous **dîner** ?
Est-ce que le **dîner** est prêt ?
d. Elle **travaille** ici depuis un mois.
As-tu terminé ton **travail** ?
e. Je prends une **douche** et j'arrive !
Je me **douche** et j'arrive !

Distinguer les verbes à l'infinitif des verbes conjugués

4 * **Lis ce texte, puis fais la liste des verbes conjugués et celle des verbes à l'infinitif.**

***Puisse* est une forme conjuguée du verbe *pouvoir*.**

Poil de Carotte joue seul dans la cour, au milieu, afin que madame Lepic puisse le surveiller par la fenêtre et il s'exerce à jouer comme il faut, quand le camarade Rémy paraît. C'est un garçon du même âge, qui boite et veut toujours courir, de sorte que sa jambe gauche infirme traîne derrière l'autre et ne la rattrape jamais.

Jules Renard, *Poil de Carotte*.

5 * **Relève tous les verbes du texte. Quand ils sont conjugués, donne leur infinitif.**

Depuis le 1er janvier 2007, l'Union européenne compte 27 pays. Les hommes et les marchandises peuvent circuler librement à l'intérieur de l'Union sans s'arrêter aux différentes frontières, mais seulement 12 pays possèdent une monnaie commune : l'euro. Chaque année, les pays versent de l'argent à l'Union qui sert à financer de nombreuses réalisations. L'Union européenne intervient aussi pour réduire les inégalités entre les pays et les régions.

Associer les personnes avec les verbes conjugués

6 * **Recopie, puis relie comme il convient les personnes avec les verbes conjugués.**

je •	• voulez
tu •	• rougissaient
il, elle, on •	• manges
nous •	• parlerai
vous •	• lisait
ils, elles •	• avons écouté

Connaître le temps des verbes

7 * **Indique si les verbes conjugués sont au présent, à l'imparfait, au futur ou au passé composé.**

joue • sont partis • faisions • écrirez • écrivez • jouait • avons fait • partira • écriviez • faisons • as joué • ferai • pars

Identifier les modes

8 ** **Classe les verbes soulignés dans le tableau.**

indicatif	impératif	infinitif

Dans nos régions, le Soleil ne se lève à l'est que... deux fois par an. Pour t'en convaincre, réalise cette expérience. Dans ta classe ou dans l'école, trouve une fenêtre d'où l'on voit le lever du Soleil. Mets-toi à 50 cm de la vitre. Mets un repère au sol pour que toutes tes mesures soient effectuées du même endroit. Au moment où le Soleil se lève, fixe une gommette sur la vitre exactement à l'endroit où tu l'as vu se lever.

Géographie, cycle 3, Magnard.

Écrire

9 **Valentin a 9 ans. Raconte sa fête d'anniversaire en t'aidant du dessin.**

Une fois ton texte terminé, souligne les verbes.

Le sujet du verbe

La camionnette cahotait sur la piste de terre rouge.
– C'est ici que commence la réserve, dit mon père.
Devant moi s'étendait une vaste plaine, cernée de collines boisées : le pays Lobi. Mes yeux n'étaient pas assez grands pour contenir son immensité…
En franchissant la rivière, je vis mes premiers hippopotames.

René Guillot, *Le Maître des éléphants*, Magnard Jeunesse.

Cherchons

- **Repérez tous les verbes conjugués du texte et leurs sujets. Comment faites-vous pour identifier les sujets ?**
- **Observez la phrase en rouge. Que remarquez-vous sur la place du sujet ? Citez une autre phrase construite de la même façon.**
- **Remplacez le sujet de la première phrase par *les camions* : qu'est-ce qui change ?**

✔ Le sujet **commande** le verbe : le verbe s'accorde en personne et en nombre avec son sujet.

✔ Le sujet peut être :
- un **groupe nominal** :
  La camionnette cahotait sur la piste de terre rouge.
- un **pronom** : *Je vis mes premiers hippopotames.*
- un **nom propre** : *René Guillot a écrit* Le Maître des éléphants.
- un **infinitif** ou un **groupe infinitif** :
  Voir les hippopotames a été extraordinaire.

✔ Le sujet peut être placé après le verbe : c'est un **sujet inversé**.
*Devant moi s'étendait **une vaste plaine**.*

Reconnaître le sujet d'un verbe

1 * **Recopie les phrases et souligne le sujet.**

Pour t'aider à trouver le sujet d'un verbe, tu peux utiliser la formule « c'est… qui ».

a. Une montgolfière multicolore vole au-dessus d'un champ de coquelicots.
b. Les CD et les cassettes sont rangés à côté de la chaîne hi-fi.
c. Vous roulez beaucoup trop vite !
d. Es-tu content de ta nouvelle bicyclette ?
e. Chanter est ma passion.

2 * **Recopie ce texte en sautant des lignes. Souligne les sujets des verbes en gras, puis trace une flèche du sujet vers le verbe.**

Il y a longtemps, dans un vieux château, **vivait** une ravissante princesse. Un jour, elle **vit** arriver un chevalier dont l'armure **portait** les traces d'un récent combat. Son cheval, lui aussi, **semblait** fourbu. Prise de pitié, la princesse **fit** abaisser le pont-levis et **accueillit** le cheval et le chevalier.

Identifier la classe grammaticale du sujet

3 * **Relève les sujets des verbes en gras. Précise quelle est leur nature (nom propre, groupe nominal, pronom, groupe infinitif).**

→ ***a.*** *Zak : nom propre*

Attention, relève bien tous les sujets !

a. Pour le carnaval, Zak **s'était déguisé** en chevalier du Moyen Âge.

b. Fabriquer l'armure n'**avait** pas **été** facile.

c. « **Veux**-tu que je t'**aide** à mettre ton armure ? » **a demandé** la maman de Zak.

d. « Mon armure m'**empêche** de courir ! » **s'exclama** le jeune chevalier.

4 * **Même exercice.**

Thomas ne **cessait** de s'émerveiller du confort luxueux de la grosse voiture. Le tissu du siège **était** doux. Tout **était** méticuleusement rangé, bien à sa place. Le tableau de bord **brillait** doucement dans l'obscurité, et le véhicule **avançait** souplement dans la nuit avec un ronron discret propice aux rêves les plus fous.

Hélène Montardre, *La Nuit du rendez-vous*, Magnard.

Utiliser les pronoms sujets

5 * **Remplace le sujet en gras par un pronom personnel.**

Mon frère et ma sœur *vont au collège.*

→ *Ils vont au collège.*

a. Tous les samedis matin, **mon père et moi** allons à la piscine.

b. Étienne et toi êtes de vrais champions aux rollers !

c. Djamila et ses frères ont invité toute la classe à goûter.

d. Jeanne et moi prenons le même autobus pour aller à l'école.

e. Loubna et Rosalie prennent le même autobus pour aller à l'école.

Trouver des sujets

6 ** **Construis des phrases avec un sujet en respectant la classe grammaticale du sujet indiquée entre parenthèses.**

Accorde le verbe avec son sujet.
Tu peux conjuguer les verbes à des temps différents et ajouter des mots.

a. *(nom propre)* manger avec ses doigts

b. *(pronom personnel)* ranger sa chambre

c. *(groupe nominal)* traverser la pièce en courant

d. *(noms propres)* arriver en avance

e. *(infinitif)* être une activité agréable

Écrire

7 **Imagine le début de l'histoire représentée par le dessin puis invente la suite.**

Utilise des sujets variés : des groupes nominaux, des pronoms, des noms propres.

Le complément d'objet direct (C.O.D.)

Un peintre présente **ses dernières œuvres** au directeur d'une galerie, en espérant qu'il **les** exposera.
– Voici le tableau dont je suis le plus fier, lui dit-il. Il s'appelle : *Les Petits Moutons dans la prairie*.
– Mais… s'étonne le directeur, je ne vois pas de prairie ?
– C'est à cause des moutons. Ils ont mangé **toute l'herbe**.
– Mais… et les moutons, où sont-ils tous ?
– Facile. Comme il n'y a plus d'herbe, ils sont allés brouter ailleurs.

P. Casanova, M. Fournier, A. Vila, *Mille ans de contes, Histoires drôles*, Milan.

Cherchons

- **Pouvez-vous déplacer ou supprimer le mot et les groupes de mots écrits en rouge ?**
- **Quelle question peut-on poser pour obtenir ces mots en réponse ?**

✔ Un **complément d'objet direct** (C.O.D.) ne peut être ni supprimé, ni déplacé. Il est directement relié au verbe :
Un peintre présente <u>ses dernières œuvres</u>.
C.O.D.

✔ Le C.O.D. peut être :
– un **nom propre** ou un **groupe nominal** :
Les moutons ont mangé ***toute l'herbe***.
– un **pronom** : *Il* ***les*** *exposera*.
– un **infinitif** ou un **groupe infinitif** : *Vous pouvez* ***venir***.

Remarque

Pour t'aider à trouver un C.O.D. dans une phrase, cherche d'abord le verbe conjugué et son sujet. Pose ensuite la question « qui ? » ou « quoi ? » après le verbe.
Un peintre présente (quoi ?) <u>*ses dernières œuvres*</u>.
C.O.D.

Reconnaître les C.O.D.

1 * **Recopie ces phrases, encadre les verbes et souligne les C.O.D.**

a. Le Petit Prince arrose sa fleur avec soin.
b. Il a aussi ramoné son volcan.
c. Le géologue examine les pierres. Il les pèse, il les gratte…
d. Le petit prince rencontre le renard.
e. Le renard aime chasser les poules.

2 * **Recopie le C.O.D. de chaque phrase.**

Attention, le C.O.D. n'est pas toujours placé juste après le verbe.

a. Pour partir en vacances, monsieur et madame Durand loueront une caravane.
b. J'achète des timbres à la poste. Je les colle ensuite sur mes cartes postales.
c. Autrefois, ils aimaient beaucoup les desserts au chocolat.
d. Voulez-vous boire un jus de fruits ?
e. Je verrai Farid demain, à la patinoire.
f. Nous n'avons pas encore étudié cette pièce de théâtre.

3 ** **Même exercice.**
Comme chaque année, nous verrons le feu d'artifice. Nous prendrons un vêtement chaud. Nous arriverons de bonne heure et nous attendrons le début du spectacle en mangeant nos sandwichs. Le plus souvent, tout le monde applaudit la première fusée. Moi, j'attends toujours le bouquet final avec impatience.

Identifier la classe grammaticale des C.O.D.

4 * **Indique la classe grammaticale des C.O.D. en gras (nom propre, groupe nominal, pronom).**
a. Lorsqu'ils viennent à Paris, les touristes américains visitent **certains musées célèbres de la capitale**.
b. J'adore **les romans de science-fiction**.
c. Benoît a rencontré **Jawad** par hasard, il **l'**a invité pour le déjeuner.
d. Prenez **ces carottes du jardin** et coupez-**les** en rondelles s'il vous plaît.

5 ** **Relève les C.O.D. et analyse-les.**
J'ai aperçu ***une souris*** *dans la cuisine.*
→ *une souris : groupe nominal, C.O.D. du verbe « ai aperçu »*
Lilas devait partir en classe de mer. Hélas ! Elle a eu une forte grippe le jour précédant le départ. Heureusement, ses camarades ne l'oublient pas ! Ils lui envoient, chaque jour, un message par Internet. Elle le lit avec beaucoup de plaisir et répond aussitôt.

Rédiger des phrases avec des C.O.D.

6 * **Complète les phrases en leur ajoutant un C.O.D.**
a. Vous écoutez ...
b. Aujourd'hui, ils attendent ...
c. Elles prennent ...
d. Sur la place, tu verras ...
e. Nous avons acheté ...
f. Avez-vous reconnu ... ?

7 ** **Utilise les mots ou les groupes de mots suivants dans des phrases où ils seront C.O.D.**
la première neige • Éva • crier • la voiture rouge et noire • réparer le toit de la maison • un puzzle de mille pièces

8 ** **Cherche parmi ces verbes ceux qui peuvent se construire avec un C.O.D. Puis utilise-les dans une phrase.**
a. comprendre
b. gagner
c. arriver
d. aller
e. se souvenir
f. déjeuner
g. dessiner
h. acheter

Utiliser les pronoms C.O.D.

9 ** **Recopie chaque phrase en choisissant le pronom qui remplace le groupe nominal en gras.**
a. L'enfant dessine **une belle maison** et il *(les • le • la • l')* ... colorie avec ses feutres.
b. **Ta sœur** t'explique le fonctionnement de l'ordinateur, tu *(les • le • la • l')* ... écoutes attentivement.
c. Au retour des vacances, nous défaisons **nos valises** et nous *(les • le • la • l')* ... rangeons au grenier.
d. J'achète **le journal** chaque matin et je *(les • le • la • l')* ... lis avec attention.

Le complément d'objet indirect (C.O.I.)

Pendant les vacances, Matéo est parti à la montagne. Il écrit à ses parents.

Cher papa, chère maman,

Je vais bien et je continue à bien m'amuser. Et vous, ça va ? **J'ai raconté à Mélanie une histoire drôle.** Elle a beaucoup ri. J'ai dit aux moniteurs que j'étais très content ici. Mais je pense à vous quand même tous les jours. Je pense à mon lapin blanc aussi. Hier, j'ai envoyé une carte postale à ma maîtresse de CE2. J'espère qu'elle sera contente. Envoyez-moi des livres car j'ai fini les miens. Gros bisous.

Matéo

Cherchons

- **Observez le mot et les groupes de mots soulignés. Pouvez-vous les enlever ? Pouvez-vous les déplacer ?**
- **Dans la phrase en rouge, relevez le C.O.D. puis comparez-le avec le groupe de mots souligné : que remarquez-vous ?**
- **Quelle question peut-on poser pour obtenir en réponse chaque groupe de mots souligné ?**

✔ Certains verbes sont suivis d'un **complément d'objet indirect** (C.O.I.) introduit par une **préposition** (le plus souvent **à** ou ***de***) ou par un **article défini contracté** (*au, aux, des, du*).

*Il écrit **à ses parents**.*
*J'ai dit **aux moniteurs** que j'étais très content ici.*

✔ En général, le **C.O.I.** ne peut être ni déplacé ni supprimé.

✔ Le complément d'objet indirect peut être :
- un **nom propre** : *J'ai raconté **à Mélanie** une histoire drôle.*
- un **groupe nominal** : *Je pense **à mon lapin blanc**.*
- un **pronom** : *Je pense **à vous**. Envoyez-**moi** des livres.*
- un **infinitif** ou un **groupe infinitif** : *Je continue **à bien m'amuser**.*

Reconnaître les C.O.I.

1 * **Recopie les phrases qui ont un C.O.I., puis souligne-le.**

Remarque

Pour t'aider à trouver un C.O.I., cherche d'abord le verbe conjugué et le sujet. Pose ensuite la question « à qui ? » ou « à quoi ? » après le verbe.

a. Elle ressemble à sa sœur.
b. Je n'ai pas pensé à acheter du pain.
c. J'ai expliqué à Dounia comment venir chez moi demain.
d. Ils ont bien compris la leçon.
e. Il revient du marché.

2 ** **Recopie ce texte. Souligne les C.O.D. en rouge et les C.O.I. en vert.**
Comme chaque année, à la rentrée scolaire, ma mère téléphonait à toute la famille et organisait une grande réunion. Elle préparait un énorme goûter et chacun montrait aux autres ses photos de vacances. Ces photos n'étaient jamais très bonnes mais elles rappelaient les bons moments de l'été à tout le monde.

Identifier la classe grammaticale des C.O.I.

3 * **Quelle est la classe grammaticale des mots en gras ?**
a. Je téléphonerai à **ma grand-mère** demain.
b. Adresse ta lettre à **Floriane**.
c. Vous pensez souvent à **elle**.
d. Il avait promis à **ces enfants** de les emmener au cinéma.

Utiliser des C.O.I.

4 * **Complète les phrases avec un C.O.I. de ton choix.**
a. Tu ne pensais jamais à ... .
b. Réfléchis à ... .
c. Vous intéressez-vous au ... ?
d. Chaque année, nous offrions des fleurs magnifiques à ... .
e. Vous donnez de votre temps aux ... .
f. Tu ne trouves pas qu'il ressemble beaucoup à ... .

5 * **Associe les débuts de phrases à gauche avec les C.O.I. à droite pour former des phrases complètes.**
a. Raconte cette histoire
b. As-tu goûté
c. Vous en avez parlé
d. Explique ce jeu
e. Qui écrira

1. à ces chocolats ?
2. à Violette.
3. à ton grand-père.
4. à l'oncle Jo ?
5. à vos parents ?

6 ** **Recopie la phrase en choisissant le pronom C.O.I. entre parenthèses qui convient.**
a. Vos amis sont partis en Chine et vous pensez souvent à *(lui • eux)*.
b. C'est l'anniversaire de ta maman et vous *(lui • leur)* offrez un joli bouquet de fleurs.
c. Je ne peux pas aller chez le dentiste aujourd'hui, il faut que je *(leur • lui)* téléphone pour annuler le rendez-vous.
d. Nous aimerions que Dimitri et Morgane viennent à notre fête, nous *(lui • leur)* envoyons une invitation.

Écrire

7 **Rédige la carte postale que Matéo a pu écrire à sa maîtresse.**
Tu peux aussi rédiger la lettre que les parents de Matéo lui ont envoyée quand ils ont reçu la sienne.

Utilise des C.O.D. et des C.O.I. Une fois ton texte terminé, souligne-les et indique leur classe gramaticale.

Les compléments circonstanciels

À la mort du cardinal de Mazarin, en 1661, le roi Louis XIV se passa de Premier ministre. Il imposa, **avec fermeté**, son autorité **sur tout le royaume**. **Durant son long règne**, le Roi-Soleil chercha à faire de la France une nation puissante. Il entreprit des guerres de conquête. Ces guerres coûteuses épuisaient le pays. **Dans les campagnes, dans les villes**, le peuple tenta **quelquefois** de se révolter. Mais l'armée réprima **violemment** ces révoltes populaires.

Cherchons

- **Pouvez-vous supprimer et déplacer les groupes de mots en couleur ? Quels genres de renseignements apportent-ils ?**
- **Quelles questions peut-on poser après le verbe pour obtenir ces mots en réponse ?**

✔ Les **compléments circonstanciels** peuvent être le plus souvent **supprimés** et **déplacés**.

✔ Tu vas étudier cette année des compléments circonstanciels qui apportent des informations concernant :
– le **lieu** (où ?) : *Il imposa son autorité* *__sur tout le royaume__.*
complément circonstanciel de lieu (C.C.L.)
– le **temps** (quand ?) : *__En 1661__, Louis XIV gouverna sans Premier ministre.*
complément circonstanciel de temps (C.C.T.)
– la **manière** (comment ?) : *Il imposa, __avec fermeté__, son autorité.*
complément circonstanciel de manière (C.C.M.)

✔ Un complément circonstanciel peut être :
– un **nom** ou un **groupe nominal introduit par une préposition** (*à la mort du cardinal, avec fermeté, sur tout le royaume, dans les villes*) ;
– un **adverbe** (*quelquefois, violemment*).

Reconnaître les compléments circonstanciels

1 * Recopie les phrases et souligne les compléments circonstanciels.

a. Tous les matins, monsieur Martinez achète le journal.

b. Cet après-midi, Pierre a rangé soigneusement ses vieux jouets dans le grenier.

c. L'enfant a écrit son prénom sans se tromper.

d. Le jour de son anniversaire, Roméo a invité tous ses amis.

e. Aujourd'hui, Ariane visite un nouveau musée avec beaucoup d'intérêt.

2 * **Recopie les adverbes de manière de chaque liste.**

a. calmement • furieusement • déguisement • admirablement

b. cruellement • appartement • volontairement • lourdement

c. commandement • directement • joyeusement • solidement

d. grossièrement • directement • effrontément • affrontement

3 ** **Relève les compléments circonstanciels de ce texte.**

Ce canari, nommé Tim, était très apprivoisé. Il venait se percher sur le doigt d'Helen et mangeait dans sa main des cerises au sucre candi. Chaque matin, après le petit déjeuner, c'était Helen qui préparait son bain, nettoyait sa cage, lui préparait des graines et de l'eau fraîche. Elle n'oubliait pas d'accrocher quelques tiges de mouron à la balançoire de l'oiseau.

Lorena A. Hickok, *L'Histoire d'Helen Keller*, Robert Laffont.

4 * **Relève les compléments circonstanciels et indique s'il s'agit d'un complément circonstanciel de temps (C.C.T.), de lieu (C.C.L.) ou de manière (C.C.M).**

a. Je mange avec plaisir un pain aux raisins en sortant de l'école.

b. Jadis, il y avait un superbe moulin près de cette rivière.

c. Léa ne peut pas garer sa voiture dans son garage : un camion stationne devant la porte.

d. Les promeneurs fatigués ont posé leur sac contre un arbre, se sont allongés et se sont endormis profondément.

5 ** **Même exercice.**

Hier, en fin d'après-midi, une tempête a provoqué de nombreux dégâts dans le nord de la France. Le vent a déraciné brutalement des arbres. Les fortes pluies ont provoqué des inondations. Des habitants ont été privés d'électricité pendant plusieurs heures. Le calme est revenu en cours de soirée. Ce matin, partout, on nettoie les rues et les maisons avec courage.

Utiliser des compléments circonstanciels

6 * **Complète les phrases avec des compléments circonstanciels de temps, de lieu ou de manière.**

> Tu peux utiliser plusieurs compléments circonstanciels dans une même phrase.

a. Tu lis un livre.

b. Nous avons visité Londres.

c. Les touristes admirent le panorama.

d. Le plombier réparera le tuyau de l'évier.

e. La vie était agréable.

7 ** **Écris des phrases avec les compléments circonstanciels suivants.**

devant la maison • tous les jours • doucement • bientôt • sous un palmier • grâce à ma sœur • ailleurs • avec soin

Écrire

8 **Décris les illustrations. Raconte avec précision quand et où se déroulent ces scènes.**

> Tu peux utiliser d'autres sortes de compléments circonstanciels afin d'enrichir ton récit.

L'attribut du sujet

Le voyage n'est pas **long** et le car entre bientôt dans la cour du château. Le bâtiment n'est pas **très grand** mais il est **beau** et **majestueux** malgré ses formes lourdes. On le devine capable de résister à tous les coups de vent. Nous sommes pressés de descendre. Le car s'immobilise.

– Laissez vos valises et venez voir la mer tout de suite ! « ordonne » la Taupe.

Philippe Barbeau, *L'Odeur de la mer*, Castor Poche, Flammarion.

Cherchons

- **Les adjectifs qualificatifs en rouge apportent des informations sur des mots. Lesquels ? Par quel verbe ces adjectifs sont-ils séparés des mots auxquels ils se rapportent ? Quelle est la fonction des mots que vous avez relevés ?**
- **Dans la deuxième phrase, remplacez *le bâtiment* par *la maison*. Quelle observation pouvez-vous faire ?**

✔ L'**attribut du sujet** donne des informations sur le sujet.
Le voyage n'est pas long.
attribut du sujet « le voyage »

✔ L'attribut du sujet est séparé du sujet par un **verbe d'état** :
être, paraître, sembler, rester, devenir, demeurer...

✔ Un attribut du sujet est le plus souvent :
– un **adjectif** ou un **groupe adjectif** :
*Le bâtiment n'est pas **très grand**.*
– un **nom** ou un **G.N.** : *Philippe Barbeau est **écrivain**.*

L'attribut du sujet **s'accorde en genre et en nombre** avec le sujet.
*Le château est **beau**.* *La demeure est **belle**.*
*Les châteaux sont **beaux**.* *Les demeures sont **belles**.*

Reconnaître les verbes d'état

1 * Recopie les phrases contenant un verbe d'état puis encadre-le.

a. Vous paraissez inquiets aujourd'hui.
b. Il parle plusieurs langues étrangères.
c. Elles n'écrivent pas beaucoup.
d. Tu sembles contente de ton nouvel ordinateur.
e. Vous êtes les plus matinaux ce matin.

2 ** **Recopie les verbes d'état de ce texte.**

À tout prendre, la maison de M. Bourdon devint plus tranquille après son mariage, mais elle n'en fut pas plus gaie. Mme Bourdon était avare, elle faisait durement travailler tout le monde. Le royaume s'en ressentait et devenait très riche.

George Sand, *Histoire du véritable Gribouille*.

Reconnaître les attributs du sujet

3 * **Souligne les sujets en rouge, les verbes d'état en vert et les attributs du sujet en bleu.**

a. Mozart était un grand musicien.

b. Léonard de Vinci a été un inventeur de génie.

c. Napoléon devenait trop ambitieux.

d. Charlemagne devint le premier empereur européen du Moyen Âge.

4 ** **Même exercice.**

Tous les matins, Claire apportait une feuille de chou à Alphonse. Mais ce matin-là, le lapin était immobile au fond de son clapier. Claire l'appela, agita la feuille de chou mais Alphonse resta couché et ne tourna même pas la tête. Claire partit en courant jusqu'à la cuisine où ses parents prenaient leur café.

– Papa, maman ! Alphonse est tout bizarre !

Moka, *Histoires de fées*, « Folio Cadet »,
© Gallimard Jeunesse.

Identifier la classe grammaticale de l'attribut

5 ** **Indique la classe grammaticale des attributs en gras.**

Mon père a un métier bizarre. Il est **directeur d'un institut pour enfants handicapés**. Enfin quand je dis enfants, ils sont **presque adultes**. [...] De taille ils ont leur âge, grands et baraqués, mais pour ce qui concerne la tête ils sont restés **petits**.

François Schoeser, *Ouf ! pas de vacances cette année*, Castor Poche, Flammarion.

Accorder l'attribut du sujet avec son sujet

6 * **Réécris les phrases avec le sujet proposé.**

a. Mon cousin est avocat. *(ma cousine)*

b. Ces gâteaux aux amandes semblent délicieux. *(ces tartes aux amandes)*

c. Tes chaussures semblent neuves. *(tes souliers)*

d. Cette laine est très douce. *(ce tissu)*

Employer les attributs du sujet

7 * **Remplace le nom en gras par un groupe verbal (un verbe d'état et un attribut du sujet).**

*la **fidélité** du chien → Le chien est **fidèle**.*

a. l'**immensité** de l'océan • **b.** la **blancheur** des robes • **c.** la **pureté** de l'air • **d.** la **maigreur** des chats

8 ** **Transforme ces phrases en remplaçant le verbe *avoir* et son C.O.D. par le verbe *être* et un attribut du sujet.**

J'ai une faim de loup. → Je suis affamé.

a. Saïd a une énorme soif.

b. Cette petite fille a de la fièvre.

c. Les singes ont des poils partout.

d. Contrairement à ce que l'on croit, le loup a peur de tout.

Écrire

9 **Décris les deux personnages de ce dessin.**

Utilise le verbe *être* et d'autres verbes d'état.

Révisions

✔ Le **verbe** est le mot le plus important de la phrase.
Autour de lui peuvent se trouver :
– le **sujet** : *L'enfant mange.*
– le **C.O.D.** : *Il mange une pomme.*
– le **C.O.I.** : *Elle parle à son frère.*
– les **compléments circonstanciels** :
Mercredi, je vais à la piscine avec plaisir.
(Mercredi : C.C.T. ; à la piscine : C.C.L. ; avec plaisir : C.C.M.)
– l'**attribut du sujet** : *Tu es un excellent élève.*

Reconnaître les verbes conjugués et les verbes à l'infinitif

1 * **Relève tous les verbes conjugués du texte, puis écris leur infinitif.**

Il y a très longtemps, à l'époque des Romains, vivait un roi barbare. Quand ce roi eut un fils, une très bonne fée lui apparut, qui lui dit ces mots :
– Ton fils est immortel, il ne mourra jamais. De plus, il deviendra un grand guerrier, plein d'audace et de bravoure, et il fera de grandes choses. Mais tout cela à une condition !
– Laquelle ? demanda le roi.
– C'est, dit la fée, que tu lui donnes le nom de Lustucru.

P. Gripari, *Contes de la rue Broca*, La Table ronde.

2 ** **Classe les verbes en deux groupes : les verbes conjugués et les verbes à l'infinitif.**

Dans sa chambre, Agnan a commencé par me prévenir que je ne devais pas lui taper dessus, parce qu'il avait des lunettes et qu'il se mettrait à crier et que sa maman me ferait mettre en prison. Je lui ai répondu que j'avais bien envie de lui taper dessus, mais que je ne le ferais pas, parce que j'avais promis à maman d'être sage. Ça a semblé lui faire plaisir à Agnan et il m'a dit qu'on allait jouer.

Sempé-Goscinny, *Le Petit Nicolas*, Denoël.

Identifier les fonctions autour du verbe

3 * **Analyse les groupes de mots en gras comme dans l'exemple.**

J'aimerais que tu ranges ***ta chambre****.*
→ *ta chambre, C.O.D. du verbe « ranges »*

a. S'il vous plaît, éteignez **vos téléphones portables**.
b. Son téléphone portable a sonné dans l'autobus.
c. Floriane et Lucie ont renoncé **au téléphone portable**.
d. Tu as installé une sonnerie originale **sur ton téléphone portable**.
e. Cet appareil est un **téléphone portable**.

4 * **Indique la fonction des mots ou des groupes de mots en gras.**

a. Le match de football a eu lieu au stade Legrand.
b. Quand ils sont arrivés, tout était fini **depuis une demi-heure**.
c. Tant pis, **ils** joueront la semaine prochaine.
d. Leur entraîneur n'était pas **très content** car il lui a manqué **deux bons joueurs**.
e. Les deux garçons ont présenté, **timidement**, leurs excuses **à toute l'équipe**.

5 * **Emploie chacun des mots ou groupes de mots dans une phrase où il sera sujet du verbe.**

Essaye de ne pas employer les verbes *avoir* et *être*.

a. un vélo
b. le château fort
c. Pierre et Nadine
d. la vilaine sorcière
e. la cigale et la fourmi

6 * **Classe les mots en gras dans le tableau.**

sujet du verbe	attribut du sujet	C.O.D.	C.O.I.	C.C.

a. Tout près de chez vous, il y a un zoo.
b. Si vous allez voir les singes, vous ne **leur** donnerez pas à manger.
c. Tous ne sont pas **inoffensifs**.
d. Vous garderez **votre pain** pour les canards, avec ceux-là vous ne craignez rien.
e. Quelques lionnes grogneront **doucement** sur votre passage, les autres continueront **à dormir**.

7 ** **Invente des phrases en tenant compte des indications données entre parenthèses.**

a. *(C.C.T.)*, les piscines découvertes attirent *(C.O.D.)*.
b. Mourad parle *(C.O.I.) (C.C.M)*.
c. *(C.C.L)*, *(sujet)* a remis une lettre *(C.O.I.)*.
d. *(C.C.T.)*, Nine sera *(attribut du sujet)*.

8 ** **Recopie les trois compléments circonstanciels de temps et le complément circonstanciel de manière.**

La frégate *La Sérieuse*
Qu'elle était belle ma Frégate
Lorsqu'elle voguait dans le vent
Elle avait au soleil levant
Toutes les couleurs de l'agate ;
Ses voiles luisaient le matin
Comme des ballons de satin

Alfred de Vigny,
Poèmes antiques et modernes.

9 ** **Recopie les trois compléments circonstanciels de lieu et le complément circonstanciel de manière.**

Le chaland
Sur l'arrière de son bateau,
Le batelier promène
Sa maison naine
Par les canaux.
Elle est joyeuse, et nette, et lisse,
Et glisse
Tranquillement sur le chemin des eaux.

Émile Verhaeren,
Toute la Flandre.

Écrire

10 **Écris une histoire à partir du dessin en utilisant des C.O.D. et des compléments circonstanciels. Une fois ton texte terminé, souligne en rouge les sujets, en bleu les compléments circonstanciels et en vert les C.O.D.**

Nom commun, nom propre

Nous n'étions que quelques passagers, de Dakar à Bamako. À cette brève escale soudanaise, des notables noirs en boubous empesés et deux Européens en short et chemisette kaki, la face hâlée couleur de brique crue, montèrent à bord. C'étaient deux coupeurs de bois de Côte-d'Ivoire.

René Guillot, *Le Maître des éléphants*, Magnard Jeunesse.

Cherchons

- **Quels noms désignent des personnes ? Quels noms désignent des villes et un pays ? Que remarquez-vous ?**
- **Quel est le genre du nom *passagers* ? Quel est son nombre ?**
- **Relevez deux noms féminins écrits au singulier.**

✔ Le nom sert à **nommer** les personnes, les animaux, des lieux, les objets, des sentiments...

✔ Le **nom commun** a un **genre** : masculin ou féminin. Il a aussi un **nombre** : singulier ou pluriel.

✔ Le **nom propre** désigne une personne ou une chose unique dans sa catégorie. Il commence par une **majuscule**. Les noms propres sont surtout des noms de lieux ou de personnes.

Distinguer les noms propres des noms communs

1 * Recopie les mots qui sont des noms.

chapeau • Clovis • gentiment • descendre • avec • descente • Brésil • potager • hier • Pékin • avaler • leur • fleur • Nil • tranquille • Vosges • voir • tranquillité • girafe • Canada • parler • étoile • jouets • Rhône

2 * Recopie ce texte. Souligne les noms communs en rouge et les noms propres en vert.

Il y a bien longtemps, en Suède, dans le village de Lonneberg, habitait Zozo la Tornade. N'as-tu jamais entendu parler de ce terrible petit garçon qui faisait plus de farces qu'il n'y a de jours dans l'année – sauf, bien entendu, les jours où il était malade ? Les habitants du village s'étaient cotisés pour envoyer le garnement en Amérique.

Astrid Lindgren, *Les Nouvelles Farces de Zozo la Tornade*, Hachette Jeunesse.

3 * **Recopie le tableau et classe les noms propres et les noms communs.**

	histoire	géographie
noms communs		
noms propres		

Napoléon • roi • vallée • baie • Alsace • Méditerranée • Charles de Gaulle • pôle • château fort • Pyrénées • équateur • plaine • cathédrale • Australie • Vikings • île

Reconnaître le genre et le nombre des noms communs

4 * **Quel est le genre de ces noms ?**

Tu peux t'aider d'un dictionnaire.

argent • atmosphère • globule • pétale • air • paroi • orage • impasse • rail • écharde

5 ** **Relève les noms communs au pluriel, puis écris leur genre.**

Dans l'épicerie du père de Martial, il y a tout ce qu'on peut imaginer : des légumes, des fruits, des outils, des ampoules, des éponges, des bonbons, des journaux, des rouges à lèvres, des maquillages, des piles de boîtes de conserve plus hautes que Martial et moi, des bocaux d'olives qui sentent les vacances, des sacs de cacahuètes, d'amandes, de noisettes, des épices de toutes les couleurs... et l'épicerie est toujours ouverte, même le dimanche, même le soir, même très tard.

Fanny Joly, *Qui a tagué Charlemagne ?*, © 2000, Pocket Jeunesse - Univers Poche.

6 ** **Écris *le* ou *la* devant chaque groupe nominal.**

... tour de France • ... tour du château fort • ... poêle à frire • ... poêle à mazout • ... voile de la mariée • ... voile du bateau • ... page du roi François Ier • ... page du livre

Faire le lien entre un nom propre et un nom commun

7 * **Trouve un nom propre qui corresponde à chaque nom commun.**

une mer ou un océan • un continent • un pays européen • une ville française • un prénom féminin • un prénom masculin • un homme ou une femme célèbre

Trouver des noms

8 * **Complète ces phrases avec un nom commun, puis avec un nom propre.**

a. De la fenêtre de ma chambre, on voit ... .
b. C'est ... qui a peint ce magnifique tableau.
c. Appelle ... pour qu'elle rentre demain.
d. J'aime me promener dans ... le matin.

9 ** **Remplace les noms propres par des noms communs.**

La Marne est en crue ce mois-ci.
→ *La rivière est en crue ce mois-ci.*

a. Cette année, Géraldine vient d'entrer au collège.
b. Pacha a aboyé toute la nuit !
c. Est-ce que Mistigri ronronne toujours ?
d. Madame Labrioche ouvre sa boutique de bonne heure.

10 ** **Complète le tableau avec des noms propres qui commencent par les lettres de la première colonne.**

	fleuve	ville	pays	région française ou département	prénom féminin	prénom masculin
L						
M						
P						
R						
S						

Les déterminants (1) : les articles

Comme il faisait froid ! **La** neige tombait et **la** nuit n'était pas loin ; c'était **le** dernier soir de **l'**année, **la** veille **du** Jour de **l'**an. **Au** milieu de ce froid et de cette obscurité, **une** petite fille marchait dans **la** rue, **la** tête et **les** pieds nus. Elle avait, il est vrai, **des** pantoufles en quittant **la** maison, mais elles ne lui avaient pas servi longtemps : c'étaient de grandes pantoufles que sa mère avait déjà usées, si grandes que **la** petite les perdit en se pressant pour traverser **la** rue.

Hans Christian Andersen, *La Petite Fille aux allumettes*.

Cherchons

- **Comment appelle-t-on les mots écrits en rouge ?**
- **Quelles informations donnent-ils sur le nom qui suit ?**

✔ Les **déterminants** sont des mots qui se placent **devant un nom** commun et parfois devant un nom propre. Ils indiquent le **genre** (masculin ou féminin) et le **nombre** du nom (singulier ou pluriel).

✔ Les **articles** appartiennent à la classe grammaticale des déterminants. On distingue :
- les **articles indéfinis** : *un, une, des* ;
- les **articles définis** : *le, la, l', les* ;
- les **articles définis contractés** : *au (à + le), aux (à + les), du (de + le), des (de + les).*

Reconnaître les articles

1 * **Entoure les articles définis et souligne les articles indéfinis.**

Un claquement métallique. Le facteur venait de glisser le courrier dans la boîte aux lettres accrochée au portillon. Peu après, il y eut un bruit de porte, des pas sur les marches du perron et sur le gravier de l'allée. [...] Enfin, la voix de maman cria dans la maison : « Karine ! Une lettre pour toi ! »

Hélène Kérillis, *Le Miroir de l'invisible*, Magnard Jeunesse.

2 ** **Relève tous les articles et écris à côté le nom qu'ils accompagnent.**

La légende raconte que deux frères jumeaux, Romulus et Remus, ont fondé la ville de Rome. Ils étaient les fils du dieu Mars et d'une prêtresse. Mais leur oncle, jaloux, ordonna qu'on les mette dans un panier et qu'on les abandonne sur le fleuve Tibre. Le panier échoua sur une colline et les jumeaux furent allaités par une louve.

Multilivre CM1, Istra.

Utiliser les articles

3 * **Recopie le texte en remplaçant les ★ par l'article qui convient.**

la • des • des • l' • la

Brun, ★ mine éveillée, grand pour son âge, Philippe aimait gambader, se rouler dans ★ herbe, pêcher ★ écrevisses dans ★ rivière et se reposer à l'ombre ★ arbres.

4 ** **Recopie ce texte en le complétant avec les articles proposés.**

la (4 fois) • une (2 fois) • un (2 fois) • au • le • du

Le 27 juillet, quel réveil épouvantable ! À quatre heures ... matin, Lina fut brusquement tirée de son sommeil par ... souris qui lui sauta ... visage. Elle fit ... bond, saisit ... bûche, mais ... souris était déjà cachée derrière ... tas de bois, près de ... cheminée. Après cet événement, on décida d'avoir ... chat dans ... cuisine pendant ... nuit.

Astrid Lindgren, *Les Nouvelles Farces de Zozo la Tornade*, Hachette Jeunesse.

5 ** **Complète avec un article défini ou indéfini selon le sens de la phrase.**

... jour, alors que je me promenais sur ... berge d'... rivière, j'aperçus ... péniche qui semblait abandonnée. Je m'approchai sans bruit et je jetai ... coup d'œil à ... intérieur. Personne ! Je sautai alors sur ... pont de ... embarcation et m'approchai de ... porte entrouverte.

6 ** **Réécris les phrases en remplaçant le nom en gras par le nom entre parenthèses.**

Pense à utiliser les articles définis contractés.

a. Le directeur de la **librairie** est très accueillant. *(musée)*

b. La maîtresse distribue les cahiers à la **classe**. *(élèves)*

c. Chaque samedi, Mamadou va à la **bibliothèque**. *(marché)*

d. Les spectateurs applaudissent la victoire de la **nageuse**. *(footballeurs)*

7 ** **Même exercice.**

Attention au changement d'article !

a. Hélène a téléphoné au **professeur**. (directrice)

b. Pourriez-vous nous parler du **film** que vous allez tourner ? *(films)*

c. Nous pensons à la **fête** que nous allons organiser. *(fêtes)*

d. La boulangerie du **boulevard** Arago est fermée. *(avenue)*

e. Dans dix minutes, nous partirons à la **piscine**. *(gymnase)*

8 ** **Recopie les phrases en les complétant par les articles indiqués entre parenthèses.**

a. Pendant *(article défini)* été, *(article défini)* animaux s'éveillaient très tôt et se retrouvaient pour boire autour d'*(article indéfini)* mare.

b. À cette époque de *(article défini)* année, ils ne craignaient ni *(article défini)* chasseurs, ni *(article défini)* inondations.

c. *(Article défini contracté)* bord de *(article défini)* étang, *(article défini)* daims, *(article défini)* cerfs, *(article défini contracté)* plus jeune *(article défini contracté)* plus vieux, se retrouvaient pour se désaltérer, loin *(article défini contracté)* regards *(article défini contracté)* promeneurs.

Écrire

9 **Écris, en quelques lignes, une suite au texte de découverte page 36.**

Si tu connais ce conte d'Andersen, tu peux aussi écrire son résumé.

Les déterminants (2) : les déterminants possessifs et démonstratifs

Cherchons

- **Relevez tous les déterminants et classez-les.**
- **Expliquez pourquoi vous les avez classés ainsi.**

✔ Les **déterminants démonstratifs** s'utilisent pour **montrer** ou pour **désigner quelqu'un ou quelque chose** : *ce, cet, cette, ces.*

*Goûtez-moi **cet** abricot.*

✔ Les **déterminants possessifs** indiquent que ce dont on parle **appartient à quelqu'un ou à quelque chose** : *mon, ma, mes, notre, nos ; ton, ta, tes, votre, vos ; son, sa, ses, leur, leurs.*

*le livre de Jules → **son** livre*

Reconnaître les déterminants possessifs et démonstratifs

1 * **Recopie les phrases. Souligne les déterminants possessifs en rouge et les déterminants démonstratifs en vert.**

a. Ce soir, Tom m'emmène voir un film.

b. Aïcha a raté son train. Elle a téléphoné à ses amis pour leur dire qu'elle n'arriverait que cet après-midi.

c. Nous avons croisé une dame devant notre immeuble ; cette personne ressemblait beaucoup à une actrice célèbre.

d. Regarde ces belles fleurs ! Tu devrais en acheter pour les mettre dans ton salon.

e. Les parents de Léa ont repeint leurs volets.

2 * **Relève les déterminants possessifs et le nom qui les accompagne. Indique leur genre et leur nombre.**

Poil de Carotte commence à se déshabiller, à l'écart. Il veut moins cacher sa maigreur et ses pieds que trembler seul, sans honte. Il ôte ses vêtements un à un et les plie avec soin sur l'herbe. Il noue ses cordons de souliers et n'en finit plus de les dénouer. Il met son caleçon, enlève sa chemise courte et, comme il transpire, pareil au sucre de pomme qui poisse dans sa ceinture de papier, il attend encore un peu.

Jules Renard, *Poil de Carotte*.

Employer les déterminants possessifs et démonstratifs

3 * **Écris le déterminant démonstratif qui convient devant ces noms.**

Tu peux t'aider d'un dictionnaire.

a. coucou
b. oiseaux
c. alouette
d. aigle
e. mésanges
f. cigogne
g. émeu
h. hibou
i. canards
j. hirondelle

4 * **Écris *son* ou *sa* devant chaque nom.**

Remarque

mon, ton, son s'emploient devant un nom masculin mais aussi devant un nom féminin commençant par une voyelle ou par un *h* muet.

mon amie, ton oiseau, son hirondelle

histoire • baignoire • leçon • autruche • harpe • imagination • orange • trousse • habitation • tasse • habitude

5 * **Complète les phrases en utilisant les déterminants possessifs proposés.**

ton • mes • leurs • nos • vos • votre

a. Autrefois, monsieur et madame Chen passait ... vacances en Savoie.
b. Pourriez-vous m'indiquer ... numéro de téléphone ?
c. Violaine et moi préparons ... contrôles ensemble : c'est plus facile !
d. As-tu pris ... petit-déjeuner avant de partir à l'école ?
e. Cela fait longtemps que Florian n'a pas eu de ... nouvelles.
f. « Ma vie est bien triste ici, dit monsieur Seguin, ... chèvres ne veulent pas rester chez moi ! »

6 * **Remplace chaque article par un déterminant démonstratif.**

la table • les dictionnaires • l'histoire • un lion • un hippocampe • l'été • une pendule • des poires • un vélo • des manteaux

X **7** * **Complète les phrases avec le déterminant démonstratif qui convient.**

a. À ... époque, il n'y avait pas d'ordinateurs.
b. Chaque matin, ... marchand de journaux ouvre son kiosque à sept heures.
c. Avez-vous vu ... arbres ? Comme ils sont beaux !
d. Nous avons visité une très belle église. ... église date du XVe siècle.

X **8** ** **Complète les phrases en utilisant des déterminants possessifs ou démonstratifs.**

Il peut y avoir plusieurs solutions.

a. Nous aimons beaucoup prendre ... petit-déjeuner sur ... terrasse au soleil.
b. Quel est ... monument que nous apercevons au loin ? Il n'est pas indiqué sur ... carte.
c. Il a mis ... pull-over à l'envers.
d. Avez-vous vu ... montre ? Elle l'a perdue ... matin.
e. Léo pense que ... lapin est le sien, il l'a reconnu à ... oreilles.

Écrire

9 **Décris ta chambre ou la chambre que tu voudrais avoir en utilisant différents déterminants.**

Le groupe nominal

Texte 1

Les Gaulois étaient des combattants redoutables grâce à leurs longues épées de fer, leurs javelots et leurs casques en bronze. Les courageux guerriers qui avaient bien combattu portaient autour du cou un collier que l'on appelait le torque. Ce bijou était, disait-on, une parure des dieux.

Texte 2

Les Gaulois étaient des combattants grâce à leurs épées, leurs javelots et leurs casques. Les guerriers portaient autour du cou un collier. Ce bijou était, disait-on, une parure.

Cherchons

- **Lequel de ces deux textes est le plus intéressant ? Pourquoi ?**
- **Comment appelle-t-on les éléments qui ont été supprimés dans le texte 2 ?**

✔ Un **groupe nominal** est constitué d'au moins un **nom** et de son **déterminant**.
les Gaulois, ce bijou, leurs javelots

✔ Ce nom peut aussi être précisé et complété par d'autres mots :
– un **adjectif qualificatif :** *des combattants redoutables ;*
– un **nom** ou un **groupe nominal** : *une parure des dieux ;*
– une **proposition subordonnée relative** :
les guerriers qui avaient bien combattu.

✔ Ces précisions s'appellent des **expansions du nom**. Il peut y avoir plusieurs expansions du nom pour un même groupe nominal.
les ***courageux*** *guerriers* ***qui avaient bien combattu***
leurs ***longues*** *épées* ***de fer***

Reconnaître le groupe nominal et ses expansions

1 * Relève les groupes nominaux et souligne les expansions du nom.

Aujourd'hui, c'est l'anniversaire de Brahim. Sa maman lui a acheté un jeu électronique et un vrai ballon de football. Elle a décoré la salle de jeux avec des guirlandes multicolores. Brahim a invité ses meilleurs amis qui devraient bientôt arriver. Ensemble, ils mangeront un excellent gâteau au chocolat et joueront sur la pelouse du jardin avec le nouveau ballon de Brahim.

2 ** **Recopie ce texte en supprimant toutes les expansions du nom.**

Un soir d'hiver, j'entendis frapper trois coups violents contre la porte de ma maison. J'ouvris et me retrouvai face à une créature bizarre qui ne ressemblait guère à un homme... Elle portait des antennes mobiles et fluorescentes sur la tête et son corps difforme était recouvert d'écailles de poisson. Qui était-elle ?

Classer les différentes expansions du nom

3 * **Indique si les mots en gras sont des adjectifs (A), des groupes nominaux (G.N.) ou des propositions subordonnées relatives (P).**

Le **vieil** homme marchait lentement sur la route de **la ferme**. Régulièrement, il faisait un **petit** arrêt et s'appuyait sur sa canne en bois. Puis il reprenait son ascension. Près du **dernier** virage, il respira l'air **pur** et **frais** et contempla la vallée **qui s'étendait à ses pieds**. Le soleil **qui était levé depuis quelques heures** commençait à réchauffer l'atmosphère.

4 ** **Indique la nature des expansions de chaque nom.**

a. le **maître** des éléphants
b. une vaste **case**
c. un **toit** de roseaux
d. ces longues **herbes**
e. un immense **terre-plein**
f. la **maison** qui se dressait au loin

Utiliser les différents types d'expansions

5 * **Ajoute à chacun des noms une ou plusieurs expansions du nom.**

a. Un homme approche.
b. La porte est fermée.
c. Le chien aboie.
d. Tu regardes par la fenêtre.
e. Un bruit retentit.
f. Une assiette est tombée.

6 ** **Remplace les adjectifs en gras par des groupes du nom ayant le même sens.**

a. C'était l'heure de sa promenade **matinale**.
b. Je n'avais jamais vu ces papillons **nocturnes**.
c. Vous visiterez un château **moyenâgeux**.
d. Verrons-nous les appartements **royaux** ?
e. Elle est en train de faire une crème **vanillée**.

7 ** **Remplace les groupes de mots en gras par des adjectifs qualificatifs.**

a. Nous aimons beaucoup les paysages **de la Norvège**.
b. L'équipe **qui a gagné** fête sa victoire.
c. Les joueurs **qui débutent** sont maladroits.
d. Elle porte une jolie chemise **à rayures**.
e. Les élections **du président** ont lieu tous les cinq ans.

8 ** **Propose des définitions pour les adjectifs en gras.**

Aide-toi de ton dictionnaire.

a. Une vache **laitière** est une vache qui ... .
b. Une plante **fourragère** est une plante qui ... .
c. Un animal **omnivore** est un animal qui ... .
d. Un animal **carnivore** est un animal qui... .
e. Un animal **ovipare** est un animal qui ... .

Écrire

9 **Complète ce portrait chinois. Tu enrichiras les noms choisis avec des adjectifs, des groupes nominaux et des propositions.**

Si j'étais un animal, je serais...
Si j'étais un objet, je serais...
Si j'étais un aliment, je serais...
Si j'étais un titre de roman, je serais...
Si j'étais un lieu, je serais...

L'adjectif qualificatif

Il y a 60 millions d'années, la Terre était recouverte de vastes **prairies** et d'immenses **forêts** vierges. D'étranges **animaux** vivaient dans les océans. L'eau de ces océans était chaude. Les **hommes** préhistoriques n'existaient pas encore. Ils ne feront leur apparition que vers 4 millions d'années. Les premiers **hommes** sur Terre ne ressemblaient pas exactement à l'**homme** moderne. L'évolution de l'homme jusqu'à aujourd'hui est une longue **histoire**...

Cherchons

- **Relevez les mots qui apportent une précision sur les noms en gras. Comment appelle-t-on ces mots ? Où sont-ils placés ?**
- **Remplacez le mot *histoire* par *chemin*. Qu'observez-vous ?**
- **Dans la phrase en rouge, remplacez *les hommes* par *l'homme*. Qu'observez-vous ?**
- **Dans la troisième phrase, relevez un adjectif qualificatif qui ne se trouve pas à côté du nom auquel il se rapporte.**

✔ Un **adjectif qualificatif** est un mot qu'on ajoute à un nom pour en préciser les **qualités**. Dans le groupe nominal, il peut être placé **avant** ou **après** le nom.

✔ L'adjectif qualificatif **s'accorde en genre et en nombre** avec le nom qu'il qualifie.
*l'homme **moderne**, les **premiers** hommes,*
*une **longue** histoire, les **premières** femmes*

✔ La fonction de l'adjectif qualificatif placé à côté d'un nom est **épithète**.
Les hommes <u>préhistoriques</u> n'existaient pas encore.
épithète du nom « hommes »

Reconnaître les adjectifs qualificatifs

1 * **Dans chaque liste, il y a un mot qui n'est pas un adjectif qualificatif. Recopie-le.**

a. joyeux • gai • content • bonheur • enchanté
b. souple • mince • flexible • élancé • roseau
c. spacieux • immensité • grand • vaste • énorme
d. têtu • obstination • entêté • obstiné • déterminé
e. luisant • illuminé • lueur • lumineux • allumé

2 ** **Relève les huit adjectifs qualificatifs de ce texte. Indique à quel nom se rapporte chaque adjectif.**

J'ai toujours aimé dessiner, surtout les chevaux. J'ai couvert plusieurs feuilles avec des étalons fougueux en plein galop. Puis, machinalement, je me suis mis à crayonner une silhouette au dos arrondi, aux pattes jointes, aux oreilles droites. Un chat ! J'avais dessiné un chat noir ! J'avais l'étrange impression que ma main avait obéi à une force étrangère.

Les Chats, texte de M.-H. Delval, © Bayard Jeunesse.

Accorder les adjectifs qualificatifs

3 * **Recopie les groupes nominaux et les adjectifs et relie comme il convient.**

un exercice •	• merveilleuses
des bijoux •	• faciles
des journées •	• originaux
une lumière •	• facile
des exercices •	• vive

4 ** **Trouve les adjectifs de la même famille que ces noms. Donne le masculin et le féminin.**

a. blancheur	**f.** gentillesse
b. catastrophe	**g.** lumière
c. délicatesse	**h.** nouveauté
d. délice	**i.** patience
e. femme	**j.** sécheresse

5 ** **Complète les phrases avec les adjectifs proposés.**

expressives • *élevé* • *familiaux* • *gros* • *puissantes* • *mauvaise* • *velue*

a. Les singes ont un ... cerveau et un niveau d'intelligence ... .

b. Les chimpanzés utilisent des mimiques ... .

c. Ils font la moue pour faire savoir qu'ils sont de ... humeur.

d. Les gorilles vivent en groupes ... de dix à quinze individus.

e. Si vous êtes poursuivi par un gorille qui frappe sa poitrine ... de ses deux mains ..., courez vite vous cacher !

Utiliser les adjectifs qualificatifs

6 * **Complète les groupes nominaux avec les adjectifs de ton choix.**

a. Oh, des lapins !

b. J'ai visité un musée.

c. Tu as appris une nouvelle.

d. Il a lu un livre.

e. Nous habitons dans un immeuble.

Identifier les adjectifs qualificatifs épithètes

7 ** **Relève les sept adjectifs qui sont épithètes et analyse-les.**

Ce jeune garçon est sympathique.

→ *jeune : épithète du nom* garçon

Observe bien la place des adjectifs !

L'oncle Vernon était grand, avec une énorme moustache noire et quasiment pas de cou. La tante Pétunia avait un visage chevalin et une silhouette osseuse. Dudley, au contraire, était petit et maigre, avec de grands yeux verts étincelants.

J. K. Rowling, *Harry Potter et la chambre des secrets*, © J. K. Rowling, trad. J. F. Ménard, © Gallimard Jeunesse.

Écrire

8 **Transforme la sinistre sorcière décrite dans ces phrases en changeant les adjectifs pour qu'elle devienne belle et sympathique.**

Ensuite, imagine ce qui lui arrive.

a. Elle avait le teint gris et terne.

b. Sa bouche tordue s'ouvrait sur de grandes dents jaunes et gâtées.

c. Elle vous regardait de ses petits yeux grisâtres et méchants.

d. Elle portait toujours des vêtements sombres et tristes.

e. Elle avait des grands pieds chaussés de vilains souliers.

Le complément du nom

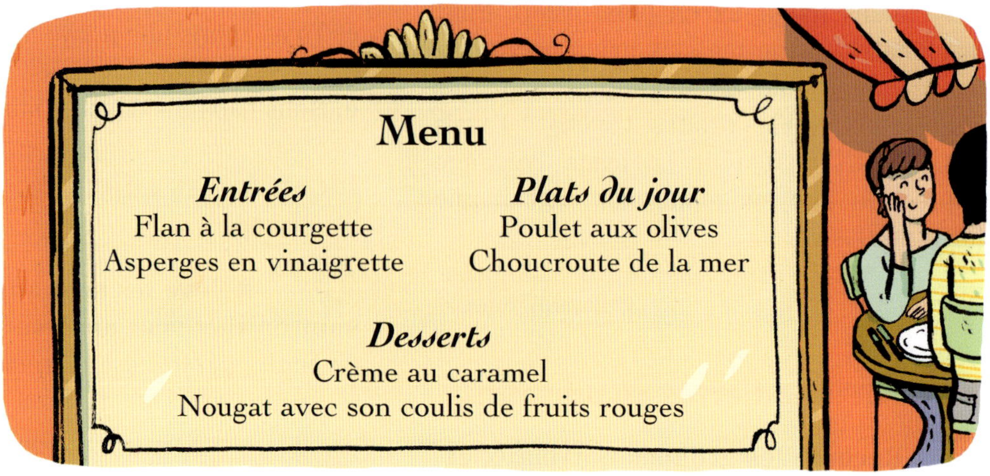

Cherchons

- **Relevez les groupes nominaux qui composent ce menu et identifiez le nom principal de chaque groupe.**
- **Trouvez les expansions de ces noms. Que remarquez-vous ?**

✔ Un nom peut être complété par un autre nom ou par un groupe nominal. Ce **complément du nom est introduit par une préposition** *(de, à, en, sans, avec...)* ou par un **article défini contracté** *(au, aux, du, des)*.

un flan à la courgette *des asperges en vinaigrette*

Remarque Ce complément **ne s'accorde pas** avec le nom auquel il se rapporte.

✔ Un nom peut aussi être complété par une proposition subordonnée relative introduite par un pronom relatif.

un menu qui me plaît

Reconnaître les compléments du nom

1 * Recopie les phrases et relie par une flèche les noms à leur complément.

a. Les parents de Jérémy participent souvent à des concerts de jazz.

b. Je n'aime pas les bonbons à la menthe.

c. Regardez ce magnifique champ de blé !

d. Pendant les vacances d'été, ils ont visité certains châteaux de la Loire.

e. À la crêperie du port, on appréciait particulièrement les crêpes au chocolat.

Construire des compléments du nom

2 * **Relie chaque groupe nominal au complément correspondant.**

une tarte •	• sous la Manche
le tunnel •	• en avion
un voyage •	• d'ordinateur
un clavier •	• au citron

3 * **Remplace les pointillés par une préposition qui relie le complément au nom qu'il complète.**

a. un terrain ... football
b. une bague ... argent
c. une voie ... issue
d. des œufs ... la coque

4 * **Complète ces noms par un complément.**

a. une boîte ...
b. des patins ...
c. un coup ...
d. une douzaine ...
e. une paire ...
f. une piste ...
g. une équipe ...
h. une table ...

Employer les compléments du nom

5 ** **Complète les noms en gras avec un complément du nom.**

a. Aimez-vous les **gâteaux** ?
b. La **cour** a été nettoyée hier.
c. Regardez la **maison** !
d. Elle a écouté cette **chanson**.
e. Ce **voyage** m'a beaucoup plu.

6 ** **Complète les noms en gras avec un complément du nom.**

Pendant les vacances, Dorian aime bien s'installer dans la **cabane** que son père lui a construite. Il y apporte des **feuilles** et des **crayons** pour faire des dessins ainsi que son **coffre**. Vers quatre heures, sa maman lui apporte une **compote**, un **pain** et une **boisson**. Après avoir pris son goûter, il se plonge dans un **livre**. Il ne s'ennuie jamais dans sa petite maison !

Associer adjectifs qualificatifs et compléments du nom équivalents

7 ** **Associe l'adjectif au complément du nom qui correspond.**

Exemple : 4 - d

1. urbain • **2.** rural • **3.** solaire • **4.** forestier • **5.** spatial

a. du soleil • **b.** de la ville • **c.** de la campagne • **d.** de la forêt • **e.** de l'espace

8 ** **Remplace les adjectifs par des compléments du nom.**

un climat estival → un climat d'été

a. un chemin pierreux
b. une ambiance festive
c. une saison hivernale
d. un thé chinois

Employer des propositions subordonnées relatives

9 ** **Remplace les adjectifs en gras par une proposition subordonnée relative introduite par *qui*.**

*une histoire **drôle** → une histoire qui fait rire*

Aide-toi du dictionnaire.

a. une personne **somnambule**
b. un journal **quotidien**
c. un animal **herbivore**
d. une plante **aquatique**

10 ** **Complète les noms en gras avec une proposition subordonnée relative commençant par *qui*.**

a. J'aime lire des **livres** ... .
b. Le **vase** ... a été rapporté de Chine.
c. Nous avons acheté cette lampe dans une **boutique** ... .
d. Rosa a une **amie** ... .

Écrire

11 **Écris un menu, réel ou imaginaire, avec des groupes nominaux qui contiennent des compléments du nom.**

Les pronoms

Le fils d'un roi qui régnait sur trois cent soixante-cinq villes vint un jour trouver son père et **lui** dit :

– **Je** veux quitter ce pays et découvrir le monde. **Je** voudrais que **tu** **me** donnes un navire et des marchandises.

Son père **lui** demanda :

– Où veux-**tu** donc aller ?

– **Je** veux quitter notre pays, déclara le prince, pour découvrir le monde entier.

Philippe et Ré Soupault, « Deux vrais amis »,
in Histoires merveilleuses des cinq continents, Seghers.

Cherchons

- **À quoi servent les mots écrits en couleur ?**
- **Quel personnage est désigné par les mots écrits en rouge ? Et par les mots écrits en bleu ?**

✔ Les **pronoms** servent à **désigner** des personnes ou à **remplacer** un nom ou un groupe nominal. Ils permettent aussi d'éviter des répétitions dans un texte.

Je (le fils du roi) *voudrais que* *tu* (le roi) *me* (le fils du roi) *donnes un navire et des marchandises.*

✔ Les **pronoms personnels** :
– **singulier** : *je, me, moi, tu, te, toi, il, elle, on, le, la, l', lui ;*
– **pluriel** : *nous, vous, ils, elles, les, leur, eux.*

✔ Les **pronoms démonstratifs** :
– **singulier** : *celui, celui-ci, celui-là, celle, celle-ci, celle-là ;*
– **pluriel** : *ceux, ceux-ci, ceux-là, celles, celles-ci, celles-là ;*
– **invariable** : *ce, c', cela, ça.*

Associer les pronoms et les noms (ou les groupes nominaux) qu'ils remplacent

1 * **Lis le texte puis relie chaque pronom avec le nom propre qu'il remplace.**

– Tonton Paul repart en Australie demain, annonça Hubert Lane. J'irai l'accompagner à la gare de Hadley. Il m'a dit qu'il passerait te dire au revoir avant d'y aller.

– Entendu, répondit William d'un ton aimable.

Richmal Crompton, *William change de tête*,
trad. P. Houssin, Folio Cadet, © Gallimard Jeunesse.

j' •
l' •
il •
m' •
te •

• William
• Hubert Lane
• tonton Paul

2 * **Indique les personnes remplacées par les pronoms personnels écrits en gras.**

→ *Je = Élise*

Baptiste et Élise se disputaient. Élise dit à Baptiste :

« **Je** veux bien aller avec **toi** à la piscine, mais **tu m'**accompagneras ensuite au cinéma.

– Pas question que **je t'**accompagne, **je** préfère rentrer à la maison. »

Elle lui répondit alors qu'**il** était égoïste, et que s'**il lui** demandait quelque chose une prochaine fois, **elle** répondrait non !

3 ** **Classe les pronoms en gras dans le tableau.**

La cigale et les fourmis

C'était l'hiver ; le grain était mouillé et les fourmis le faisaient sécher. Une cigale qui avait faim **leur** demanda à manger.

« Pourquoi, **lui** dirent-**elles**, n'as-**tu** pas fait des provisions pendant l'été ?

– **Je** n'étais pas oisive, dit-**elle**, **je** chantais en artiste.

– Ah ! l'été, **tu** étais musicienne, repartirent les fourmis en riant ; en hiver fais-**toi** danseuse. »

Ésope, *Fables*, Éditions Corentin.

les pronoms qui désignent la cigale	les pronoms qui désignent les fourmis

Reconnaître et utiliser les pronoms

4 * **Entoure en rouge les pronoms personnels et en bleu les pronoms démonstratifs.**

Mon oncle Jacques préfère qu'on l'appelle Jack, il dit que ça fait plus moderne. Mais le nom qui lui va le mieux c'est encore tonton la Bricole, car il adore bricoler. Aujourd'hui, c'est dimanche, et il vient justement déjeuner. [...] La voiture de Jack surgit dans l'allée. Difficile de ne pas la remarquer : ce n'est ni un 4 × 4, ni une jeep, ni une camionnette, ni un break... mais un peu tout ça à la fois.

Christian Grenier, *Tonton la Bricole*, © Éditions Rageot.

5 * **Complète les phrases avec les pronoms suivants.**

celles-ci • leur • lui • ceux-là • les • il • elle

a. Avant de manger des fruits, on doit ... laver.

b. Ces abricots ne sont pas encore mûrs, en revanche ... me semblent parfaits.

c. La chanteuse est entourée par ses admiratrices : ... se pressent autour d'... pour ... demander un autographe.

d. Vincent appelle ses parents et ... demande s'... peut rester dîner chez Zoé.

6 ** **Complète les phrases avec les pronoms proposés.**

ce • nous (4 fois) • elles • tu • c' (2 fois) • cela • ce • celles • on

La gym du cerveau

... as entendu dire que, chaque jour, ... perdons des cellules nerveuses. ... qui est embêtant parce qu'... ne se renouvellent pas. Mais ... qu'... oublie de dire, ... est que ... qui sont en activité créent sans cesse de nouvelles connexions : ... est pour ... que ... progressons et que ... ... perfectionnons.

Utiliser les pronoms pour éviter les répétitions

7 ** **Utilise les pronoms ci-dessous pour éviter la répétition des groupes nominaux en gras.**

celui • elle • le • eux • elles • celle

a. La Terre tourne autour du Soleil. **La Terre** met à peu près un an pour accomplir un tour.

b. Madame Salvat a visité le nouveau musée du quai Branly ; elle trouve passionnant **le nouveau musée du quai Branly**.

c. Les danseuses entrèrent en scène. On aurait dit des jumelles car **les danseuses** portaient le même costume.

d. Les planètes peuvent avoir des satellites. **Le satellite** de la Terre s'appelle la Lune.

e. Les cousins préférés de Khady habitent au Maroc. Il pense souvent à **ses cousins**.

f. La voiture rouge est à mon père. **La voiture** qui est à côté est à mon oncle.

Révisions

✔ Le groupe nominal est constitué au minimum :
– d'un **déterminant** et d'un **nom** commun ou propre : *le chien ; la France.*

✔ Il peut être complété par :
– un **adjectif qualificatif** : *le gentil chien ;*
– un **complément du nom** : *le chien de la maison voisine ;*
– une **proposition subordonnée relative** : *le chien qui aboie.*

✔ Le nom, propre ou commun, est le mot le plus important du groupe nominal. On l'appelle le **noyau** du groupe nominal.

✔ Pour éviter les répétitions ou pour désigner des personnes, on utilise des **pronoms**.

Reconnaître le groupe nominal et ses composants

1 * **Complète les définitions.**

a. Quand on parle de *nombre* en grammaire, on veut dire ... ou ... .

b. Quand on parle de *genre* en grammaire, on veut dire ... ou ... .

c. Il y a deux sortes de noms : les noms ... et les noms ... .

d. L'... qualificatif, le complément du ... et la proposition ... servent à ... le nom.

e. *Je, ils, nous* sont des ... .

f. *Je, te, eux* sont des ... .

g. *Cela, celles, celui-ci* sont des ... .

2 * **Recopie les phrases et souligne les groupes nominaux.**

a. Il sait ses tables de multiplication.

b. Tout le monde a compris ?

c. Nous rencontrerons un écrivain célèbre à la bibliothèque de notre quartier.

d. Apporte-moi ton cahier du jour.

e. Qui connaît l'orthographe de ce mot ?

3 ** **Recopie le texte et souligne les expansions du nom.**

Le bureau de mon père était une pièce extraordinaire. Quoique de petites dimensions, il ressemblait à une véritable caverne d'Ali Baba. Il contenait des objets qui provenaient de partout. En effet, mon père avait été, autrefois, un explorateur passionné.

Enrichir un groupe nominal

4 ** **Complète les groupes nominaux en tenant compte des indications entre parenthèses.**

a. une maison *(adjectif qualificatif)*

b. un arbre *(adjectifs qualificatifs)*

c. une tarte *(adjectif qualificatif et complément du nom)*

d. des chaussures *(proposition subordonnée relative)*

5 ** **Même exercice.**
a. un élève *(adjectif qualificatif et complément du nom)*
b. un billet *(complément du nom)*
c. les vacances *(complément du nom)*
d. un livre *(adjectif qualificatif et proposition subordonnée relative)*
e. des fleurs *(adjectif qualificatif et proposition subordonnée relative)*

Associer les pronoms et les noms

6 * **Indique les personnes remplacées par les pronoms écrits en gras.**
Nicolas • Agnan • la maman de Nicolas • la maman d'Agnan
Agnan n'avait pas l'air tellement content de **me** voir, **il m'**a tendu la main et c'était tout mou. « **Je vous le** confie, a dit maman, **j'**espère qu'**il** ne fera pas trop de bêtises, **je** reviendrai **le** chercher à six heures. » La maman d'Agnan a dit qu'**elle** était sûre qu'on allait bien s'amuser. **Nous** avons goûté. C'était bien, il y avait du chocolat, de la confiture, des gâteaux, des biscottes, et **nous** n'avons pas mis les coudes sur la table. Après, la maman **nous** a dit d'aller jouer gentiment dans la chambre d'Agnan.

Sempé-Goscinny,
Le Petit Nicolas, Denoël.

7 ** **Recopie les pronoms personnels et les noms qu'ils remplacent.**
Diogène quitte sa chaise pour se rendre dans la citerne qui lui sert de maison en demandant à son jeune ami de l'attendre quelques minutes.
« J'ai peut-être quelque chose pour toi. »
Au bout d'un certain temps, il en ressort avec une mince liasse de magazines jaunis et retenus ensemble à l'aide d'un élastique.
« Tiens, tu les consulteras. »
Et il tend le paquet à Quentin, qui l'accepte, étonné.

Didier Convard,
Les Trois Crimes d'Anubis, Magnard.

Identifier la classe grammaticale de mots ou de groupes de mots

8 * **Quelle est la classe grammaticale des mots en gras ?**
Depuis qu'**on** a découvert les restes de **l'**archéoptéryx, le plus **ancien** oiseau connu, on sait que certains **reptiles** sont les ancêtres des oiseaux. Aujourd'hui, malgré **leurs** différences, reptiles et oiseaux ont conservé **des caractéristiques communes**.

Encyclopédie Master Junior, Hachette Éducation.

9 ** **Même exercice.**
Les **Indiens** riaient si forts que l'homme **qui s'était fait mordre** oublia rapidement sa **colère** et se mit à rire avec les autres. **Ils** s'étaient tous levés et entouraient **le** louveteau en se moquant de **lui**. Soudain **celui-ci** dressa l'oreille [...]. Il avait reconnu **un** bruit reconnaissable entre tous. **Sa** mère ! La louve allait **le** tirer de ce **mauvais** pas !

Jack London, *Croc-Blanc*,

10 ** **Trouve dans le texte :**
a. un article défini contracté ;
b. un nom propre ;
c. un adjectif épithète ;
d. un complément du nom.
Deux jours plus tard, Wolfie arrivait tranquillement au bureau de poste de Hilton Walley. Quand il poussa la porte, la petite cloche de Gussie Godiva tinta joyeusement. Gussie leva les yeux de derrière le comptoir, ajusta son monocle et regarda fixement Wolfie.

Henrietta Branford, *Avril est en danger*,

Écrire

11 **Décris ton animal préféré : son physique, son lieu de vie, son habitat, sa nourriture…**

Utilise des pronoms pour éviter les répétitions.

Classe et fonction des mots

Comme tous les matins, Adrien attend Samuel au coin de la rue. Ils partent à l'école ensemble. L'école se trouve à un quart d'heure à pied de leur maison. Il est 8 h 10 et Samuel n'est toujours pas arrivé. Adrien commence à s'inquiéter. Cinq minutes après, la maman de Samuel arrive et dit à Adrien :
« Samuel ne peut pas aller en classe aujourd'hui car il est malade. »
Adrien promet de passer voir son meilleur ami à la fin de la journée et court pour ne pas arriver en retard.

Cherchons

- **Quelle est la classe grammaticale du mot école ?**
- **Dans la deuxième phrase, quelle question pouvez-vous poser pour obtenir comme réponse école ? Que pouvez-vous en conclure concernant sa fonction dans la phrase ?**
  Ce mot a-t-il la même fonction dans la phrase suivante ? Comment le savez-vous ?
- **Effectuez le même travail avec Adrien, puis avec Samuel.**

✔ Les mots sont rangés dans des ensembles qu'on appelle des **classes grammaticales**.

Il existe plusieurs classes grammaticales :
– les **noms propres** et les **noms communs** : *Samuel, école ;*
– les **adjectifs qualificatifs** : *malade, meilleur ;*
– les **verbes** : *attend, partent ;*
– les **déterminants** : *son, les ;*
– les **pronoms** : *ils, il.*

✔ Les mots ou les groupes de mots ont une **fonction** différente selon le **rôle qu'ils jouent par rapport aux autres mots dans la phrase**.
Par exemple, la fonction d'un nom peut être :
– **sujet** : *Samuel est malade.* (Samuel : sujet)
– **C.O.D.** : *Adrien attend Samuel au coin de la rue.* (Samuel : C.O.D. du verbe « attend »)
– **complément du nom** : *La maman de Samuel arrive.* (Samuel : complément du nom « maman »)

✔ Dans un groupe de mots, c'est le mot principal (le **noyau**) qui porte la fonction.

Différencier classe grammaticale et fonction

1 * **Classe les informations dans le tableau.**

classe grammaticale	fonction

sujet • adjectif qualificatif • pronom personnel • nom • C.O.D. • complément circonstanciel • C.O.I. • groupe nominal • article défini • déterminant possessif • épithète • article indéfini • attribut du sujet • pronom démonstratif

Reconnaître la classe grammaticale des mots

2 * **Recopie dans chaque liste le mot qui n'a pas la même classe grammaticale que les autres. Puis indique la classe grammaticale des autres mots de la liste.**

a. plateau • colline • col • montagne • grimper • sommet • falaise

b. plat • vallonné • escarpé • abrupt • montagne

c. semer • pelletée • bêcher • jardiner • arroser • cultiver

d. des • un • cet • elle • son • tes • une

e. celui • cela • notre • ceux-ci • celle-la • ça

3 * **Indique la classe grammaticale des mots en gras.**

a. La **carte** représente le continent **africain**.

b. Tokyo est la capitale du **Japon**.

c. Pour la leçon de géographie, il a encore emprunté **mon** livre.

d. La Volga est le nom de fleuve qui me fait le plus **rêver**.

e. Berlin **est redevenue** la capitale de l'Allemagne.

4 ** **Même exercice.**

En constatant que l'air **chaud** monte, les frères **Montgolfier** eurent l'idée d'utiliser **cette** propriété pour faire s'élever un ballon de soie et de papier. Le premier essai fut concluant. La **nacelle** emportait un mouton, **un** canard et un coq. L'histoire ne dit pas si les trois passagers **furent** heureux de **leur** voyage. À la suite de cet essai, deux hommes **courageux** acceptèrent de tenter l'**aventure**. Malgré un début d'incendie, tout se passa bien. **C'**était le 21 novembre 1783.

5 ** **Complète le tableau avec des mots qui commencent par les lettres de la première colonne.**

	nom	déterminant	adjectif qualificatif	verbe
A				
L				
D				
M				

Reconnaître les fonctions des mots

6 * **Indique la fonction des mots ou des groupes de mots en gras.**

a. Une montagne est une **imposante** masse de roches qui domine une région.

b. La végétation est adaptée aux changements **de températures.**

c. Au pied des montagnes, on trouve des cultures et des prairies.

d. Plus haut, on trouve **la forêt**.

e. Plus haut encore, seule l'herbe pousse **pendant la saison chaude**.

f. Près du sommet **de la montagne**, même l'herbe ne pousse plus à cause du froid.

Géographie, cycle 3, Magnard.

7 ** **Même exercice.**

Akavak enfonça la tête **bien au fond de son capuchon**, serra **ses bras** contre son corps à l'intérieur de son parka et se mit **à penser** : « Je suis **vivant**, et mon grand-père aussi est vivant. Et, à nous deux, nous traversons ce **haut** plateau, et **nous** verrons la terre **de mon grand-oncle** qui se trouve au-delà de ces montagnes. »

James Houston, *Akavak*, Flammarion.

Classe et fonction des mots

Manipuler classe grammaticale et fonction des mots

8 * **Remplace le sujet, en gras, par un pronom personnel.**

Nadia et Clara *aiment se promener en forêt.*

→ *Elles aiment se promener en forêt.*

a. Chaque dimanche matin, **mon père et moi** allons au marché.

b. Aïcha et toi arrivez toujours à l'heure à l'école.

c. Solène et ses cousins partent à Londres le week-end prochain.

d. Nadia et moi déjeunons tous les jours à la cantine.

e. Nadia et Alexandra déjeunent tous les jours à la cantine.

9 ** **Indique la classe grammaticale des mots ou des groupes de mots soulignés. Puis remplace-les par d'autres mots ou groupes de mots appartenant à la même classe grammaticale.**

Madame Rodriguez adore chanter.
verbe à l'infinitif

→ *Madame Rodriguez adore peindre.*
verbe à l'infinitif

Pense à accorder le verbe.

a. Ce cheval appartient à mon oncle.

b. Le Sahara est un désert immense.

c. Bientôt, nous partirons au Sénégal.

d. Ils sont partis de bonne heure.

e. Autrefois, je les rencontrais souvent.

10 ** **Même exercice.**

a. « J'ai très faim ! » s'exclama Lucas.

b. Marie vit une horrible araignée sur le mur de sa chambre.

c. As-tu demandé l'autorisation à ta maman ?

d. Soudain, il partit en courant sans qu'on sache pourquoi.

11 ** **Écris des phrases dans lesquelles les groupes nominaux proposés auront une fonction différente.**

Le dimanche (sujet) *est mon jour préféré.*

→ *J'attends le dimanche* (COD) *avec impatience.*

→ *Je me promène souvent le dimanche* (C.C. de temps).

ma tante • une maison hantée • les vacances de Noël • tes affaires de gymnastique

Faire l'analyse grammaticale des mots

12 ** **Indique la classe grammaticale et la fonction des mots en gras.**
Tu dois trouver :
a. un pronom personnel sujet ;
b. deux adjectifs qualificatifs épithètes ;
c. un nom complément du nom ;
d. un nom C.O.D.

Remarque

Faire l'analyse grammaticale d'un mot, c'est indiquer sa **classe grammaticale** et sa **fonction** dans la phrase.
*Tous les **matins**, Adrien attend Samuel au coin de la rue.*
matins : nom commun, complément circonstanciel de temps du verbe « attend »

Bien avant l'heure du **rendez-vous**, Alexis gagna l'**angle** de la place et se dissimula dans un coin d'ombre. À peine était-il à son poste, qu'**il** vit arriver un homme d'une **forte** stature, habillé avec élégance et qui portait une pivoine **blanche** à la boutonnière de son veston.

André Dhôtel, *L'enfant qui disait n'importe quoi*,

13 ** **Recopie ce tableau : il doit prendre toute la largeur de ta page. Puis classe les mots du texte en gras.**

	sujet	C.O.D.	C. du nom	épithète	C.C. de manière	C.C. de lieu
adjectif qualificatif						
nom commun			ouïe			
nom propre						
pronom personnel						

Avec ses mains, **Helen** explorait le **monde**. Ses mains lui servaient d'yeux et d'oreilles. La **petite** fille, privée du sens de l'**ouïe** et de la vue, avait développé d'une **façon** extraordinaire son sens du toucher ainsi que ceux de l'odorat et du goût. [...] **Elle** savait trouver les premières violettes dans l'**herbe**.

Lorena A. Hickok, *L'Histoire d'Helen Keller*, Robert Laffont.

14 ** **Fais l'analyse grammaticale des mots en gras, comme dans l'exemple.**

je → classe grammaticale : pronom personnel

→ fonction : sujet du verbe « regarde »

Par la **vitre**, je regarde **défiler** le paysage. Un paysage **vertigineux**. La route en lacet qui grimpe à flanc de montagne est bordée sur la gauche par une forêt de **sapins**, et du côté droit, elle donne dans le vide. Derrière le **parapet**, il y a une paroi à pic avec, au fond, une vallée d'une blancheur **éblouissante**.

« Féerique, n'est-ce pas, commente **Jean-Pierre**. Il a neigé toute la **nuit**… Regardez-moi ce tapis immaculé ! **Nous** serons les **premiers** à le fouler… »

Gudule, *L'Abominable Petite Fille des neiges*, Hachette Jeunesse.

Écrire

15 **Regarde cette carte de France et rédige une description rapide qui pourrait commencer par :**

« La France a la forme d'un hexagone... »

Continue avec des phrases simples qui comprendront : un nom sujet, un verbe, un groupe nominal C.O.D. ou un complément circonstanciel de lieu.

Commence par faire la liste des verbes dont tu auras besoin :

- *une montagne s'élève... ;*
- *un fleuve coule, prend sa source... ;*
- *la mer, l'océan borde, s'étend...*

Les prépositions, les conjonctions de coordination, les adverbes

Face à face, les deux adversaires s'observent un instant **à travers** les fentes de leur heaume. Les chevaux piaffent d'impatience, la foule retient son souffle. **Soudain**, le signal donné, c'est l'affrontement. Les deux champions lancent leur destrier. **Pendant** quelques secondes, dans un silence **de** mort, on n'entend plus que le cliquetis des armes **et** le martèlement des sabots. **Puis**, **avec** une violence terrible, les deux adversaires se frappent de leur lance. Émilie chancelle **mais** tient **bon**. Elle retourne à sa place **et** se prépare **à** une nouvelle manche.

Henriette Bichonnier, *Émilie et le crayon magique*, Hachette Jeunesse.

Cherchons

- **Quel est le point commun des mots en couleur ?**
- **Indiquez la fonction des mots ou des groupes de mots qui sont introduits par les mots en rouge.**
- **À quoi servent les mots en vert ? Et les mots en bleu ?**

✔ Les prépositions, les conjonctions de coordination et les adverbes sont des **mots invariables**.

✔ Les **prépositions** (*à, de, d', dans, avec, pendant, à travers...*) **introduisent des compléments** :
Les adversaires s'observent à travers les fentes de leur heaume. (C.C.L.)
un silence de mort (complément du nom)

✔ Les **conjonctions de coordination** (*mais, ou, et, donc, or, ni, car*) **relient des groupes de mots** de même classe grammaticale :
*On entend le cliquetis des armes **et** le martèlement des sabots.*
groupe nominal — groupe nominal

✔ Les **adverbes modifient le sens** d'un verbe, d'un adjectif ou d'un autre adverbe.
*Émilie tient **bon**.* (verbe) *Elle est **vraiment** courageuse.* (adjectif)
*Les deux adversaires combattent **très** loyalement.* (adverbe)

Il existe des adverbes de **temps** (*soudain, puis, maintenant, demain...*), de **lieu** (*ici, partout, ailleurs...*), de **manière** (*sagement, bien, autrement...*).

Reconnaître et utiliser des prépositions

1 * **Entoure les prépositions.**
un repas de fête • un gilet sans manche • une malle en osier • une machine à laver • une journée d'été • un panier avec des anses • une vue sur la mer • une histoire pour rire

2 ** **Complète le texte avec les prépositions ci-dessous.**
de (4 fois) • devant • à • derrière • sans • en • dans
Un sifflement strident venait ... déchirer le silence. Lili traîna vivement la mobylette ... un arbre et se dissimula ... l'ombre. Thomas la suivit ... réfléchir. La camionnette bleue ... la gendarmerie passa ... les deux enfants puis disparut ... faisant actionner la sirène ... plus belle. [...] Le cœur ... Thomas battait ... toute allure.

Hélène Montardre, *La Nuit du rendez-vous*, Magnard.

3 ** **Complète ces phrases par un complément introduit par une préposition.**
a. Le matin, je bois un grand bol ... *(complément de nom)*.
b. Tous les enfants sont partis ... *(C.C. de temps)*.
c. Nous avons annoncé la bonne nouvelle ... *(C.O.I.)*.
d. Nous prendrons le train ... *(complément de nom)*.
e. Pendant les vacances d'été, nous irons tous ... *(C.C. de lieu)*.
f. Il descendit les escaliers ... *(C.C. de manière)*.

Employer les conjonctions de coordination

4 ** **Complète les phrases avec des conjonctions de coordination.**
a. Veux-tu regarder la télévision ... jouer à un jeu de société ?
b. Aymeric aimerait bien rejoindre ses copains ... il ne sait pas patiner, ... il n'ira pas à la patinoire.
c. Francesca n'a pas pu rentrer chez elle ... elle avait perdu ses clés.
d. Séréna ... Aminata sont mes meilleures amies.
e. Dans ce jardin, on ne doit pas cueillir des fleurs ... pique-niquer sur les pelouses.

Reconnaître et employer des adverbes

5 * **Recopie ces phrases, souligne en rouge les adverbes de lieu, en bleu les adverbes de temps et en vert les adverbes de manière.**
a. Elle avança rapidement sans se soucier des aboiements des chiens.
b. Soudain, l'orage gronda puis la pluie se mit à tomber.
c. Ariane a rangé son bureau avant-hier et a posé son nouvel ordinateur dessus.
d. J'habite ici depuis deux ans. Avant, je vivais à Paris.
e. Il regarda longuement par la fenêtre du train ; ensuite, il s'installa confortablement dans son compartiment.

6 ** **Indique si les adverbes en gras précisent le sens d'un verbe, d'un adverbe ou d'un adjectif.**
a. Venez **vite** !
b. Il mange **très** lentement.
c. Elle était **assez** contente de sa journée.
d. Vous aimez **vraiment** ce tableau ?
e. Je l'ai trouvé **encore** distrait.
f. J'ai beaucoup **trop** de travail en ce moment.

7 ** **Ajoute un ou plusieurs adverbes à chaque phrase.**
a. C'était un petit village.
b. Elle a travaillé.
c. Je ne pense pas que ce soit une bonne idée.
d. J'aime le chocolat.
e. Il a répondu à toutes les questions.

Passé, présent, futur

« M'man, je ne me sens pas bien... » [...] Maman, qui repasse dans la cuisine, débranche illico son fer pour venir me tâter le front.
« Tu es brûlante, ma chérie... Tu **as attrapé** froid ? »
– Non, j'ai seulement mal à la tête. »
Maman déteste que ses enfants soient malades. À la manière dont elle fronce les sourcils, je vois bien que ça l'énerve.
« Tu vas me faire le plaisir de prendre un cachet et de filer dans ton lit ! » dit-elle, en me préparant un verre d'eau. Moi, je **ronchonne** :
« Mais j'ai plein de devoirs...
– Je te **ferai** un mot d'excuse pour la maîtresse. »

Gudule, *La sorcière est dans l'école*, Hachette Jeunesse, 2000.

Cherchons

- **Quelle est la classe grammaticale des mots en couleur ?**
- **Quel est celui que l'on peut mettre dans une phrase qui commencerait par *hier* ? Par *en ce moment* ? Par *demain* ?**

✔ Les verbes conjugués permettent de situer des faits qui ont lieu :
– dans le **passé** : *Tu as attrapé froid ?*
– dans le **présent** : *Moi, je ronchonne.*
– dans le **futur** : *Je te **ferai** un mot d'excuse pour la maîtresse.*

✔ D'autres éléments dans les phrases apportent également des précisions concernant le déroulement de ce qui se passe (*jadis, hier, ce matin, lundi, maintenant, en ce moment, demain, dans une semaine...*). On les appelle des **indicateurs de temps**.

Reconnaître et utiliser les indicateurs de temps

1 * Recopie les phrases. Souligne les verbes conjugués en rouge et les indicateurs de temps en vert.

a. Maintenant, les élèves font un exercice de grammaire.
b. Nous avons reçu, avant-hier, une carte postale de nos amis anglais.
c. Dimanche prochain, vous prendrez le train pour Nantes.
d. L'école n'était pas encore obligatoire au début du XIXe siècle.
e. Tu as cueilli des abricots ce matin dans ton verger ; en ce moment, tu prépares des confitures.

2 * Classe les indicateurs de temps dans le tableau.

passé	présent	futur

autrefois • maintenant • dans trois jours • en ce moment • il y a un an • bientôt • la veille • au siècle précédent • de nos jours • quand j'aurai dix ans • l'année prochaine

3 ** Recopie les phrases en les complétant avec un indicateur de temps.

Tu peux placer l'indicateur de temps au début ou à la fin de la phrase.

a. J'irai au collège André Malraux.
b. Nous avons visité l'Assemblée nationale.
c. Tu partais pêcher avec ton grand-père.
d. Elle écoute les informations à la radio.
e. Vous vous inscrirez à un cours de danse.

Reconnaître le temps grâce aux verbes

4 * Écrire les actions sous l'axe chronologique.

Note les actions les unes sous les autres.

hier — maintenant — demain →

tu joues • elles liront • je connais • vous avez compris • tu jouais • nous partons • il revient • nous partirons • vous compreniez • elles lisent • tu joueras • il est revenu • je connaissais • nous sommes partis

5 * Pour chaque phrase, indique si les faits se déroulent au passé, au présent ou au futur.

a. Tu nettoies les vitres de ta chambre.
b. Les professeurs de sport organiseront un tournoi de handball.
c. Je ne suis pas allée chez Roberto.
d. Helena achètera une nouvelle robe.
e. Nous terminons notre exercice.

Retrouver la chronologie d'un texte

6 * Pour chaque série, remets les trois phrases dans l'ordre chronologique.

a. Nous mangerons le gâteau pour le goûter. • Nous avons acheté la farine, les œufs et le sucre. • Nous préparons la pâte.
b. Tous les élèves de la classe votent. Demain, Solène participera à son premier conseil d'école. Solène s'est présentée pour être déléguée de sa classe.
c. La chenille se transforme en chrysalide. • La chrysalide deviendra un beau papillon. • La chenille est sortie de l'œuf.

7 ** Remets les phrases de ce texte dans l'ordre chronologique.

a. Avec les efforts de chacun, notre planète continuera de faire vivre les générations futures.
b. De nombreuses personnes entreprennent des actions pour lutter contre le gaspillage et la pollution.
c. Pendant longtemps, on a cru que les ressources naturelles de la Terre étaient inépuisables.
d. Aujourd'hui, la protection de l'environnement devient nécessaire.
e. De plus, des actions de l'homme ont abîmé la planète.

Écrire

8 Observe le dessin. Imagine ce qui s'est passé avant et ce qui se passera après.

L'infinitif du verbe : groupe, radical, terminaison

Imaginez-vous qu'hier après-midi je téléphonais à Tout-Gratis. Ah ! comme je le regrette à présent !
On décroche, et je fais ma demande :
— Bonjour, je suis Thierry Valleteau et je voudrais une montre !
— Très bien, je vous l'envoie tout de suite, répond la voix.
Comme d'habitude, la petite fumée bleue jaillit du récepteur, puis, une fois à terre, elle s'évanouit en laissant la place à une montre, toute ronde, mais d'aspect plutôt bizarre.

Le Mot interdit, texte de Nicolas de Hirsching, © J'aime lire, Bayard Jeunesse.

Cherchons

- **Relevez tous les verbes conjugués de ce texte.**
- **Indiquez leur infinitif, puis proposez un classement de ces infinitifs. Quel classement avez-vous effectué ? Comment avez-vous procédé ?**

✔ Un verbe a un **radical** et une **terminaison**.
préparer : prépar -er
radical terminaison

✔ L'**infinitif** sert à nommer les verbes. On reconnaît l'infinitif d'un verbe grâce à sa terminaison : ***-er***, ***-ir***, ***-re***, ***-oir***.

✔ Les verbes sont classés en trois groupes :
– le **1er groupe** comprend tous les verbes dont l'infinitif se termine en ***-er*** **(sauf *aller*)**. Ce sont les plus nombreux :
imaginer, téléphoner, regretter, chercher, lever… ;
– le **2e groupe** comprend les verbes en ***-ir*** qui se conjuguent sur le modèle de ***finir*** *(je finis, nous finissons)* :
jaillir, s'évanouir, garnir, salir, saisir… ;
– le **3e groupe** comprend **tous les autres verbes** :
aller, courir, faire, vouloir, répondre…

Identifier le groupe d'un verbe

1 * Conjugue chaque verbe au présent à la 1re personne du pluriel, puis indique le groupe auquel il appartient.

tenir : nous tenons, 3e groupe
choisir : nous choisissons, 2e groupe
fleurir • avertir • cueillir • courir • élargir • servir • sentir • bâtir • réunir • découvrir

2 * **Classe les verbes à l'infinitif dans le tableau.**

verbes du 1er groupe	verbes du 2e groupe	verbes du 3e groupe

vieillir • vivre • insister • aller • pouvoir • obéir • entretenir • songer • agir • croire • connaître • grossir • remplir • enlever • admettre • partir • souhaiter • entreprendre • annuler • fleurir • donner • atterrir

3 ** **Recopie les phrases en remplaçant les mots en gras par un verbe synonyme du 2e groupe au présent.**

a. Le soir, les lions **crient**.

b. Il **arrive à faire** ses exercices.

c. Les poires **deviennent mûres**.

d. Dès qu'on lui adresse la parole, elle **devient toute rouge**, puis **toute pâle**.

4 ** **Trouve les infinitifs de ces verbes et indique leur groupe.**

a. nous réfléchissons
b. elle mettait
c. vous dormirez
d. elles transpirent
e. il comprend
f. tu nageras
g. ils ont grandi
h. vous oubliez

5 ** **Il y a un intrus dans chaque liste. Recopie-le en expliquant pourquoi c'est un intrus.**

je mange • tu écoutes • elles sursautent • il dort • vous surveillez • nous imaginons
→ *L'intrus est* dort, *verbe du 3e groupe, alors que tous les autres verbes appartiennent au 1er groupe.*

a. il noiera • elles pinceront • j'essaierai • tu chasseras • nous boirons • vous aérerez

b. elle finit • vous choisissez • tu pars • nous envahissons • je réussis • ils jaunissent

c. vous preniez • nous descendions • elle cueillait • je parcourais • ils croyaient • tu gravissais

d. tu as ébloui • il a bondi • vous avez pétri • j'ai accueilli • elles ont réfléchi • nous avons ralenti

e. je vois • tu peins • vous affirmez • elle tient • nous venons • ils font

6 ** **Relève tous les verbes (conjugués ou à l'infinitif) de ce texte et indique à quel groupe ils appartiennent.**

Au printemps, on voit des insectes, comme les abeilles, qui butinent de nombreuses fleurs. L'abeille récolte un liquide sucré au fond de la fleur, le nectar, qui servira pour nourrir la ruche. Lorsqu'elle butine le nectar, son corps est en contact avec les étamines et se couvre de pollen.

Sciences, cycle 3, Magnard Jeunesse.

7 ** **a. Prends les dix premières lettres de l'alphabet (de A à J) et trouve un verbe du 1er groupe pour chaque lettre.**

A → arriver ; B → bousculer ; C → …

b. Trouve un verbe du 2e groupe commençant par les lettres F, G, H, I, J, M, N, P, R, S et V.

c. Trouve un verbe du 3e groupe commençant par les lettres L, M, N, O, P, R, S, T et V.

Tu peux t'aider d'un dictionnaire. Dans le dictionnaire, les verbes sont écrits à l'infinitif.

Écrire

8 **Rédige un texte pour expliquer comment fabriquer un avion en papier (ou un autre objet) en utilisant des verbes à l'infinitif.**

Prendre une feuille de papier…

9 **Écris le chemin pour aller de chez toi à l'école en utilisant des verbes à l'infinitif.**

Descendre les trois étages.
Sortir de l'immeuble…

Conjuguer un verbe : personne, temps, mode

Le soir, en rentrant, Kévin s'approche de Lucie qui lui prépare son goûter :
« J'ai envie d'inviter Victor, mercredi... »
Lucie regarde Kévin comme si elle n'osait y croire.
« Quelle bonne idée ! Au fait, ajoute-t-elle, ton papa **a téléphoné** : il **rentrera** très tard, ce soir. Ne l'attends pas pour te coucher. »
Catastrophe !

Maryvonne Rippert, *Le Jardin des mots doux*, Magnard Jeunesse.

Cherchons

- **Relevez un verbe conjugué à la 1re personne du singulier et un autre conjugué à la 3e personne du singulier.**
- **À quel temps est conjugué le verbe écrit en vert ? Quelle est la particularité de ce temps de conjugaison ?**
- **L'action exprimée par le verbe en rouge a-t-elle lieu au moment où Kevin et Lucie parlent ? Quel est le temps de ce verbe ?**

✔ Un verbe varie selon la **personne** à laquelle il est conjugué.
regarder : Lucie regarde Kévin. (3e personne du singulier)
Vous regardez Kévin. (2e personne du pluriel)

✔ Un verbe varie selon le **temps** auquel il est conjugué.
rentrer : il rentre (présent de l'indicatif)
il rentrera (futur de l'indicatif)

Remarque C'est la **terminaison** qui porte la marque de la personne et du temps.

✔ Un verbe peut être conjugué à un **temps simple** ou à un **temps composé**. Lorsque le verbe est conjugué à un temps composé, il est formé avec un **auxiliaire** (*être* ou *avoir*) et le **participe passé** du verbe.
téléphoner : il téléphonait (verbe en seul mot) → temps simple
il a téléphoné (verbe en deux mots) → temps composé

✔ Un verbe varie selon le **mode** : infinitif, indicatif, impératif...
Tracer un carré. (présent de l'infinitif)
Tu traces un carré. (présent de l'indicatif)
Trace un carré. (présent de l'impératif)

Reconnaître les personnes de la conjugaison

1 * **Classe les phrases dans le tableau.**

singulier			pluriel		
1re pers.	2e pers.	3e pers.	1re pers.	2e pers.	3e pers.

a. Il reviendra.
b. Nous mangeons des tartines.
c. La télévision ne fonctionne plus.
d. Êtes-vous prêts ?
e. J'aime les roses jaunes.
f. Mes parents habitent à Lyon.
g. Tu n'oublieras pas les croissants.

2 * **Recopie les verbes soulignés et indique à quelle personne ils sont conjugués.**

La femme rouspéteuse

On raconte en Estonie qu'un samedi une femme s'en alla chercher de l'eau à la rivière. La lune brillait d'un vif éclat dans le ciel. La femme lui cria :
– J'ai du travail ici-bas et toi, tu restes là-haut à bayer aux corneilles. Tu ferais mieux de venir m'aider à porter l'eau.
À ces mots, la lune en colère descendit du ciel. Elle saisit la femme et l'emporta.
Si vous levez la tête et les yeux à la nuit tombée, vous verrez cette rouspéteuse, debout sur la lune, avec ses deux seaux.

Muriel Bloch, d'après Geza Roheim, *Les Portes du rêve*, Payot (d'après un conte estonien).

3 ** **Réécris les phrases en les mettant à la 2e personne.**

Respecte le singulier et le pluriel.

a. Je partirai après le déjeuner.
b. Nous attendions le bus.
c. J'ai attrapé un rhume.
d. Ils ne comprennent rien.
e. On a oublié d'acheter du sucre.
f. Il a téléphoné à sa grand-mère.
g. Nous commençons la journée de classe par une leçon de français.

Reconnaître les temps de la conjugaison

4 * **Classe les verbes dans le tableau en fonction de leur temps.**

temps simples	temps composés
a.	

a. tu sors • **b.** tu es sorti • **c.** vous aviez mangé • **d.** elle viendra • **e.** nous faisions • **f.** vous mangez • **g.** il a crié • **h.** elle était venue • **i.** nous ferons • **j.** il cria • **k.** tu sortiras • **l.** elle est venue • **m.** vous lirez

5 ** **Indique à quel temps sont conjugués les verbes. Il peut s'agir de l'imparfait, du passé composé, du présent ou du futur.**
a. tu marches • **b.** vous surgissiez • **c.** ils seront • **d.** tu as marché • **e.** je vois • **f.** vous surgirez • **g.** ils étaient • **h.** je verrai • **i.** ils sont • **j.** tu marchais • **k.** vous surgissez • **l.** j'ai vu • **m.** ils ont été • **n.** tu marcheras

6 ** **Classe le verbe *ranger* dans le tableau en fonction du mode auquel il est conjugué.**

mode indicatif	mode impératif	mode infinitif
a.		

a. ils rangent • **b.** vous avez rangé • **c.** ranger • **d.** rangeons • **e.** nous rangeons • **f.** tu rangeais • **g.** range • **h.** il rangera • **i.** rangez

Écrire

7 **Tu es un piéton. Donne 3 conseils à un camarade pour traverser la rue avec prudence. Écris chacun de ces conseils :**
– au mode infinitif ;
– à la 2e personne du singulier du présent de l'indicatif ;
– à la 2e personne du pluriel du mode impératif.

Les verbes avec une terminaison en *-e, -es, -e*

Assise à mon bureau, je me sens la fille la plus heureuse du monde.
« Qu'est-ce que tu fiches ? demande Rémi, interrompant sa lecture.
— Je dessine.
— Ah ? Et tu dessines quoi ?
— Une B.D. »
Subitement intéressé, mon frère se redresse.
« Je peux venir voir ?
— Si tu veux... mais à condition que tu ne critiques pas ! »
Il saute du lit superposé et se penche par-dessus mon épaule.
« Pas mal, apprécie-t-il. Pas mal du tout, même ! C'est quoi ce gros truc plein de poils ? »

Gudule, *L'Abominable Petite Fille des neiges*, Hachette Jeunesse.

Cherchons

- **À quel temps sont conjugués les verbes de ce texte ?**
- **Relevez les verbes conjugués dont l'infinitif se termine par *-er*. Classez-les en fonction de leur personne de conjugaison.**
- **Observez les trois verbes conjugués à la 1re personne du singulier. Pourquoi n'ont-ils pas la même terminaison ?**

✔ **Les verbes en *-er* du 1er groupe** (comme le verbe *chanter*) forment leur présent en ajoutant ***-e, -es, -e, -ons, -ez, -ent*** au radical de l'infinitif.

✔ C'est aussi le cas pour **certains verbes du 3e groupe** dont l'infinitif se termine par ***-ir*** *(ouvrir, cueillir, couvrir, offrir...)*.

(1er groupe)	*(3e groupe)*
dessiner	**offrir**
je dessin**e**	j'offr**e**
tu dessin**es**	tu offr**es**
il, elle, on dessin**e**	il, elle, on offr**e**
nous dessin**ons**	nous offr**ons**
vous dessin**ez**	vous offr**ez**
ils, elles dessin**ent**	ils, elles offr**ent**

Conjuguer les verbes au présent de l'indicatif

1 * **Recopie les verbes qui se conjuguent au présent comme le verbe *dessiner* ou comme le verbe *offrir*.**

fabriquer • aller • courir • galoper • recouvrir • transporter • être • accueillir • jongler • vouloir • souffrir • vendre

2 * **Écris ces verbes au présent à la 2e personne du singulier et du pluriel.**

a. recouvrir
b. dorloter
c. calmer
d. souffrir
e. représenter
f. recueillir
g. allumer
h. supporter

3 * **Recopie la grille de mots croisés (une case pour un carreau) et complète-la en t'aidant des définitions.**

Tous les verbes sont conjugués au présent de l'indicatif.

Horizontalement
a. Verbe *planter,* 1re ou 3e pers. du singulier.
b. Verbe *couvrir,* 1re pers. du pluriel.
c. Verbe *saler,* 3e pers. du pluriel.

Verticalement
1. Verbe *cacher,* 2e pers. du singulier.
2. Verbe *pleurer,* 2e pers. du pluriel.
3. Verbe *aborder,* 1re ou 3e pers. du singulier.
4. Verbe *oser,* 2e pers. du singulier.

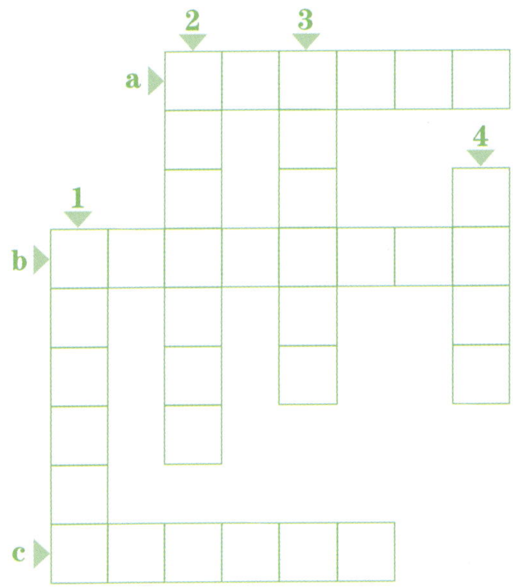

4 * **Recopie ces phrases en conjuguant les verbes entre parenthèses au présent.**

Attention à l'accord avec le sujet.

a. Pour ne pas abîmer leurs livres, les élèves les *(recouvrir)* avec du plastique transparent.
b. Jérémy et moi *(aimer)* beaucoup construire des maquettes d'avions.
c. Chaque année, pour le 1er mai, j'*(offrir)* un brin de muguet à mes parents.
d. La voiture *(rouler)* trop vite et ne s'*(arrêter)* pas au feu rouge.
e. *(Jouer)*-vous d'un instrument ?

5 ** **Pour chaque nom, trouve un verbe de la même famille et conjugue-le au présent aux trois personnes du singulier.**

a. la souffrance
b. le cirage
c. la découverte
d. les progrès
e. une exposition
f. un recueil
g. le calcul
h. le sifflement
i. l'occupation
j. une glissade

6 ** **Écris ce texte au présent.**

Aujourd'hui, Maria a présenté un exposé sur Clovis devant toute la classe. Elle a raconté notamment l'histoire du vase de Soissons. Pendant que les élèves écoutaient avec attention ses explications, la maîtresse passait près d'eux pour leur montrer un portrait de ce roi des Francs. Puis ils ont posé beaucoup de questions à Maria.

Écrire

7 **Dans le texte de la page 62, Rémi demande à sa sœur :** *« C'est quoi ce gros truc plein de poils ? »* **Imagine et rédige sa réponse.**

Écris ton texte au présent.

Les verbes en *-ier*, *-uer*, *-ouer*, *-cer* et *-ger*

✔ Les verbes en ***-ier***, ***-uer*** et ***-ouer*** ont des terminaisons que l'on n'entend pas, sauf à la 1re et à la 2e personne du pluriel.
je crie • tu secoues • il distribue • elles recopient
Il ne faut pas oublier d'écrire les terminaisons !

✔ Les verbes en ***-cer*** s'écrivent avec un **ç** à la 1re personne du pluriel.
nous agaçons • nous commençons • nous pinçons • nous plaçons

✔ Les verbes en ***-ger*** s'écrivent avec un **e** entre le g du radical et le o de la terminaison à la 1re personne du pluriel.
nous voyageons • nous partageons • nous exigeons

Conjuguer des verbes du 1er groupe au présent de l'indicatif

1 * Écris les verbes à la 1re personne du singulier et du pluriel.
balancer • annoncer • foncer • forcer • tracer • percer • espacer • exaucer

2 * Écris les verbes à la 2e personne du singulier et à la 1re personne du pluriel.
mélanger • éponger • protéger • échanger • juger • envisager • charger • obliger

3 * Écris les verbes à la 3e personne du singulier et du pluriel.
crier • jouer • oublier • continuer • avouer • scier • suer • manier

4 * Complète les phrases en utilisant les verbes qui conviennent.
éternue • se dévoue • aménageons • joues • ponçons • étudies

a. Nous … le grenier pour en faire une salle de jeux.
b. Depuis quand …-tu l'allemand ?
c. Chaque dimanche matin, monsieur Kamandi … pour préparer le petit-déjeuner de toute la famille.
d. Jessica et moi … la commode avant de la peindre.
e. Au printemps, j'… souvent à cause du pollen.
f. Tu … régulièrement au tennis avec ton frère.

5 ** Trouve les verbes du 1er groupe qui se terminent en *-ger* et qui correspondent aux définitions. Puis écris-les au présent aux trois personnes du pluriel.
a. Ce que fait un chef d'orchestre.
b. Mettre de l'ordre dans ses affaires.
c. Poser des questions.
d. Sauter du haut d'un plongeoir.
e. Faire des mouvements.
f. Demander avec force et autorité.

6 ** Trouve les verbes du 1er groupe qui se terminent en *-cer* et qui correspondent aux définitions. Puis écris-les au présent aux trois personnes du pluriel.

a. Ce que fait une porte qui n'est pas bien huilée.
b. Le contraire de *finir*.
c. Enlever ce qui est écrit sur le tableau de la classe.
d. Ce qu'il faut faire pour endormir un bébé.
e. Le contraire de *reculer*.
f. Attacher avec des lacets.
g. Enlever la lessive avec de l'eau.

7 ** Écris les verbes au présent en conservant le même pronom personnel.

nous mangions • nous remplacerons • tu as colorié • ils ont avoué • nous lancerons • je vérifierai • elle éternuait • nous rédigions • on échouera • tu évoluais • elle balbutiait • tu cloueras • nous aspergions

8 ** Conjugue les verbes entre parenthèses au présent.

a. À quoi *(jouer)*-tu dans la cour de récréation ?
b. Quand il est content, un chien *(remuer)* la queue.
c. Tous les ans, ils *(louer)* un studio à la montagne.
d. Tu *(plier)* tes jambes lentement en gardant le dos au sol.
e. À la fin du concert, je *(saluer)* le public qui applaudit et *(crier)* : « bravo » !

9 ** Même exercice.

a. Nous *(héberger)* nos cousins le temps qu'ils *(emménager)* dans un nouvel appartement.
b. Tu *(corriger)* ta dictée pendant que nous nous *(exercer)* en géométrie.
c. Nous *(encourager)* le coureur qui s'*(élancer)* vers la ligne d'arrivée.
d. Mathieu et moi *(renoncer)* à travailler avec vous car Raphaël et toi *(changer)* trop souvent d'avis.
e. Je me *(déplacer)* toujours à vélo lorsque j'ai des courses à faire.

10 ** Complète la grille de mots croisés à l'aide des définitions.

Tous les verbes sont conjugués au présent de l'indicatif.

1. Verbe *arranger*, 1re pers. du pluriel.
2. Verbe *échouer*, 3e pers. du singulier.
3. Verbe *enfoncer*, 2e pers. du pluriel.
4. Verbe *tracer*, 1re pers. du pluriel.
5. Verbe *dénouer*, 3e pers. du pluriel.
6. Verbe *scier*, 2e pers. du singulier.

Écrire

11 Raconte ce que vous faites, tes camarades de classe et toi, pendant la récréation. Tu peux t'aider du dessin.

Emploie *je* et *nous*, ainsi que des verbes du 1er groupe conjugués au présent.

Les verbes avec une terminaison en *-s, -s, -t*

✔ Au présent, les **verbes du 2e groupe** et la **plupart des verbes du 3e groupe** se terminent par ***-s, -s, -t, -ons, -ez, -ent.***

(2e groupe)	*(3e groupe)*
finir	**savoir**
je finis	je sais
tu finis	tu sais
il, elle, on finit	il, elle, on sait
nous finiss**ons**	nous sav**ons**
vous finiss**ez**	vous sav**ez**
ils, elles finiss**ent**	ils, elles sav**ent**
(3e groupe)	*(3e groupe)*
peindre (et verbes en *-indre*)	**connaître**
je peins	je connais
tu peins	tu connais
il, elle, on peint	il, elle, on connaît
nous peign**ons**	nous connaiss**ons**
vous peign**ez**	vous connaiss**ez**
ils, elles peign**ent**	ils, elles connaiss**ent**

Reconnaître les verbes avec une terminaison en *-s, -s, -t*

1 * Recopie les verbes qui se terminent par *-s, -s* et *-t* aux trois personnes du singulier du présent de l'indicatif.

agir • aller • rencontrer • éteindre • méconnaître • courir • cueillir • avaler • paraître • avoir • joindre

2 * Dans chaque liste se trouve un verbe qui ne se termine par *-s, -s* et *-t* aux trois personnes du singulier du présent. Recopie ce verbe intrus.

a. nous obéissons • nous reconnaissons • nous accueillons • nous craignons • nous dormons

b. vous recevez • vous atteignez • vous réussissez • vous vivez • vous plaisantez

c. elles sortent • elles souffrent • elles partent • elles engloutissent • elles croient

Conjuguer au présent de l'indicatif

3 * Conjugue les verbes à la 1re personne du singulier et du pluriel au présent de l'indicatif.

a. sortir
b. repeindre
c. plaire
d. saisir
e. frémir
f. lire
g. choisir
h. suivre

4 * **Trouve deux verbes de la même famille que *paraître*, puis écris-les à la 3ᵉ personne du singulier et du pluriel.**

Ils se conjuguent comme le verbe *connaître*.

5 * **Trouve les verbes qui correspondent aux définitions. Puis écris-les à la 2ᵉ personne du singulier et du pluriel. Ils se conjuguent tous sur le modèle de *finir*.**

a. Devenir rouge.
b. Retrouver sa jeunesse.
c. En voiture, réduire sa vitesse.
d. Le contraire de *vider*.
e. Retrouver une bonne santé après avoir été malade.
f. Perdre du poids.

6 ** **Trouve les verbes qui correspondent aux définitions et conjugue-les aux trois personnes du pluriel.**

a. Un verbe de la famille de *teinture*.
b. Un verbe de la famille de *plainte*.
c. Un verbe de la famille de *jointure*.
d. Un verbe de la famille d'*étreinte*.
e. Un verbe de la famille de *contrainte*.

7 ** **Remplace les verbes ou les expressions en gras par un verbe synonyme qui se conjugue au présent sur le modèle *-s, -s, -t, -ons, -ez, -ent*.**

a. Tu **es obligé** de partir tout de suite.
b. Elle **pense** à tout ce qu'elle doit faire demain.
c. Nous mangeons trop de gâteaux et nous **prenons du poids**.
d. Les chercheurs **continuent** leurs travaux sur les vaccins.

8 ** **Écris ce texte au présent de l'indicatif.**

Après la conquête de la Gaule, les Romains construisaient des édifices grandioses, élargissaient d'anciens chemins. De nouvelles techniques apparaissaient. Le pays s'enrichissait par la vente des produits de son agriculture.

9 ** **Recopie ce texte en mettant les verbes entre parenthèses au présent.**

Un tremblement de terre, ou séisme, se *(traduire)* par des secousses plus ou moins violentes, relativement brèves mais qui *(produire)* parfois de gros dégâts. Les sismologues *(établir)* l'importance des dégâts afin d'évaluer l'intensité du tremblement de terre. On *(connaître)* aussi la force d'un séisme grâce à un appareil, le sismographe. Aujourd'hui, les scientifiques *(savoir)* expliquer l'origine des tremblements de terre.

10 ** **Les verbes sont conjugués au présent. Écris leurs terminaisons.**

Commence par rechercher leur infinitif. Attention, il y a deux verbes du 1ᵉʳ groupe.

a. Tu écri… une lettre.
b. Elle di… des mots bizarres.
c. J'étudi… ma leçon d'histoire.
d. Tu reli… le point A au point B.
e. Je ri… de bon cœur.
f. Tu reli… ce roman pour la deuxième fois.

Écrire

11 **Rédige une description de cette couverture en utilisant des verbes du 2ᵉ et du 3ᵉ groupe. Précise si elle te plaît ou non et pourquoi.**

Les verbes avec une terminaison en *-ds*, *-ds*, *-d*

✔ La plupart des verbes en **-dre** (comme *prendre, répondre, coudre, mordre, répandre*…) se terminent au présent par ***-ds, -ds, -d, -ons, -ez, -ent.***

(3e groupe)	(3e groupe)	(3e groupe)
prendre	**mordre**	**répandre**
je pren**ds**	je mor**ds**	je répan**ds**
tu pren**ds**	tu mor**ds**	tu répan**ds**
il, elle, on pren**d**	il, elle, on mor**d**	il, elle, on répan**d**
nous pren**ons**	nous mord**ons**	nous répand**ons**
vous pren**ez**	vous mord**ez**	vous répand**ez**
ils, elles prenn**ent**	ils, elles mord**ent**	ils, elles répand**ent**

Remarque Les verbes en -*eindre*, -*aindre* et -*oindre* se terminent par -*s*, -*s*, -*t* aux trois personnes du singulier.
je crains, tu peins, il rejoint

Conjuguer au présent de l'indicatif

1 * Conjugue ces verbes au présent à la 1re personne et à la 3e personne du singulier.

a. répondre
b. prendre
c. coudre
d. attendre
e. fondre
f. perdre
g. tondre
h. vendre
i. répandre
j. tordre

2 * Dans chacune de ces listes, il y a un intrus. Pour le trouver, mets les verbes à la 1re personne du singulier.

a. tordre • entreprendre • tendre • répandre • peindre
b. plaire • suspendre • rendre • tondre • moudre
c. perdre • comprendre • dire • détendre • pondre

3 * Trouve les verbes en *-dre* qui correspondent aux définitions et écris-les à la 2e personne du singulier.

a. Le contraire d'*acheter*.
b. Le contraire de *monter*.
c. Ce qu'il faut faire quand il y a beaucoup de monde chez le dentiste.
d. Ce qu'il faut faire quand on vous pose une question.
e. Un synonyme d'*écouter*.

4 * Trouve trois verbes de la famille de *prendre* et écris-les à la 1re et à la 3e personne du pluriel.

5 * Trouve deux verbes de la famille de *tendre* et écris-les à la 3e personne du singulier et du pluriel.

6 * **Complète les phrases par le pronom personnel qui convient.**

S'il y a deux possibilités, donne-les toutes les deux.

a. … descend les escaliers à toute vitesse.
b. … apprends l'espagnol depuis l'année dernière.
c. … corresponds avec un ami australien.
d. … répond au téléphone.
e. … ne prends jamais l'avion.
f. … me surprend toujours.

7 * **Classe les verbes dans la colonne qui convient.**

verbes se terminant par *-ds, -ds, -d*	verbes se terminant par *-s, -s, -t*

mordre • éteindre • disjoindre • dépendre • correspondre • contraindre • fendre • dépeindre • vendre • moudre • surprendre • se plaindre • rejoindre • attendre • geindre • confondre • craindre • prétendre

8 ** **Recopie les phrases en conjuguant les verbes entre parenthèses au présent.**

a. Le fleuriste de ma rue *(vendre)* de très belles roses.
b. L'alpiniste *(atteindre)* le sommet après beaucoup d'efforts.
c. À cause d'un embouteillage, tu *(craindre)* de ne pas arriver à temps pour prendre le train.
d. Chaque matin, à cinq heures, tu *(entendre)* le chant du coq de la ferme voisine.
e. Je *(confondre)* souvent Luc et William car ils se ressemblent beaucoup.
f. Je *(rejoindre)* mon ami Salomon à son club de volley-ball.

9 ** **Complète les phrases en ajoutant un sujet et des compléments.**

a. … tonds …
b. … surprenons …
c. … répandez …
d. … couds …
e. … comprennent …
f. … mord …

10 ** **Conjugue les verbes au présent en conservant le même pronom personnel.**

a. tu correspondras
b. il recousait
c. j'ai suspendu
d. vous aviez entendu
e. elles répandront
f. elle a fondu

11 ** **Même exercice.**

a. je rejoindrai
b. nous avons craint
c. elle pondra
d. il a déteint
e. tu craignais
f. je mordais

12 ** **a. Retrouve les expressions au sens figuré illustrées par ces deux dessins.**

Chaque expression commence par un verbe qui se termine en *-dre*.

b. Écris un petit texte dans lequel tu emploieras une de ces expressions. Les verbes doivent être conjugués au présent et au singulier.

Les verbes avec une terminaison en *-x*, *-x*, *-t*

✔ Les verbes ***pouvoir***, ***vouloir*** et ***valoir*** ont une conjugaison particulière au présent. Ils se terminent par **-x**, **-x**, **-t**, **-ons**, **-ez**, **-ent**. Leur radical change aux trois personnes du singulier.

(3e groupe)	(3e groupe)	(3e groupe)
pouvoir	**vouloir**	**valoir**
je peu**x**	je veu**x**	je vau**x**
tu peu**x**	tu veu**x**	tu vau**x**
il, elle, on peu**t**	il, elle, on veu**t**	il, elle, on vau**t**
nous pouv**ons**	nous voul**ons**	nous val**ons**
vous pouv**ez**	vous voul**ez**	vous val**ez**
ils, elles peuv**ent**	ils, elles veul**ent**	ils, elles val**ent**

Conjuguer au présent de l'indicatif

1 * Écris les définitions de cette grille de mots croisés. Observe bien le modèle.

1. *Verbe* valoir, *présent de l'indicatif, 3e personne du pluriel.*

2 * Conjugue les verbes au présent de l'indicatif à la personne demandée.

a. *valoir,* 3e personne du singulier
b. *pouvoir,* 2e personne du pluriel
c. *vouloir,* 3e personne du pluriel
d. *valoir,* 1re personne du pluriel
e. *pouvoir,* 2e personne du singulier
f. *vouloir,* 3e personne du singulier

3 * Relie comme il convient.

peuvent •
veut • • vouloir • • singulier
vaux • • valoir •
voulons •
valez • • pouvoir • • pluriel
peut •

4 * Complète les phrases avec le pronom personnel qui convient.

a. Pour la chandeleur, … voulez organiser une grande soirée « crêpes ».
b. … ne peux pas le supporter.
c. … vaut très cher.

d. … ne pouvons pas partir car la voiture est en panne.
e. Veux-… venir au cinéma avec moi ?
f. À votre avis, combien valent-… ?

5 * **Reconstitue ces verbes conjugués et ajoute devant le pronom personnel qui convient.**
a. z - u - e - v - l - o
b. l - v - t - e - a - n
c. e - x - p - u
d. u - s - o - p - n - o - v
e. a - t - u - v

6 ** **Complète ces proverbes avec les verbes proposés.**
veut • *pouvez (2 fois)* • *valent* • *peut* • *vaut*
a. Mieux … tard que jamais.
b. Quand on … on … .
c. Vous … conduire un cheval à l'abreuvoir, mais vous ne … pas l'obliger à boire. *(proverbe anglais)*
d. Deux avis … mieux qu'un.

7 ** **Conjugue ces verbes au présent de l'indicatif en conservant le même pronom personnel.**
a. elles valaient
b. tu as voulu
c. vous pouviez
d. nous voudrons
e. il a voulu
f. on a pu
g. vous vouliez
h. elle valait

8 ** **Même exercice.**
a. nous pourrons
b. vous vaudrez
c. elles voulurent
d. je pus
e. tu avais pu
f. ils ont valu
g. j'ai voulu
h. tu valais

9 ** **Conjugue les verbes entre parenthèses au présent de l'indicatif.**
a. Une heure *(valoir)* soixante minutes et une minute *(valoir)* soixante secondes.
b. *(Pouvoir)*-tu me dire l'heure qu'il est s'il te plaît ?
c. Vous ne *(vouloir)* plus dormir dans cet hôtel, il est trop bruyant.
d. Cesse de dire des bêtises, tu *(valoir)* mieux que ça !
e. Dans les bibliothèques municipales, les lecteurs *(pouvoir)* consulter gratuitement Internet.
f. Je *(vouloir)* vous emmener voir ces ruines antiques car elles *(valoir)* le détour.

10 ** **Complète les phrases en ajoutant un sujet et des compléments.**
a. … veux …
b. … pouvez …
c. … vaut …
d. … valons …
e. … veulent …
f. … peut …

11 ** **Réécris cette phrase en remplaçant *vous* par *tu*, puis par *elles*.**
Vous voulez assister au concert mais vous ne pouvez pas car les réservations sont complètes.

12 ** **Réécris cette phrase en mettant les sujets au pluriel.**
Ce tableau vaut beaucoup d'argent, je veux en obtenir un bon prix lors de la vente aux enchères de mercredi prochain.

13 ** **Réécris cette phrase en conjuguant les verbes au présent de l'indicatif.**
J'ai pu reporter mon rendez-vous, ainsi Louise pourra venir déjeuner avec moi.

Écrire

Utilise les verbes *pouvoir*, *vouloir* et *valoir*.

14 **En t'aidant de l'exercice 6, invente trois proverbes au présent de l'indicatif.**

15 **Écris un dialogue au présent entre un fleuriste et deux enfants désirant acheter des fleurs pour l'anniversaire de leur maman.**

Les verbes *être*, *avoir* et *aller*

être	**avoir**	**aller**
je suis	j'ai	je vais
tu es	tu as	tu vas
il, elle, on est	il, elle, on a	il, elle, on va
nous sommes	nous avons	nous allons
vous êtes	vous avez	vous allez
ils, elles sont	ils, elles ont	ils, elles vont

Nous sommes contents. (verbe *être* au présent)
J'ai dix ans. (verbe *avoir* au présent)
Ils vont à l'école. (verbe *aller* au présent)

✔ Les verbes ***être*** et ***avoir*** sont aussi des **auxiliaires** qui servent à former les temps composés des autres verbes.
Tu es tombé de l'arbre. (verbe *tomber* au passé composé)
Tu as mangé un sandwich au fromage. (verbe *manger* au passé composé)

Conjuguer au présent de l'indicatif

1 * Recopie cette grille et écris horizontalement les formes du verbe *avoir* au présent.

Quelle personne du verbe n'as-tu pas pu écrire ? Il y a deux réponses possibles.

2 * Recopie la grille sur ton cahier (une case pour un carreau) et complète-la avec les formes du verbe *aller* au présent.

3 * Classe les verbes dans le tableau.

Attention, il y a des intrus.

allons • sera • aviez • avez • sont • sont allés • ai • es • va • étiez • ont • aurai • sommes • sommes allés • vont • suis • allais • allez • iras • a • furent • vais • êtes

avoir au présent de l'indicatif	*être* au présent de l'indicatif	*aller* au présent de l'indicatif

4 * Complète avec le pronom personnel qui convient.

a. … vont
b. … es
c. … ont
d. … ai
e. … allons
f. … suis
g. … avez
h. … va

5 * **Complète avec les verbes *être*, *avoir* ou *aller* conjugués au présent de l'indicatif.**

a. Nous … de la chance, le temps … magnifique.
b. Ils ne … jamais à la montagne.
c. …-tu sûr de le reconnaître ?
d. …-vous certains de gagner ?
e. …-vous l'heure ?
f. Je … au supermarché, …-tu besoin de quelque chose ?

6 * **Écris des phrases en conjuguant les verbes aux personnes demandées.**

a. avoir peur *(je, elles)*
b. aller à la piscine *(tu, nous)*
c. avoir soif *(elle, elles)*
d. être en vacances *(je, nous)*
e. aller en Italie *(il, vous)*

7 * **Réécris les phrases en remplaçant le sujet par le pronom entre parenthèses.**

a. J'ai très faim ce soir. *(vous)*
b. Ali est très en avance cet après-midi. *(nous)*
c. Natacha va à la poste. *(je)*
d. Tu n'es pas content ! *(je)*
e. Elles sont très en colère. *(elle)*
f. Nous allons chercher le pain. *(on)*

8 * **Conjugue les phrases à la 2e personne du singulier et du pluriel et à la 3e personne du pluriel.**

a. Être dehors et avoir envie de jouer.
b. Avoir mal aux dents et aller chez le dentiste.

9 ** **Complète les phrases par le verbe *être* conjugué au présent et les adjectifs ci-dessous.**

contents • bavards • têtus • frileux • paresseux

a. Si tu crains le froid, tu … .
b. Les gens qui parlent tout le temps … .
c. Vous n'aimez pas travailler, vous … .
d. Ils n'abandonnent jamais leurs idées ou leurs projets, ils … .
e. Nous avons beaucoup travaillé, nous … .

10 ** **Complète les phrases avec le verbe *aller* au présent suivi du verbe entre parenthèses à l'infinitif.**

Il (partir) bientôt.
→ *Il va partir bientôt.*

Remarque
Le verbe *aller* peut être utilisé pour exprimer quelque chose qui aura lieu plus tard.
Noé va acheter un nouveau vélo demain.
achètera

a. Je *(écrire)* à ma grand-mère.
b. Je crois qu'il *(pleuvoir)*.
c. Nous *(jouer)* au tennis cet après-midi.
d. Je me demande s'ils *(acheter)* ce vélo.
e. Qu'est-ce que vous *(faire)* maintenant ?

Reconnaître les auxiliaires

11 ** **Lis ces phrases et dis s'il s'agit des verbes *avoir* ou *être* conjugués au présent ou d'un autre verbe au passé composé.**

Tu n'es pas très aimable.
→ *verbe* être *au présent*
À quelle heure êtes-vous partis ?
→ *verbe* partir *au passé composé*

a. Avez-vous de la monnaie, s'il vous plaît ?
b. Ils sont revenus en voiture.
c. Je suis fatigué.
d. J'ai tout compris.
e. Nous ne sommes pas allées au cinéma.

12 ** **Même exercice.**

a. As-tu des frères et des sœurs ?
b. Elles sont étonnées.
c. Tu as offert un bouquet de roses à Éva.
d. Vous êtes nombreux ?
e. Nous n'avons jamais dormi à la belle étoile.

Écrire

13 **Décris ton animal préféré en employant uniquement *être* et *avoir* au présent de l'indicatif.**

Les verbes *faire*, *venir* et *voir*

✔ Les verbes ***faire***, ***venir*** et ***voir*** sont des verbes du 3e groupe. Il faut bien connaître leur conjugaison car ils sont très fréquents.

faire	**venir**	**voir**
je fais	je viens	je vois
tu fais	tu viens	tu vois
il, elle, on fait	il, elle, on vient	il, elle, on voit
nous faisons	nous venons	nous voyons
vous faites	vous venez	vous voyez
ils, elles font	ils, elles viennent	ils, elles voient

Remarque Le verbe ***venir*** peut être utilisé pour exprimer quelque chose qui s'est passé quelque temps auparavant.
Zoé vient de partir. → Elle est partie il y a un instant.

Conjuguer au présent de l'indicatif

1 * Écris ces verbes à la personne du pluriel qui correspond.

a. je vois
b. tu viens
c. elle voit
d. il fait
e. tu fais
f. je viens
g. tu vois
h. je fais
i. il vient

2 * Fais des phrases avec ces verbes en ajoutant un sujet et des compléments.

a. … voit …
b. … fait …
c. … vient …
d. … viennent …
e. … faisons …
f. … voient …
g. … viens …
h. … faites …
i. … vois …
j. … font …

3 * Conjugue les verbes à la personne demandée.

a. 1re personne du pluriel de *faire*
b. 2e personne du singulier de *venir*
c. 3e personne du pluriel de *voir* (masculin)
d. 3e personne du singulier de *venir* (féminin)
e. 2e personne du pluriel de *faire*
f. 1re personne du singulier de *voir*

4 * Écris les définitions de cette grille de mots croisés. Observe bien le modèle.

1. *Verbe* venir, *présent de l'indicatif, 3e personne du singulier.*

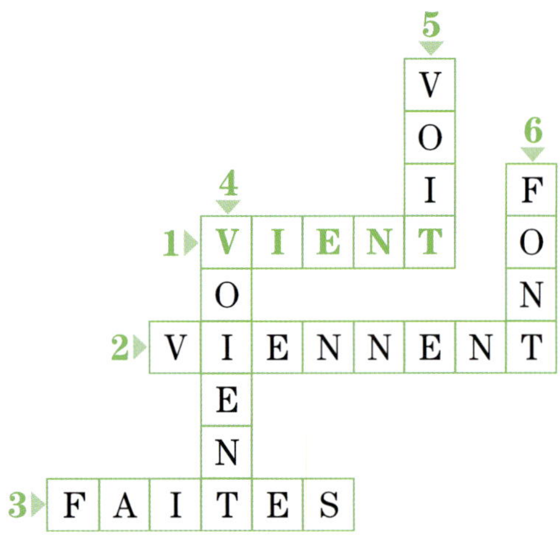

5 ** **Complète les phrases par un verbe de la famille de *faire*, de *venir* ou de *voir* conjugué au présent.**

revenir • devenir • prévoir • défaire • revoir

a. Il … tous les jours plus fort au ping-pong.
b. Tu … ta poésie avant de partir à l'école.
c. Pourquoi …-vous encore ce puzzle ?
d. À quelle heure …-ils du foot ?
e. Nous … de vous rendre visite pendant les vacances de la Toussaint.

6 ** **Même exercice.**

prévenir • refaire • convenir • entrevoir • provenir

a. Ces oranges … d'Espagne.
b. Nous … les peintures de la chambre de Mélissa.
c. Le gardien du phare … un bateau dans la brume.
d. Vous … toujours vos parents quand vous êtes en retard.
e. Je … d'un rendez-vous avec mon amie qui vient d'Angleterre.

7 ** **Complète les phrases avec l'expression *venir de* suivie du verbe entre parenthèses à l'infinitif.**

Je (passer) *chez lui.*
→ *Je viens de passer chez lui.*

a. Après ce que tu *(dire)*, je préfère me taire.
b. Le train *(partir)*, il faudra attendre le suivant.
c. Nous *(faire les courses)* et il n'y a déjà plus de petits gâteaux !
d. Vous repartez déjà ? Mais vous *(rentrer)* !
e. Noé et Zoé *(se réconcilier)*, espérons que ça durera plus de dix minutes.

8 ** **Conjugue ces verbes au présent de l'indicatif en conservant le même pronom personnel.**

a. je faisais	**g.** elle fera
b. tu viendras	**h.** nous sommes venus
c. nous avons vu	**i.** tu verras
d. elles ont fait	**j.** vous faisiez
e. vous voyiez	**k.** on venait
f. ils verront	**l.** nous avons fait

9 ** **Recopie les phrases en écrivant les verbes soulignés au présent de l'indicatif.**

a. J'<u>ai fait</u> du patin à roulettes pour la première fois.
b. On <u>voyait</u> beaucoup d'étoiles dans le ciel aujourd'hui.
c. Pourquoi ne <u>viendriez</u>-vous pas dîner ce soir à la maison ?
d. Chaque dimanche, nous <u>faisions</u> une promenade dans la forêt.

10 ** **Même exercice.**

a. Oscar <u>est venu</u> rendre visite à sa tante.
b. Tu <u>verras</u> ta cousine mercredi.
c. Vous <u>ferez</u> la suite des exercices de conjugaison après la récréation.
d. Chaque année, mes cousins de Tunisie <u>venaient</u> passer l'été chez nous en Normandie.

Écrire

11 **Utilise les compléments pour dire ce que tu fais ou ce que tu ne fais pas à la maison. Fais la même chose ensuite avec tes parents, puis avec un ou une camarade.**

ton lit • la vaisselle • le ménage • les courses • la cuisine • la grasse matinée…

Emploie des mots comme *souvent, rarement, tous les jours, le matin…*

12 **Décris ce que tes parents et toi voyez des fenêtres de votre appartement ou de votre maison.**

Pour être précis dans ta description, utilise des expressions comme *à droite, à gauche, devant, plus loin, en bas…*

Révisions

✔ Au **singulier** du présent de l'indicatif, les verbes se terminent par :
– ***-e***, ***-es***, ***-e*** (les verbes du 1er groupe et quelques verbes du 3e groupe comme *offrir*) ;
– ***-s***, ***-s***, ***-t*** (tous les verbes du 2e groupe et la plupart des verbes du 3e groupe) ;
– ***-ds***, ***-ds***, ***-d*** (les verbes en *-dre* sauf des verbes comme *craindre, peindre* et *joindre*) ;
– ***-x***, ***-x***, ***-t*** (les verbes *pouvoir, vouloir* et *valoir*).

✔ Au **pluriel** du présent de l'indicatif, les verbes se terminent généralement par ***-ons***, ***-ez***, ***-ent*** (sauf *être, avoir, faire* et *aller* qui ont des conjugaisons particulières).

Reconnaître le présent de l'indicatif

1 * **Dix verbes conjugués au présent de l'indicatif se cachent dans cette grille (verticalement ou horizontalement). Trouve-les et recopie-les.**

F	U	P	L	I	A	V	E	U
R	A	L	A	N	Ç	O	N	S
E	F	O	N	T	B	I	L	A
M	O	N	K	X	I	E	V	V
I	L	G	U	T	V	N	U	E
Z	M	E	T	I	E	T	E	Z
U	N	O	S	N	U	Z	T	W
F	I	N	I	T	X	N	U	E
V	Y	S	U	M	U	P	L	O
C	O	Y	A	L	L	E	Z	N
O	U	P	I	J	Y	R	O	E
I	P	T	W	T	R	D	P	Q
V	A	U	T	B	U	S	I	U

2 * **Écris l'infinitif et la personne de conjugaison des verbes de l'exercice 1.**

3 ** **Relève les verbes conjugués au présent de l'indicatif.**

Claire regarda sa mère d'un air soupçonneux. Allait-elle encore lui raconter des histoires ? « Les parents ne savent pas tout, expliqua maman. Ils peuvent même avoir tort ! Surtout ton père ! Pour les grandes personnes, les fées appartiennent au monde des contes pour enfants. Eh bien, peut-être qu'elles se trompent ! Si tu ne crois pas aux fées, tu ne peux pas les voir, voilà ce que je pense. Hélas, quand on grandit, on se pose trop de questions. Comme si on avait toutes les réponses ! »

Moka, *Histoires de fées*, « Folio Cadet », © Gallimard Jeunesse.

Conjuguer au présent de l'indicatif

4 * **Écris ces verbes à la personne du singulier qui correspond.**

a. nous saluons
b. ils comprennent
c. vous faites
d. vous voulez
e. nous allons
f. ils reviennent
g. vous êtes
h. nous prévoyons

5 * **Conjugue les verbes au présent à la personne demandée.**

a. *revoir,* 3e pers. du féminin pluriel
b. *accueillir,* 2e pers. du singulier
c. *faire,* 1re pers. du pluriel
d. *guérir,* 1re pers. du singulier
e. *déplier,* 1re pers. du singulier

6 * **Pour chaque mot proposé, trouve un verbe de la même famille et conjugue-le au présent à la 2e personne du singulier et du pluriel.**

a. une perte
b. un don
c. la chaleur
d. le froid
e. la lecture
f. un éternuement
g. un bâillement
h. le rangement

7 ** **Recopie ce texte en conjuguant les verbes entre parenthèses au présent.**

« Je *(être)* un crayon magique, *(dire)* le crayon.
– Parce que tu *(savoir)* parler ? *(demander)* Émilie qui *s'(habituer)* peu à peu à l'idée qu'elle ne *(rêver)* pas.
– Oh ! pas seulement, *(répondre)* le crayon d'un air important. Les dessins que je *(faire)* *(devenir)* vrais.
– Comment ça, vrais ?
– Eh bien, si tu me *(prendre)* pour dessiner un bonbon par exemple, le bonbon *(sortir)* du papier et tu *(pouvoir)* le manger. »

Henriette Bichonnier, *Émilie et le crayon magique*, Hachette Jeunesse.

8 ** **Écris ce texte au présent.**

Cherche d'abord l'infinitif des verbes conjugués.

À la fin de la préhistoire, la vie des hommes a beaucoup évolué. Environ 5 000 ans avant Jésus-Christ, dans notre pays, ils ont commencé à domestiquer certains animaux. Ils ont découvert comment cultiver des céréales. La chasse, la pêche et la cueillette sont alors devenues des activités complémentaires.

Histoire, cycle 3, Hatier.

9 ** **Sers-toi des éléments donnés pour rédiger un texte sur la découverte de l'Amérique par Christophe Colomb. Utilise le présent.**

- Son projet : aller aux Indes par l'ouest.
- Expédition financée par les rois d'Espagne.
- Voyage avec trois caravelles.
- Départ de Séville en 1492.
- 33 jours de navigation.
- Découverte de l'Amérique.

Écrire

10 **Écris un texte au présent de l'indicatif pour présenter l'ornithorynque le plus complètement possible. Aide-toi de sa fiche d'identité et de l'illustration.**

Fiche d'identité de l'ornithorynque

Taille : de 40 à 50 cm.
Poids : environ 2 kg.
Lieu de vie : rivières et lacs de Tasmanie ou d'Australie.
Nourriture : des crustacés, des poissons, des vers, des écrevisses, des colimaçons et d'autres petits invertébrés.
Reproduction : c'est le seul mammifère à pondre des œufs d'environ 2 cm de diamètre. 2 ou 3 œufs déposés dans un nid. Éclosion au bout de dix jours.
Nourriture des petits : lait maternel.

Les verbes en *-er* et en *-ir* comme *finir*

Demain, nous a dit la maîtresse, nous aurons une leçon de choses tout à fait spéciale ; chacun de vous devra apporter un objet, un souvenir de voyage, de préférence. Nous commenterons chaque objet, nous l'étudierons, et chacun d'entre vous nous expliquera son origine.

Sempé, Goscinny, *Le Petit Nicolas a des ennuis*, Denoël.

Cherchons

- **La leçon de choses dont parle la maîtresse a-t-elle déjà eu lieu ?**
- **Relevez les verbes qui expriment ce que les enfants et la maîtresse vont faire. À quel temps sont-ils conjugués ?**
- **Indiquez l'infinitif et le groupe des verbes de la 2e phrase, puis expliquez comment se forme le futur de ces verbes.**

✔ Le **futur** est un temps de l'indicatif qui **exprime des faits qui n'ont pas encore eu lieu** au moment où l'on parle.

✔ Au futur, tous les verbes ont les mêmes terminaisons : ***-ai***, ***-as***, ***-a***, ***-ons***, ***-ez***, ***-ont***.

✔ Pour conjuguer les verbes du 1er groupe (comme *chanter*) et du 2e groupe (comme *finir*) au futur, **on écrit l'infinitif en entier puis on ajoute la terminaison**.

*commenter → je commenter**ai**, tu commenter**as**...*
*finir → je finir**ai**, tu finir**as**...*

Remarque Les verbes en *-ier*, en *-uer* et en *-ouer* contiennent un **e** qui ne s'entend pas mais qu'il ne faut pas oublier d'écrire.
*nous l'étudierons : infinitif **étudier** + terminaison **-ons***

Identifier les verbes conjugués au futur

1 * Recopie les verbes conjugués au futur.
élargiront • chantais • chanterai • avertirons • observes • élargirent • avertissons • parla • réfléchissez • parlera • estimeras • réfléchissaient • fleurirai • réfléchirez

2 * Recopie chaque liste sans l'intrus.
a. il établira • il dansera • il finira • il marcha
b. je surgirai • j'accomplirai • je jouerais • je mangerai
c. nous bougeons • nous déménagerons • nous agrandirons • nous visiterons

Conjuguer au futur

3 * Conjugue ces verbes au futur à la personne demandée.

Pour t'aider à te souvenir des terminaisons des verbes au futur, pense aux terminaisons du verbe *avoir* au présent de l'indicatif.

a. *attraper,* 1re personne du pluriel
b. *guérir,* 2e personne du singulier
c. *définir,* 3e personne du pluriel
d. *commencer,* 2e personne du pluriel
e. *bondir,* 1re personne du singulier
f. *penser,* 3e personne du singulier

4 * Écris ces verbes à la personne du singulier qui correspond.

a. vous jouerez
b. nous colorierons
c. ils évolueront
d. nous attribuerons
e. ils déplieront
f. vous nouerez

5 ** Réécris les verbes en les conjuguant au futur.

Pour t'aider, écris d'abord l'infinitif des verbes, puis les terminaisons. N'oublie pas le *e* muet !

nous prions • tu éternuais • vous avouez • elle a recopié • elles remuent • nous avons crié • je rejoue • tu distribues • vous avez échoué • je maniais

6 ** Recopie les phrases en conjuguant les verbes au futur.

a. Tu vérifies le niveau d'essence avant de partir.
b. Je sciais des bûches pour faire du feu dans la cheminée.
c. Nous avons continué notre discussion après avoir regardé le film.
d. Ils louèrent un petit appartement au bord de la mer.
e. Vous pliez le linge avant de le ranger dans l'armoire.
f. On secouait le prunier afin de faire tomber les fruits mûrs.

7 ** Réécris le bulletin météorologique en conjuguant les verbes au futur. Commence ton texte par « *Demain…* ».

Aujourd'hui, nous profitons d'une belle matinée. Le soleil brille sur toute la France et les températures augmentent. Le vent faiblit sur la côte méditerranéenne. Cependant, au cours de la journée, une perturbation arrive sur la Bretagne et les nuages envahissent le ciel. Le mauvais temps gagne peu à peu tout le nord du pays. Mon conseil pour mardi : vous vous munissez d'un parapluie au nord et de crème solaire au sud.

8 ** Construis des phrases au futur à partir des éléments proposés. Tu peux utiliser les mots ou les groupes de mots écrits en italique.

bientôt • *demain* • *quand je serai grand* • *cette nuit…*

a. réunir des amis le soir de la réussite à un examen
b. observer les étoiles au télescope
c. ne pas oublier les affaires de sport pour le cours de jeudi
d. choisir un nouveau livre à la bibliothèque

9 ** Complète ces débuts de phrases en utilisant le futur.

a. L'an prochain…
b. Après-demain…
c. Dans deux ans…
d. Demain soir…
e. Au mois de mai…
f. L'été prochain…

Écrire

10 Imagine que tu es le 31 décembre. Fais la liste de tes bonnes résolutions pour l'année à venir. Écris-en dix au futur en utilisant des verbes du 1er et du 2e groupe.

Tu peux inventer !

Les verbes *être*, *avoir* et *aller*

✔ Au **futur**, les verbes ***être***, ***avoir*** et ***aller*** **changent de radical.**

être	**avoir**	**aller**
je serai	j'aurai	j'irai
tu seras	tu auras	tu iras
il, elle, on sera	il, elle, on aura	il, elle, on ira
nous serons	nous aurons	nous irons
vous serez	vous aurez	vous irez
ils, elles seront	ils, elles auront	ils, elles iront

Remarque

Ne confonds pas :
je serai (verbe ***être*** au futur) et *je saurai* (verbe ***savoir*** au futur)

Conjuguer au futur

1 * **Recopie, puis relie comme il convient.**

avoir •	• irai •	• 1re personne du singulier
être •	• aurez •	• 2e personne du singulier
aller •	• ira •	• 3e personne du singulier
	• auront •	• 1re personne du pluriel
	• serez •	• 2e personne du pluriel
	• aurai •	• 3e personne du pluriel
	• iront •	
	• seras •	
	• serons •	

2 * **Recopie la grille de mots croisés sur ton cahier (une case pour un carreau) et complète-la en t'aidant des définitions. Tous les verbes sont conjugués au futur.**

1. *avoir,* 2e personne du pluriel
2. *aller,* 2e personne du singulier
3. *être,* 3e personne du pluriel
4. *avoir,* 2e personne du singulier
5. *avoir,* 3e personne du singulier
6. *aller,* 1re personne du pluriel
7. *avoir,* 3e personne du pluriel
8. *être,* 3e personne du singulier

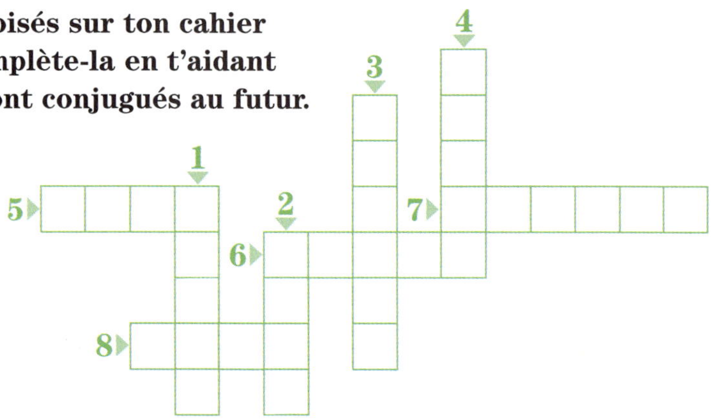

3 * **Écris ces verbes aux personnes du singulier qui correspondent.**

a. nous irons
b. vous serez
c. elles auront
d. vous aurez
e. ils iront
f. nous serons
g. nous aurons
h. vous irez
i. elles seront

4 ** **Classe les verbes dans la colonne qui convient.**

Attention aux intrus !

verbe *être* au futur	verbe *avoir* au futur	verbe *aller* au futur

sauras • seras • avait • sont allés • iront • étions • aurai • fûmes • ira • eurent • a été • serez • serai • aurions • irez • auront • seront • allais • as eu • auras

5 ** **Réécris cette phrase en remplaçant *j'* par *tu*, puis par *ils*.**

Dimanche, j'irai cueillir des champignons dans les bois et j'aurai ainsi de quoi faire une bonne omelette pour le dîner.

6 ** **Réécris les phrases en remplaçant *vous* par *on*, puis par *nous*.**

a. Dans quinze jours, vous aurez beaucoup de temps libre car vous serez en vacances.
b. Lorsque vous irez visiter le musée des Invalides, vous aurez une conférencière pour vous guider.

7 ** **Recopie ces phrases en écrivant les verbes au futur.**

a. Nous allons à la bibliothèque mercredi prochain pour préparer notre exposé.
b. C'est bientôt le printemps.
c. Sans ton bonnet et ton écharpe, tu avais froid.
d. Sont-elles allées en Grèce cet été ?
e. Grâce aux médicaments, vous n'êtes plus malades.
f. Ont-ils eu encore faim après ce bon couscous ?

8 ** **Recopie ce texte en conjuguant les verbes entre parenthèses au futur. Un collégien parle du collège à son jeune frère.**

« Quand tu *(être)* au collège, tu *(avoir)* plusieurs professeurs. Ils *(avoir)*, chacun, une matière à enseigner. Un de ces professeurs *(être)* ton professeur principal. Ton meilleur ami et toi *(aller)* dans le même collège mais vous ne *(être)* peut-être pas dans la même classe de sixième. Vous *(avoir)* tout de même l'occasion de vous rencontrer pendant la récréation et à la cantine. Le matin, nous *(aller)* ensemble prendre le bus car j'*(avoir)* les mêmes horaires que toi. Ce *(être)* super, non ? »

9 ** **Écris ce texte au futur en le commençant par « *Quand je serai grand* ».**

Quand j'étais jeune, j'étais comédien de théâtre. Au début, j'avais de petits rôles. Avec les autres comédiens, nous allions présenter nos spectacles de ville en ville. Nous n'avions pas beaucoup d'argent mais nous étions heureux. Mes parents allaient souvent me voir dans le théâtre où avait lieu le spectacle. Ils étaient fiers de moi.

Écrire

10 **Sers-toi de l'exercice 9 pour écrire un petit texte sur le métier que tu feras quand tu seras grand.**

Tu peux t'aider du dessin.

Les verbes *venir, faire, voir* et *prendre*

✔ Au **futur**, le **radical** des verbes du **3e groupe** n'est **pas toujours identique à celui de l'infinitif**.

venir	**faire**	**voir**	**prendre**
je viendrai	je ferai	je verrai	je prendrai
tu viendras	tu feras	tu verras	tu prendras
il, elle, on viendra	il, elle, on fera	il, elle, on verra	il, elle, on prendra
nous viendrons	nous ferons	nous verrons	nous prendrons
vous viendrez	vous ferez	vous verrez	vous prendrez
ils, elles viendront	ils, elles feront	ils, elles verront	ils, elles prendront

Remarque Au futur, *revoir* et *entrevoir* se conjuguent comme *voir*. *Je reverrai, tu entreverras…*

Reconnaître *venir, faire, voir,* et *prendre* au futur

1 * Dans chaque liste, recopie les verbes au futur.

a. verrez • avez vu • voyais • verra • voit • verront • verrai • ont vu

b. fait • fera • faisions • ferez • avez fait • ferai • faites • feras

c. sont venues • viennent • viendrai • viendrez • venais • viendront • viens • viendra

d. preniez • prendrez • prend • as pris • prendrons • prenaient • prendrai • prendront

2 ** Retrouve dans la grille (verticalement ou horizontalement) deux fois le verbe *faire*, deux fois le verbe *prendre*, deux fois le verbe *venir* et deux fois le verbe *voir* au futur. Recopie-les, puis indique à quelle personne ils sont conjugués.

B	V	I	E	N	D	R	A	I
I	E	N	S	J	L	O	U	P
E	R	E	F	A	I	T	E	R
P	R	E	N	D	R	E	Z	E
F	A	I	S	A	I	E	N	N
J	S	F	E	R	A	I	U	E
F	O	N	T	V	E	R	V	Z
E	T	V	I	E	N	T	I	F
R	E	N	D	P	C	R	E	E
O	U	V	E	R	R	O	N	T
N	W	O	C	E	T	U	D	N
S	V	Y	O	N	S	G	R	I
L	O	E	R	D	U	I	O	K
I	I	Z	E	R	A	T	N	S
N	T	I	R	A	J	X	S	E

Conjuguer au futur

3 * **Écris ces verbes aux personnes du singulier qui correspondent.**

a. nous verrons
b. vous prendrez
c. ils feront
d. nous viendrons
e. elles prendront
f. vous ferez
g. nous prendrons
h. ils viendront
i. vous viendrez
j. nous ferons
k. vous verrez
l. elles verront

4 * **Conjugue les verbes au futur à la personne demandée.**

a. *voir,* 1re personne du singulier
b. *venir,* 2e personne du pluriel
c. *prendre,* 3e personne du féminin pluriel
d. *faire,* 2e personne du singulier
e. *voir,* 1re personne du pluriel
f. *venir,* 1re personne du singulier
g. *prendre,* 3e personne du féminin singulier
h. *faire,* 1re personne du pluriel

5 * **Même exercice.**

a. *défaire*, 3e personne du pluriel
b. *apprendre*, 1re personne du singulier
c. *prévenir*, 3e personne du masculin pluriel
d. *revoir*, 2e personne du pluriel
e. *entreprendre*, 2e personne du pluriel
f. *survenir*, 3e personne du féminin singulier
g. *entrevoir*, 2e personne du singulier

6 ** **Réécris cette phrase en remplaçant *tu* par *je*, puis par *elles*.**

Tu viendras à l'aéroport à seize heures et tu prendras l'avion pour Madrid à dix-huit heures.

7 ** **Réécris cette phrase en remplaçant *nous* par *vous*, puis par *on*.**

Nous ferons un voyage en Égypte et nous verrons les fabuleuses pyramides.

8 ** **Recopie ces phrases en conjuguant les verbes au futur.**

a. De la fenêtre de mon nouvel appartement, je vois la tour Eiffel.
b. Veniez-vous régulièrement dans ce jardin ?
c. Nous avons fait de longues randonnées en montagne cet été.
d. Hafsa et Dylan prennent le RER cette année pour se rendre dans leur école.
e. Cet après-midi, Nora a vu son premier spectacle de flamenco.
f. Viens-tu jouer au tennis avec nous samedi après-midi ?

9 ** **Complète les phrases par un verbe de la famille de *faire*, de *prendre*, de *venir* ou de *voir* conjugué au futur.**

refaire • *devenir* • *comprendre* • *surprendre* • *revoir*

a. Je ne pense pas qu'on se … avant les vacances de printemps.
b. Grâce à tes efforts et à ta motivation, tu … sûrement un jour champion du monde de saut en hauteur.
c. Je … mes adversaires par ma ténacité.
d. Tu … mon étonnement lorsque je t'aurai raconté ce que j'ai vu.
e. Nous … une partie de scrabble à mon retour.

10 ** **Recopie la lettre d'Inès en écrivant les verbes entre parenthèses au futur.**

Chère tata et cher tonton,

J'espère que vous allez bien.
Je vous écris cette lettre pour vous dire que je *(venir)* chez vous samedi matin.
On se *(voir)* pendant tout le week-end.
Si vous en avez envie, nous *(faire)* une grande promenade dans la forêt.
Mes parents *(prendre)* la route dimanche après-midi. Vous les *(voir)* pour le dîner.
Ils nous *(prévenir)* de leur arrivée par téléphone. J'espère que cela vous *(convenir)*.

Gros bisous

Inès

Le passé composé des verbes conjugués avec l'auxiliaire *avoir*

Ce matin, Édouard a expédié son petit déjeuner et sa toilette. Puis il a laissé les parents à une partie de scrabble pour filer retrouver sa nouvelle amie.
Isabella n'a pas perdu son temps : en furetant dans les bureaux administratifs, où elle connaît tout le monde, **elle a découvert l'identité de l'un des deux matelots**.

Florence Aubry, *La Soixantième Mygale*, Magnard Jeunesse.

Cherchons

- **Relevez les verbes écrits au passé, puis indiquez leur infinitif et le groupe auquel ils appartiennent.**
- **À quel temps sont-ils conjugués ?**
- **Par quelle lettre se termine le participe passé de chaque verbe ?**
- **Dans la phrase en vert, remplacez *elle* par *nous*. Comment s'écrit l'auxiliaire *avoir* ? Le participe passé change-t-il d'orthographe ?**

✔ Le passé composé se construit avec le **présent de l'auxiliaire** (***avoir*** ou ***être***) et le **participe passé du verbe conjugué**.

j'ai laissé (auxiliaire avoir + participe passé du verbe laisser)
tu as laissé
il, elle, on a laissé
nous avons laissé
vous avez laissé
ils, elles ont laissé

Remarque Le participe passé des verbes conjugués avec l'auxiliaire *avoir* ne s'accorde jamais avec le sujet.

✔ Le participe passé se termine de différentes façons selon l'infinitif du verbe :

– **en -*é* :** tous les verbes du 1er groupe et les verbes *aller*, *être* et *naître* ;
rejeter → rejeté *aller → allé* *être → été* *naître → né*

– **en -*i* :** tous les verbes du 2e groupe et la plupart des verbes du 3e groupe qui se terminent en *-ir* ;
franchir (2e groupe) → franchi *partir (3e groupe) → parti*

– **en -*is* ou en -*u* :** certains verbes du 3e groupe ;
apprendre → appris *remettre → remis* *vouloir → voulu*

– **en -*t* :** certains verbes du 3e groupe.
faire → fait *offrir → offert* *éteindre → éteint*

Identifier les verbes conjugués au passé composé

1 * Recopie les verbes, puis relie comme il convient.

verbes conjugués au présent	verbes conjugués au passé composé
je parle •	• nous avons compris
tu grandis •	• ils ont peint
nous comprenons •	• j'ai parlé
vous buvez •	• vous avez bu
ils peignent •	• tu as grandi

2 * Recopie les phrases et souligne les verbes au passé composé.

a. Hier soir, nous avons joué au Monopoly et j'ai gagné la partie.
b. Les enfants ont aperçu un écureuil.
c. Tu n'as pas écrit à tes amis cet été.
d. Avez-vous appris la bonne nouvelle ? Mehdi a réussi son examen.

3 ** Relève les verbes conjugués au passé composé. Indique leur infinitif.

Papa m'a tendu le bébé. J'ai laissé Radis dans ma poche et j'ai pris ma petite sœur. Elle était plus lourde que je ne pensais au début. Au début, j'ai eu du mal à trouver une bonne position, puis sa tête a roulé contre ma poitrine et mes bras lui ont fait une sorte de berceau. Elle semblait à son aise.

J. Wilson, *À la semaine prochaine !*, © J. Wilson 1992, trad. O. de Broca, © Gallimard Jeunesse.

Connaître les participes passés

4 * Écris le participe passé des verbes à l'infinitif.

danser • admettre • attendre • couvrir • atteindre • devoir • écrire • refaire

5 ** Classe les participes passés de ces verbes dans le tableau.

en *-é*	en *-i*	en *-is*	en *-u*	en *-t*

remettre • entreprendre • retenir • garder • recouvrir • saluer • dépeindre • disparaître • choisir • respirer • défaire • être • reconnaître • croire • frémir • sentir • définir • vendre • avoir • parcourir • cueillir • rejoindre • surprendre • achever • salir • craindre • vouloir

Conjuguer au passé composé

6 * Conjugue les verbes entre parenthèses au passé composé.

a. Elle *(reprendre)* une grosse part de tarte.
b. Nous *(rencontrer)* une famille d'écureuils.
c. Hier, il *(pleuvoir)* toute la journée.
d. Tu *(accrocher)* une belle affiche au mur.
e. Est-ce que quelqu'un *(sortir)* le chien ?
f. J'*(offrir)* une écharpe à mon frère.

7 * Mets ces phrases au passé composé.

a. Le chat mange les souris.
b. Les souris grignotent le fromage.
c. Vous ne jouez pas au chat et à la souris.
d. Tout le monde joue à chat perché.
e. Donnes-tu ta langue au chat ?
f. Nous avons des souris dans notre grenier.

8 * Même exercice.

a. Je tiens toujours ma parole.
b. Les cloches sonnent à midi.
c. Entendez-vous les cloches sonner ?
d. Nous repeignons les volets de notre maison.
e. Xiang construit des maquettes d'avions.
f. Tu es malade.

9 ** Recopie le texte en conjuguant les verbes entre parenthèses au passé composé.

Deux jours avant Noël, mon père *(acheter)* un énorme sapin. Mes parents *(devoir)* pousser le canapé pour l'installer. Pendant l'après-midi, ma sœur et moi *(fabriquer)* des guirlandes et des boules de toutes les couleurs. Puis, on *(mettre)* ces décorations sur le sapin. À leur retour du travail, mes parents *(découvrir)* l'arbre décoré et ils *(applaudir)*. Ils nous *(dire)* :
« Vous *(avoir)* de très bonnes idées de décoration. Ce que vous *(faire)* est magnifique. Bravo ! »

Le passé composé des verbes conjugués avec l'auxiliaire *être*

Une graine voyageait

Une graine voyageait
toute seule pour voir le pays.
Elle jugeait les hommes et les choses.
Un jour elle trouva joli le vallon
[et agréables quelques cabanes.
Elle s'est endormie.
Pendant qu'elle rêvait
elle est **devenue** brindille
et la brindille a grandi,
puis elle s'est couverte de bourgeons.
Les bourgeons ont **donné** des branches.
Tu vois ce chêne puissant
c'est lui, si beau, si majestueux,
cette graine,
Oui mais le chêne ne peut pas voyager.

Alain Bosquet, *Le cheval applaudit*,
© Éditions Ouvrières / Éditions de l'Atelier, 1978.

Cherchons

- **Relevez cinq verbes écrits au passé composé. Observez l'auxiliaire : quelle remarque pouvez-vous faire ?**
- **Pourquoi le participe passé en rouge se termine-t-il par un *e* ? Pourquoi n'y a-t-il pas de *s* à la fin du participe passé en vert ?**

✔ Certains verbes se conjuguent au passé composé avec l'auxiliaire *être*.

je <u>suis</u> <u>devenu(e)</u> — auxiliaire <u>*être*</u> / participe passé du verbe <u>*devenir*</u>
tu es devenu(e)
il, elle, on est devenu(e)
nous sommes devenu(e)s
vous êtes devenu(e)s
ils, elles sont devenu(e)s

✔ Avec l'auxiliaire *être*, **le participe passé s'accorde avec le sujet.**

Le grain est parti. → *Les grains sont partis.*
La graine est partie. → *Les graines sont parties.*

Reconnaître l'auxiliaire *être*

1 * **Recopie les verbes conjugués avec l'auxiliaire *être*.**

je suis parti • j'ai avancé • nous avons pu • vous avez ri • vous êtes venues • on a peint • elle est allée • tu as fini • ils ont fui

2 ** **Recopie les verbes qui se conjuguent avec l'auxiliaire *être*.**

naître • marcher • offrir • partir • dire • aller • disparaître • vouloir • semer • plaire • tomber • boire • revenir • vendre • être • avoir • arriver • entrer • permettre • rester

Conjuguer au passé composé avec l'auxiliaire *être*

3 * Conjugue les verbes au passé composé à la personne demandée.

a. *aller,* 3e personne du féminin singulier
b. *arriver,* 1re personne du masculin pluriel
c. *rester,* 3e personne du féminin singulier
d. *venir,* 1re personne du féminin singulier
e. *partir,* 2e personne du masculin pluriel
f. *entrer,* 2e personne du féminin pluriel

4 * Conjugue les verbes entre parenthèses au passé composé.

a. Jeanne d'Arc *(naître)* en 1412 et elle *(mourir)* en 1431.
b. Aïcha et sa sœur *(arriver)* en retard.
c. Les pompiers *(intervenir)* rapidement.
d. Farid *(sortir)* pour promener son chien.
e. Lisa *(repartir)* en Italie ce matin.

Conjuguer au passé composé avec l'auxiliaire *avoir* ou l'auxiliaire *être*

5 * Conjugue les verbes au passé composé à la personne demandée.

N'oublie pas d'accorder le participe passé avec le sujet lorsque le verbe est conjugué avec l'auxiliaire *être*.

a. *marcher,* 2e personne du singulier
b. *lire,* 2e personne du pluriel
c. *entrer,* 3e personne du féminin singulier
d. *rougir,* 1re personne du pluriel
e. *ressortir,* 3e personne du féminin pluriel
f. *parvenir,* 3e personne du féminin pluriel

6 * Conjugue les verbes entre parenthèses au passé composé.

a. La sœur de Guillaume *(naître)* avant-hier.
b. La sœur de Guillaume lui *(donner)* son vélo.
c. Jules et Jim *(descendre)* leurs vieux jouets à la cave.
d. Jules et Jim *(descendre)* rapidement en récréation.
e. Marina et Lola *(devenir)* les meilleures amies du monde.
f. Marina et Lola *(écrire)* un conte.

7 ** Recopie le texte en conjuguant les verbes en gras au passé composé.

Attention, le narrateur est un jeune garçon.

J'**entre**, je **dis** bonjour, il ne me **répond** pas. Je **demande** une douzaine d'œufs, il **sourit** et il **disparaît** dans son arrière-boutique. Il **revient** un moment plus tard, avec à la main une boîte poussiéreuse. Je **paie**, je **rentre** chez moi et ma mère **ouvre** la boîte. Elle **met** à fondre un morceau de beurre dans la poêle, elle **prend** le premier œuf, et elle **se retourne** vers nous et elle nous **dit** : « Il est bizarre, cet œuf. Il est léger… » Elle le **casse** sur le bord de la poêle, et alors là…

Éric Boisset, *Le Grimoire d'Arkandias*, Magnard Jeunesse.

Savoir utiliser le passé composé et l'imparfait

Remarque

Dans une histoire écrite au passé, l'imparfait sert à décrire le décor, les personnages et les actions qui durent ou qui se répètent.

8 ** Recopie le texte en plaçant les verbes à l'endroit qui convient.

battaient • s'est brûlé • a fait • attaquait • a débordé • est devenu

« Si on s'… aux crêpes ? » suggère la maman de Rémi.
Là, c'… la foire. Les garçons se … pour être les premiers à faire sauter leurs crêpes, Corentin … un vol plané sur une peau de banane, le chocolat chaud … de la casserole, et Rémi … en attrapant une poêle à pleines mains.

Béatrice Nicodème, *Futékati et l'extraordinaire Niko Cacao*, Hachette Jeunesse.

Écrire

9 Écris une suite possible au texte de l'exercice 7 en utilisant le passé composé.

L'imparfait

Lorsqu'elle **fonçait**, Mlle Legourdin ne **marchait** jamais ; elle **avançait** toujours comme un skieur à longues enjambées, en balançant les bras, donc lorsqu'elle fonçait le long d'un couloir, on l'entendait toujours grogner et grommeler, et si un groupe d'enfants **se trouvait** sur son passage, elle **chargeait** droit dessus comme un tank, projetant les petits de part et d'autre.

Roald Dahl, *Matilda*, trad. H. Robillot, © Roald Dahl Nominee Ltd, © Gallimard.

Cherchons

- **À quel temps sont conjugués les verbes en couleur ? Recherchez leur infinitif : quel est leur point commun ?**
- **Observez les verbes en vert. Pourquoi ont-ils une cédille sous la lettre *c* ?**
- **Quelle observation pouvez-vous faire concernant le verbe en bleu ?**

✔ On utilise l'imparfait pour décrire quelque chose ou quelqu'un et pour évoquer des actions longues ou habituelles.

✔ À l'imparfait, les verbes de tous les groupes ont des **terminaisons identiques** à la même personne :

je march**ais**	nous rougiss**ions**
tu finiss**ais**	vous trouv**iez**
il, elle, on mett**ait**	ils, elles pren**aient**

✔ **Les particularités de certains verbes en *-er***

– Les verbes en ***-ier*** : *plier* → *nous pliions* • *vous pliiez*

– Les verbes en ***-cer*** : *avancer* → *j'avançais* • *tu avançais* • *il, elle, on avançait* • *ils, elles avançaient*

– Les verbes en ***-ger*** : *charger* → *je chargeais* • *tu chargeais* • *il, elle, on chargeait* • *ils, elles chargeaient*

Reconnaître les verbes conjugués à l'imparfait

1 * Dans chaque liste, recopie le verbe écrit à l'imparfait.

a. je commence • j'ai commencé • je commençais • je commencerai

b. vous franchirez • vous franchissez • vous avez franchi • vous franchissiez

c. elles plongeaient • elles plongeront • elles plongent • elles ont plongé

d. tu as lu • tu lis • tu liras • tu lisais

2 ** **Relève les verbes conjugués à l'imparfait dans le texte. Indique leur infinitif et la personne à laquelle ils sont conjugués.**

Au début, tout s'est bien passé. Pauline et moi, on est restées dans ma chambre pendant que les garçons s'amusaient à un jeu vidéo. Ils poussaient de grands cris à chaque fois qu'ils réussissaient un coup gagnant, mais cela ne dérangeait pas trop. On les entendait à peine. À quatre heures et demie, Niko est entré en trombe dans ma chambre.

Béatrice Nicodème, *Futékati et l'extraordinaire Niko Cacao*, Hachette Jeunesse.

Conjuguer à l'imparfait

3 * **Complète avec le pronom personnel qui convient.**

a. … plongeait dans la piscine.
b. … pétrissiez la pâte à pain avant de la faire cuire.
c. … applaudissions les comédiens.
d. … vérifiions tout avant de partir.
e. … conduisaient avec prudence en respectant les limitations de vitesse.

4 * **Conjugue les verbes à l'imparfait à la personne demandée.**

> **Remarque**
> Les verbes qui se terminent en *-ir* comme *finir* prennent deux **s** à l'imparfait.
> *je finissais, nous finissions*

a. *fabriquer,* 1re personne du pluriel
b. *connaître,* 2e personne du singulier
c. *désobéir,* 2e personne du pluriel
d. *remplacer,* 3e personne du féminin pluriel
e. *nager,* 1re personne du singulier
f. *recopier,* 1re personne du pluriel

5 ** **Trouve les verbes qui correspondent à ces définitions, puis conjugue-les à la 1re personne du singulier et du pluriel.**

a. un synonyme de *hurler*
b. le contraire de *construire*
c. un synonyme d'*énerver*
d. le contraire d'*autoriser*
e. Ce que l'on fait quand on met de l'ordre dans ses affaires.

6 ** **Conjugue les verbes entre parenthèses à l'imparfait.**

a. Dans l'Antiquité, les Égyptiens *(bâtir)* d'impressionnantes pyramides.
b. À la fin de la journée, nous *(effacer)* le tableau de la classe chacun à notre tour.
c. Il y a longtemps, une source *(jaillir)* de cette grotte.
d. Avant, vous ne *(colorier)* jamais vos dessins, maintenant vous aimez qu'ils soient pleins de couleurs.
e. Chaque jeudi matin, Amir *(recevoir)* son magazine de sport.

7 ** **Écris ce texte à l'imparfait.**

La petite fille chemine avec ses petits pieds nus, tout rouges et bleus de froid. Les flocons de neige tombent sur ses longs cheveux blonds, si gentiment bouclés autour de son cou ; mais pense-t-elle seulement à ses cheveux bouclés ? Les lumières brillent aux fenêtres, l'odeur des rôtis se propage dans la rue ; on fête la veille du Jour de l'an : voilà à quoi elle songe.

D'après Hans Christian Andersen, *La Petite Fille aux allumettes*.

Écrire

8 **Réponds en quelques phrases à chaque question.**

> Rédige tes réponses à l'imparfait.

a. Comment les seigneurs du Moyen Âge vivaient-ils ?
b. Quelles étaient les occupations des nobles au château de Versailles pendant le règne de Louis XIV ?

L'imparfait des verbes *être*, *avoir* et *aller*

être	**avoir**	**aller**
j'étais	j'avais	j'allais
tu étais	tu avais	tu allais
il, elle, on était	il, elle, on avait	il, elle, on allait
nous étions	nous avions	nous allions
vous étiez	vous aviez	vous alliez
ils, elles étaient	ils, elles avaient	ils, elles allaient

Reconnaître les verbes *être*, *avoir* et *aller* à l'imparfait

1 * À chaque fois, ne recopie que les verbes conjugués à l'imparfait.

a. être • été • étant • était

b. eu • avoir • avions • ayant

c. allaient • allant • aller • allé

2 * Retrouve, dans la grille, deux fois le verbe *être*, deux fois le verbe *avoir* et deux fois le verbe *aller* à l'imparfait. Recopie-les, puis écris à côté à quelle personne ils sont conjugués.

C	O	U	A	L	L	A	I	S	A
E	T	E	S	V	A	O	N	T	V
R	C	Y	L	A	V	E	Z	M	I
E	G	H	E	T	A	I	T	A	O
T	A	Z	Q	R	L	I	J	V	N
I	R	O	N	S	L	G	U	A	P
E	F	U	T	K	I	E	U	I	M
Z	A	L	L	E	O	J	X	E	S
A	L	L	A	T	N	B	O	N	U
I	A	V	A	I	S	M	L	T	I

3 * Classe les verbes conjugués à l'imparfait dans le tableau.

Attention aux intrus !

aller à l'imparfait	*avoir* à l'imparfait	*être* à l'imparfait

va • allaient • étiez • avait été • allai • avions • était • avais eu • avait • allions • étaient allais • avaient • iront • est • auraient • avais • allèrent • étions • allait • avons • aviez

4 * a. À quel temps les verbes sont-ils conjugués dans le texte ?
b. Relève les verbes *être*, *avoir* et *aller* puis indique à quelle personne ils sont conjugués.

La tante Mélina était une très vieille et très méchante femme, qui avait une bouche sans dents et un menton plein de barbe. Quand les petites allaient la voir dans son village, elle ne se lassait pas de les embrasser, ce qui n'était déjà pas très agréable, à cause de la barbe, et elle en profitait pour les pincer et leur tirer les cheveux.

Marcel Aymé, « La patte du chat »,
in *Les Contes du chat perché*, © Gallimard.

Conjuguer à l'imparfait

5 * **Complète en ajoutant le pronom personnel sujet qui convient.**

> **S'il y a deux possibilités, écris-les toutes les deux.**

a. … allait	**g.** … avais
b. … aviez	**h.** … était
c. … étais	**i.** … étions
d. … étaient	**j.** … allaient
e. … allions	**k.** … avions
f. … avaient	**l.** … alliez

6 * **Conjugue les verbes à l'imparfait à la personne demandée.**

a. *être,* 3e personne du masculin pluriel
b. *avoir,* 1re personne du singulier
c. *aller,* 2e personne du pluriel
d. *être,* 3e personne du féminin singulier
e. *avoir,* 2e personne du pluriel
f. *aller,* 1re personne du singulier

7 * **Écris les définitions des mots de cette grille de mots croisés. Observe bien le modèle.**

1. *Verbe* aller, *imparfait, 1re personne du pluriel.*

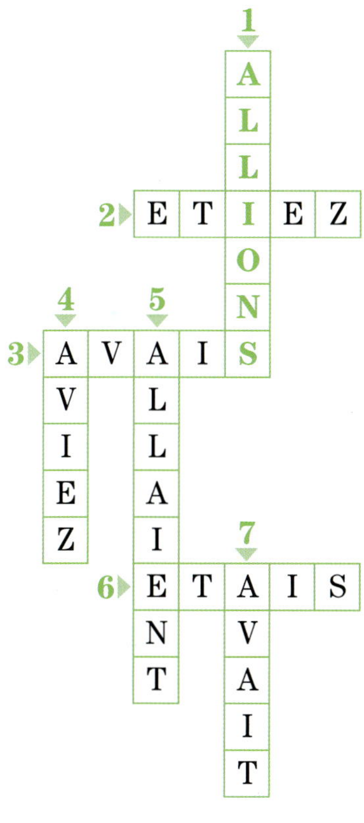

8 * **Mets ces phrases à l'imparfait.**

a. J'ai été absente.
b. Tu iras chez tes cousins tous les mercredis.
c. Nous n'aurons pas peur.
d. Ils ont de la chance.
e. Elle a les yeux bleus.
f. Vous n'allez pas souvent à la mer.

9 * **Réécris cette phrase en remplaçant *je* par *vous*, puis par *Tom*.**

J'avais un beau cadeau d'anniversaire, donc j'étais très heureux.

10 * **Récris cette phrase en remplaçant *vous* par *tu*, puis par *elles*.**

Vous étiez là et vous aviez faim.

11 ** **Réécris ce texte à l'imparfait.**

C'est l'histoire de deux filles jumelles. Toutes les deux sont très jolies. Elles ont le même visage. En les regardant, il est difficile de les différencier. Elles vont régulièrement rendre visite à leur vieille tante qui a toujours bien du mal à les reconnaître. Aussi, chacune y va avec un signe de reconnaissance particulier : un collier rouge pour l'une et un vert pour l'autre.

12 ** **Trouve une question avec *être*, *avoir* ou *aller* à l'imparfait qui corresponde à ces réponses.**

a. Non, je faisais beaucoup de bêtises.
b. Oui, il y en avait beaucoup.
c. Oui, il fallait toujours laisser une lampe allumée dans ma chambre.
d. Non, nous préférions passer nos vacances à faire des randonnées dans la montagne.
e. Pas du tout, ils avaient de mauvaises notes.

Écrire

13 **En utilisant les verbes *être* et *avoir*, raconte comment tu étais lorsque tu étais petit(e).**

> **Tu peux te décrire physiquement, parler de ton caractère ou de tes jeux préférés.**

L'imparfait des verbes *venir*, *faire*, *voir* et *prendre*

venir	**faire**	**voir**	**prendre**
je venais	je faisais	je voyais	je prenais
tu venais	tu faisais	tu voyais	tu prenais
il, elle, on venait	il, elle, on faisait	il, elle, on voyait	il, elle, on prenait
nous venions	nous faisions	nous voyions	nous prenions
vous veniez	vous faisiez	vous voyiez	vous preniez
ils, elles venaient	ils, elles faisaient	ils, elles voyaient	ils, elles prenaient

Remarque

Attention, avec *nous* et *vous*, ne confonds pas le verbe *voir* au présent de l'indicatif et à l'imparfait de l'indicatif.

nous voyons (présent) — *nous voyions* (imparfait)

Reconnaître *venir*, *faire*, *voir* et *prendre* à l'imparfait

1 * Dans chaque liste, recopie les verbes à l'imparfait.

Attention, il y a plusieurs intrus dans chaque liste.

a. verrez • voyons • voyions • as vu • voient • voyais • voyaient • avez vu
b. faites • fais • faisait • faisiez • faisons • ont fait • ferai • faisions
c. viens • veniez • sommes venus • venait • venez • venions • venons • venais
d. prenions • prends • a pris • prenais • prenons • preniez • prendra • prenaient

Conjuguer les verbes à l'imparfait

2 * Conjugue les verbes à la personne du pluriel qui correspond.

a. je voyais
b. tu venais
c. elle prenait
d. il faisait
e. tu prenais
f. je venais
g. tu voyais
h. je faisais

3 * Écris les définitions des verbes de cette grille de mots croisés. Observe bien le modèle.

4. Verbe voir, *imparfait, 1re personne du pluriel.*

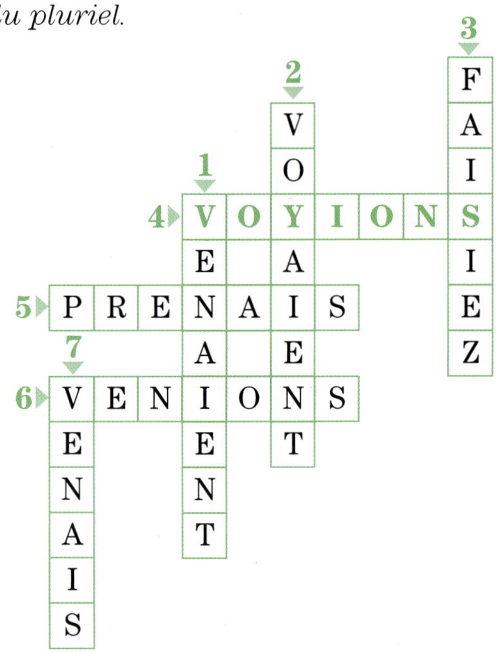

4 * **Conjugue les verbes à la personne demandée.**

a. 1re personne du pluriel de *faire*
b. 2e personne du singulier de *venir*
c. 3e personne du masculin pluriel de *prendre*
d. 3e personne du féminin singulier de *venir*
e. 2e personne du pluriel de *voir*
f. 1re personne du pluriel de *prendre*
g. 1re personne du singulier de *voir*

5 * **Même exercice.**

a. 1re personne du pluriel de *parvenir*
b. 2e personne du singulier de *comprendre*
c. 1re personne du singulier de *revoir*
d. 3e personne du féminin pluriel de *parfaire*
e. 1re personne du singulier d'*entreprendre*
f. 3e personne du masculin singulier de *survenir*
g. 1re personne du singulier de *défaire*

6 * **Fais des phrases avec ces verbes en ajoutant un sujet et des compléments.**

Souviens-toi que l'imparfait est le temps de la description et de l'habitude dans le passé.

a. … voyais …
b. … prenaient …
c. … venait …
d. … venions …
e. … prenais …
f. … faisait …
g. … faisiez …
h. … voyaient …
i. … faisions …
j. … voyiez …

7 ** **Complète les phrases par un verbe de la famille de *faire* ou de *venir* conjugué à l'imparfait.**

refaire • *défaire* • *prévenir* • *devenir* • *revenir*

a. Le ciel … de plus en plus sombre.
b. Ils … toujours leurs exercices deux fois.
c. Nous … toujours nos parents de nos retards.
d. À quelle heure …-vous du football l'année dernière ?
e. Nous … les ourlets de nos jupes pour qu'elles soient plus longues.

8 ** **Complète les phrases avec un verbe de la famille de *prendre* ou de *voir* conjugué à l'imparfait.**

surprendre • *apprendre* • *revoir* • *prévoir* • *entrevoir* • *comprendre*

a. On … une oasis au milieu du désert mais ce n'était peut-être qu'un mirage.
b. Autrefois, les élèves … par cœur le nom des départements et de leur préfecture.
c. Vous … souvent de faire de grands voyages mais finalement vous ne quittiez jamais votre région préférée.
d. Je … toujours avec plaisir la maison de mon enfance.
e. Nous … souvent nos parents lorsque nous préparions le repas.
f. Alicia ne … pas comment faire fonctionner son nouvel ordinateur ; grâce à l'aide de son frère, elle y arrive maintenant.

9 ** **Écris ces verbes à l'imparfait.**

a. je suis venu
b. vous ferez
c. nous voyons
d. tu prendras
e. elles ont fait
f. vous avez pris
g. je verrai
h. ils viendront
i. vous avez vu
j. tu viens

10 ** **Écris le texte en mettant les verbes entre parenthèses à l'imparfait.**

« Dis, mamie Jeanne, que *(faire)*-vous le soir après le dîner ? demanda la petite fille.
– Le soir, l'hiver, on *(faire)* des veillées au coin du feu, répondit la grand-mère. Des voisins *(venir)* chez nous. Nous *(prendre)* tous une tasse de tilleul. Je *(voir)* mes parents très heureux de passer ces moments-là avec les gens du village. »

11 ** **Écris le texte à l'imparfait.**

Chaque année, nous revenons passer nos vacances dans le même camping. Les propriétaires de ce lieu nous voient arriver avec plaisir. Chacun reprend vite ses habitudes. Dès notre arrivée, je défais rapidement les valises. Yacine et toi, vous parvenez généralement à monter la tente en un temps record. Aussitôt, nous entreprenons notre première promenade dans les environs.

Le passé simple

Au XVe siècle, des navigateurs européens **firent** de grandes expéditions en bateau. En 1487, Bartolomé Diaz **atteignit** le sud de l'Afrique. En 1492, Christophe Colomb et son équipage **découvrirent** l'Amérique, un continent inconnu des Européens. Christophe Colomb **pensa** qu'il était arrivé en Inde. Il **appela** « Indiens » les habitants de cette terre inexplorée. Vasco de Gama **franchit** le cap de Bonne-Espérance en 1497 : il **fut** le premier Européen à parvenir en Inde. Magellan **décida**, en 1519, d'effectuer le tour du monde. Il **partit** vers l'ouest, **contourna** l'Amérique du Sud et **arriva** en Asie.

Cherchons

- **Les actions exprimées par les verbes en vert ont-elles déjà eu lieu ?**
- **Relevez les verbes du 1er groupe. À quelle personne sont-ils conjugués ? Quelle est leur terminaison ? Les autres verbes conjugués à la même personne se terminent-ils de la même façon ?**

✔ Le passé simple est un temps du passé qui n'est plus employé à l'oral mais qui s'emploie encore beaucoup à l'écrit.

✔ Les terminaisons des verbes du 1er groupe et du verbe *aller* sont : ***-ai***, ***-as***, ***-a***, ***-âmes***, ***-âtes***, ***-èrent***.
*Magellan décid**a** d'effectuer le tour du monde.*

✔ Les verbes du 2e groupe et la plupart des verbes du 3e groupe se terminent par : ***-is***, ***-is***, ***-it***, ***-îmes***, ***-îtes***, ***-irent***.
*Des navigateurs européens **firent** de grandes expéditions.*

✔ Le passé simple du verbe ***avoir*** :
j'**eus**, tu **eus**, il **eut**, nous **eûmes**, vous **eûtes**, ils **eurent**.

✔ Le passé simple du verbe ***être*** :
je **fus**, tu **fus**, il **fut**, nous **fûmes**, vous **fûtes**, ils **furent**.

Reconnaître le passé simple

1 * **Recopie uniquement les verbes conjugués au passé simple.**
vous finissiez • je parlai • ils jetèrent • il sauta • elles finirent • nous prîmes • tu mis • vous fûtes • nous chantâmes • elle alla • ils partent • nous choisissions • il fut • elles eurent • je cueillis • je parlais• vous changeâtes • ils prirent • elle comprend • vous verrez • je mangeai • tu pris

2 * **Recopie le texte et souligne les verbes conjugués au passé simple.**

Ils remontèrent le boulevard et allèrent s'asseoir un moment au soleil sur un banc du jardin. Bonaventure entrouvrit son sac de toile et y prit deux sablés au chocolat. Il en offrit un à Théophile et dévora l'autre avec appétit.

Éric Boisset, *Le Grimoire d'Arkandias*, Magnard Jeunesse.

3 ** **Relève les verbes conjugués au passé simple. Écris leur infinitif et le groupe auquel ils appartiennent.**

– Maintenant, annonça la maîtresse qui organisait la course à trois jambes, chacun se place à côté de son coéquipier.
Tous les enfants se placèrent sur la ligne de départ, deux par deux.
Aurore et Sophie formaient une paire plutôt mal assortie.
Sophie démarra du pied gauche, Aurore fit de même et toutes deux culbutèrent.
Elles se relevèrent tant bien que mal et se remirent à avancer, trébuchant et traînant la jambe, désespérément mal assorties.

Dick King-Smith, *Une surprise pour Sophie*, trad. M. Farré, « Folio Cadet », © Gallimard Jeunesse.

Conjuguer au passé simple

4 * **Écris les pronoms personnels qui conviennent.**

… répondis • … marchèrent • … eûmes • … allâtes • … fus • … sortîmes • … écoutai • … eurent • … rugit • … essayâmes • … furent • … jeta • … virent • … allas

5 * **Conjugue ces verbes au passé simple à la 1re et à la 3e personne du singulier.**

N'oublie pas le *ç* pour les verbes qui se terminent en *-cer* et le *e* pour les verbes qui se terminent en *-ger*.

avoir • prendre • aller • partir • finir • manger • trouver • être • faire • rincer • voir • ranger • remplacer • fleurir

6 * **Conjugue ces verbes au passé simple à la 3e personne du pluriel.**

comprendre • être • gagner • réfléchir • bouger • avoir • dormir • avancer • ouvrir • surprendre • remplir • penser

7 ** **Écris ce texte au passé simple.**

Vers 1440, l'Allemand Gutenberg découvre et met au point l'imprimerie. On imprime alors les livres avec des caractères mobiles représentant chacun une lettre de l'alphabet. L'invention de l'imprimerie est capitale : elle permet de fabriquer beaucoup de livres et cela coûte moins cher qu'auparavant. Grâce à cette invention, les connaissances se diffusent en Europe plus facilement et plus rapidement.

8 ** **Recopie le texte en conjuguant les verbes entre parenthèses au passé simple.**

Mon oncle et ma tante m'*(inviter)* à passer les vacances d'hiver dans leur chalet près de Chamonix. Je n'avais jamais skié et j'étais très content d'y aller. Le premier matin, nous *(prendre)* un télésiège et nous *(arriver)* sur les pistes de bonne heure. Je me *(lancer)* avec confiance. Soudain, je *(perdre)* le contrôle de mes skis. La chute *(être)* violente. J'*(avoir)* un plâtre. Je *(passer)* le reste des vacances à regarder les autres skier. Quelle malchance !

Écrire

9 **Voici le début d'un conte. Écris la suite de l'histoire en utilisant des verbes au passé simple.**

Il était une fois un roi et une reine qui vivaient heureux.
Ils avaient une fille ravissante.
Mais un jour, la reine mourut et le roi *(décider)*…

L'emploi de l'imparfait et du passé simple

Harry fit volte-face. Une petite femme replète parlait à quatre garçons aux cheveux roux flamboyants. Chacun des garçons poussait un chariot sur lequel était posée une grosse valise semblable à celle d'Harry. Et chacun d'eux avait un hibou. Le cœur battant, Harry alla se placer derrière eux avec son propre chariot et décida de les suivre. [...] Celui qui semblait être l'aîné des quatre garçons se dirigea vers les voies 9 et 10. Harry l'observa attentivement, mais un groupe de touristes arriva au même moment et lui boucha la vue.

Joanne Kathleen Rowling, *Harry Potter à l'école des sorciers*,
© J. K. Rowling, trad. J. F. Ménard, © Gallimard Jeunesse.

Cherchons

- **Relève les verbes conjugués qui décrivent la femme et ses enfants. À quel temps sont-ils conjugués ?**
- **Relève les verbes qui expriment les actions d'Harry. À quel temps sont-ils conjugués ?**

✔ Quand on écrit une histoire, l'**imparfait** sert à décrire le décor, les personnages et les actions qui durent.
Le **passé simple** sert à raconter l'histoire elle-même, ce qui arrive soudainement.

*Une petite femme **parlait*** (imparfait) *à quatre garçons.*
*Harry **fit*** (passé simple) *volte-face.*

Reconnaître l'imparfait et le passé simple

1 * Recopie le tableau et classe les verbes conjugués dans la colonne qui convient.

passé simple	imparfait

je jouai • je jouais • nous sortîmes • ils écoutaient • tu souriais • vous regardâtes • ils écoutèrent • vous regardiez • il mangea • tu souris • nous sortions • il mangeait

2 * Recopie ce texte. Souligne les verbes conjugués à l'imparfait en rouge et les verbes conjugués au passé simple en vert.

Jadis, au fin fond des monts, vivait un aigle qui se croyait le plus grand des oiseaux. Un jour, il décida de s'envoler pour aller voir le monde. Il battit de ses grandes ailes et se dirigea vers l'océan. Il le survola sans se reposer pendant plusieurs jours.

Conte anonyme japonais.

3 ** **Relève les verbes conjugués de ce texte et indique leur temps (imparfait ou passé simple).**

[Harry] fit tourner son chariot et regarda la barrière entre les voies 9 et 10. Elle paraissait très solide. Il s'avança en poussant son chariot et marcha de plus en plus vite, bousculé par les voyageurs qui se hâtaient vers les voies 9 et 10. Penché sur son chariot, il se mit à courir. La barrière se rapprochait dangereusement. Trop tard pour freiner, à présent. Il n'était plus qu'à cinquante centimètres. Il ferma les yeux et attendit le choc.

Joanne Kathleen Rowling, *Harry Potter à l'école des sorciers*, © J. K. Rowling, trad. J. F. Ménard, © Gallimard Jeunesse.

Savoir utiliser l'imparfait et le passé simple

4 * **Complète les phrases en utilisant à chaque fois un verbe au passé simple.**

a. Nous étions tranquillement installés sur la plage quand tout à coup…

b. J'attendais le bus depuis un quart d'heure. C'est alors que…

c. Ourédine et Isham jouaient au football dans leur jardin. Soudain…

5 * **Conjugue les verbes entre parenthèses au temps qui convient : passé simple ou imparfait.**

Il y *(avoir)* longtemps, une vieille femme *(habiter)* dans cette cabane. Un matin, elle *(voir)* une lumière qui *(venir)* de la forêt. Elle *(essayer)* de s'en approcher, mais la lumière *(s'évanouir)* aussitôt.

6 * **Même exercice.**

Bercée par le bruit de la foule, j'*(attendre)*, à moitié endormie sur le banc. Soudain, un gros chien au pelage marron *(surgir)* d'entre les jambes des visiteurs [du musée]. Il *(bondir)* dans la pièce en aboyant. Ses griffes *(déraper)* sur le parquet avec des crissements aigus. Visiblement, il *(être)* affolé.

Hélène Kerillis, *Le Miroir de l'invisible*, Magnard Jeunesse.

7 * **Réécris ces phrases au passé en utilisant l'imparfait et le passé simple.**

Le facteur distribue le courrier. Tout à coup, un chien méchant aboie.

→ *Le facteur distribuait le courrier. Tout à coup, un chien méchant aboya.*

a. C'est une journée d'automne, le vent souffle ; soudain, une violente bourrasque se met à hurler dans les branches.

b. Alice et Yann marchent silencieusement dans les feuilles mortes, lorsqu'ils entendent du bruit : devant eux, un cerf s'immobilise. Il semble aussi surpris qu'eux.

8 ** **a. Relis le début du conte de l'exercice 2 et raconte au passé simple l'arrivée de l'aigle sur un continent inconnu.**
b. Il y rencontre un personnage : décris-le à l'imparfait.

Écrire

9 **Écris le début de l'histoire représentée par les dessins. Imagine ensuite ce qui peut se passer.**

Conjugue les verbes au passé. Fais bien attention aux temps que tu vas employer.

Révisions : les autres temps de l'indicatif

✔ Au mode **indicatif**, les verbes peuvent être conjugués au **présent** mais aussi à d'autres temps :
– au **futur** pour exprimer des faits qui n'ont pas encore eu lieu ;
– au **passé composé**, à l'**imparfait** et au **passé simple** pour exprimer des faits qui ont déjà eu lieu.

Demain, j'achèterai (futur) *un nouveau stylo plume.*
Hier, j'ai acheté (passé composé) *un nouveau stylo plume.*
Chaque année, j'achetais (imparfait) *un nouveau stylo plume.*
Ce jour-là, il acheta (passé simple) *un nouveau stylo plume.*

Reconnaître le futur et les temps du passé de l'indicatif

1 * Classe les verbes dans le tableau.

passé composé	imparfait	passé simple	futur

ils ont planté • tu feras • nous finissions • elle comprit • vous bondissiez • je songerai • elle est repartie • nous mangeâmes • j'allai • j'allais • vous avez eu • il sera • elles racontèrent • tu as été • nous viendrons • nous faisions • vous avez ri • on appela • tu pâlissais • je fus • elle vaudra • il prit

2 * Relève les verbes et analyse-les comme dans l'exemple.

Nicolas ***a joué*** *dans le jardin.*
a joué : *verbe* jouer, *passé composé, 3e personne du singulier*

a. Léna et toi irez prochainement au Canada.
b. Tout à coup, on entendit une explosion.
c. Autrefois, les pêcheurs attrapaient de superbes poissons dans cette rivière.
d. D'après la météo, nous aurons un bel après-midi ensoleillé.
e. Depuis quand es-tu revenu du Japon ?

3 ** Relève les verbes conjugués de ce texte et analyse-les.

Comme tous les matins, Simon passait devant la maison de ses grands-parents avant de se rendre à l'école. Ce jour-là, comme il était en avance, il décida de leur rendre une petite visite. Il sonna mais personne ne répondit.
« Ils sont sortis de bonne heure, lui dit la voisine de sa fenêtre. Ils ne rentreront que dans l'après-midi.
– Merci Madame, je reviendrai les voir après l'école. Au revoir. »

Conjuguer les verbes au futur

4 ** Écris ces phrases au futur.

a. Tu replias la carte routière avant de la ranger soigneusement dans le tiroir.
b. Elles remuaient énergiquement la pâte à beignets, ainsi elle était bien lisse.
c. Nous n'avons pas oublié d'arroser les plantes de notre voisin.
d. Je secoue mon mouchoir blanc et ainsi vous me voyez de loin.
e. Vous maniez cet outil avec beaucoup de prudence.

Conjuguer les verbes au passé

5 * **Conjugue les verbes au temps et à la personne demandés.**

a. *prendre,* imparfait, 1re personne du singulier
b. *faire,* passé simple, 3e personne du masculin pluriel
c. *revenir,* passé composé, 3e personne du féminin pluriel
d. *atteindre,* passé composé, 2e personne du singulier
e. *avoir,* passé simple, 1re personne du singulier
f. *voir,* imparfait, 1re personne du pluriel

6 ** **Recopie ce texte en conjuguant les verbes au passé composé.**

Ma mère et ma sœur vont faire des courses dans un grand magasin. À neuf heures, le magasin ouvre ses portes. Les vendeuses accueillent les clients avec un grand sourire. Au rayon mode, ma sœur choisit plusieurs vêtements. Ma mère parcourt les allées du magasin et finit par trouver le rayon des chaussures. Deux heures plus tard, elles rentrent à la maison bien chargées.

7 ** **Recopie ce texte en conjuguant les verbes entre parenthèses au passé simple.**

Le lendemain matin, Théophile n'*(entendre)* pas le radio-réveil. Il *(ouvrir)* un œil à neuf heures moins le quart. […] Tétanisé, il *(sauter)* hors du lit et *(descendre)* les escaliers quatre à quatre. Il *(prendre)* une banane dans le compotier et la *(fourrer)* dans son sac à dos. Puis il se *(coller)* deux poignées de céréales dans la bouche. Il *(faire)* passer le tout avec un grand verre de lait froid.

Éric Boisset, *Le Grimoire d'Arkandias*, Magnard Jeunesse.

8 ** **Recopie ce texte en conjuguant les verbes entre parenthèses à l'imparfait ou au passé simple selon le cas.**

Jadis, toutes les bêtes *(être)* amies. Le roi des animaux les *(diriger)* toutes et c'est ainsi que chats, chiens, rats, lions et brebis *(vivre)* en paix. Un jour, le roi *(charger)* le chat d'aller porter un message au chien, il lui *(remettre)* une lettre et lui *(confier)* un petit pot de miel car il *(savoir)* que le chien en *(être)* friand. Le chat *(partir)* aussitôt.

Écrire

9 **Observe cette vignette tirée de *La Galère d'Obélix* et imagine ce qui s'est passé juste avant.**
Commence ton histoire par : « *Comme d'habitude, les Romains…* ».
Choisis ensuite quatre soldats romains et imagine ce que chacun peut dire.

Utilise le passé composé.

Le présent de l'impératif

Conseils donnés par une sorcière

(À voix basse, avec un air épouvanté, à l'oreille du lecteur.)

Retenez-vous de rire
dans le petit matin !

N'écoutez pas les arbres
qui gardent les chemins !

Ne dites votre nom
à la terre endormie
qu'après minuit sonné !

À la neige, à la pluie
ne tendez pas la main !

N'ouvrez votre fenêtre
qu'aux petites planètes
que vous connaissez bien !

Confidence pour confidence :
vous qui venez me consulter,
méfiance, méfiance !
On ne sait pas ce qui peut arriver.

Jean Tardieu, *Monsieur Monsieur*, recueilli dans *Le Fleuve caché*, © Éditions Gallimard.

Cherchons

- **Quel type de phrase le poète a-t-il employé dans les cinq premières strophes ? Lisez le titre du poème puis expliquez pourquoi il a utilisé ce type de phrase.**
- **Modifiez le poème comme si le poète s'adressait à une seule personne : quelles transformations observez-vous ?**

✔ L'impératif est le mode qui sert à exprimer un **ordre**, un **conseil** ou une **consigne**. Il se conjugue uniquement à **trois personnes** :

Ouvre la fenêtre ! (2e personne du singulier)
Ouvrons la fenêtre ! (1re personne du pluriel)
Ouvrez la fenêtre ! (2e personne du pluriel)

Remarque Le sujet n'est pas exprimé.

✔ Les **verbes du 1er groupe** et **certains verbes du 3e groupe** comme *cueillir* ou *offrir* se terminent par : ***-e***, ***-ons***, ***-ez***.

✔ **Tous les autres verbes** ont leurs terminaisons en ***-s***, ***-ons***, ***-ez***.

Prends ton sac. Prenons notre sac. Prenez votre sac.

Exceptions : le verbe *aller* → va, allons, allez ;
le verbe *faire* → fais, faisons, faites ;
le verbe *dire* → dis, disons, dites.

Reconnaître le présent de l'impératif

1 * **Recopie les phrases dans lesquelles le verbe est conjugué à l'impératif.**

a. Viens jouer avec moi.
b. Tu viens jouer avec moi ?
c. Nous ne devons pas marcher sur cette pelouse.
d. Ne marchons pas sur cette pelouse.
e. Je veux que tu mettes ton manteau à cause du froid.
f. Mets ton manteau à cause du froid.

2 ** **Relève les verbes conjugués au présent de l'impératif.**

– Allez, Georges, dis quelque chose au gentil docteur.

Georges sourit à sa sœur. Puis il retroussa ses petites lèvres et lança deux énormes « pfft » malpolis. Le docteur regarda attentivement les parents de Georges et leur dit :

– Peut-être avez-vous un peu exagéré. Reposez-vous. Prenez des vacances. Et la prochaine fois que ce nourrisson fait un drôle de bruit, répétez-vous calmement qu'un bébé de six semaines ne peut pas parler. Au revoir.

Dick King-Smith, *Mon petit frère est un génie*, trad. M. Esclapez, « Folio Cadet », © Gallimard Jeunesse.

Conjuguer les verbes à l'impératif

3 ** **Conjugue ces verbes à l'impératif à la 2e personne du singulier.**

a. bouger
b. sourire
c. respirer
d. aller de l'avant
e. ouvrir
f. sauter

4 ** **Conjugue ces verbes à l'impératif à la 1re personne du pluriel.**

Attention, tu devras modifier certains mots.

a. ne pas perdre son temps
b. finir rapidement son exercice
c. garder une part de gâteau pour…
d. ne rien dire à personne
e. rester calme
f. aller à la piscine
g. ne pas rester ici
h. patienter un peu

5 ** **Réécris ce poème à l'impératif à la 2e personne du singulier.**

Prenez un journal.
Prenez des ciseaux.
Choisissez dans ce journal un article
[ayant la longueur
que vous comptez donner à votre poème.
Découpez l'article.
Découpez ensuite chacun des mots
[qui forment
cet article et mettez-les dans un sac.
Agitez doucement.
Sortez ensuite chaque coupure
[l'une après l'autre.
Copiez consciencieusement dans l'ordre
[où elles ont quitté le sac. […]

Tristan Tzara, *Sept manifestes DADA, Lampisteries*, © Pauvert, département de Arthème Fayard, 1979.

Orthographier correctement l'impératif des verbes du 1er groupe

6 ** **Complète les verbes avec la terminaison qui convient à la 2e personne du singulier.**

Distingue bien le présent de l'indicatif du présent de l'impératif.

a. Tu jou… dans le jardin.
b. Jou… dans le jardin.
c. Regard… ce joli chapeau.
d. Tu regard… trop la télévision.
e. Que pens…-tu de ce roman ?
f. Pens… à aller chercher du pain !

Écrire

7 **Écris une recette que tu as déjà réalisée ou une recette imaginaire.**

Emploie des verbes conjugués à la 2e personne du pluriel du présent de l'impératif.

Les accents et le tréma

L'atmosphère se réchauffe ! Les glaciers polaires vont-ils fondre et le désert va-t-il s'étendre ? La forêt, en capturant le gaz carbonique contenu dans l'air, réduit l'effet de serre. [...] Pendant la photosynthèse, l'oxygène est rejeté. Pour la feuille, c'est un déchet, pour nous une source de vie. Trois arbres suffisent à fournir, pendant 75 ans, l'oxygène nécessaire à la vie d'une personne. La forêt purifie l'air.

Mauricette Vial-Andru, *Des forêts*, Syros.

Cherchons

- **Relevez tous les mots qui comportent un accent.**
- **Classez-les selon leur prononciation.**

✔ Les accents et le tréma se placent sur les voyelles et peuvent changer leur prononciation.

accent aigu ´	accent grave `	accent circonflexe ^	tréma ¨
• **é** se prononce **[e]**. *été*	• **è** se prononce [ɛ]. *le frère* • **à** et **ù** : la prononciation ne change pas. *voilà, où*	• **ê** se prononce [ɛ]. *la crêpe* • **â, î, ô** et **û** : la prononciation ne change pas. *la pâte, une île, le côté, mûr*	• **ë, ï** : le tréma indique qu'il faut prononcer les deux voyelles séparément. *le canoë, égoïste, le glaïeul*

Associer les accents et les sons

1 * Classe les mots dans le tableau selon leur prononciation.

[ɛ] comme dans *frère* ou *crêpe*	[e] comme dans *été*

un éléphant • une bêtise • méchant • le père • une épicerie • un modèle • un médaillon • une arête • léger • un tréma • une fée • la crème • honnête • un canapé • hélas • la pêche • la bière • un hêtre • la cuillère • le théâtre • l'écolier • l'amitié

2 * **Complète chaque phrase avec le mot qui convient.**

> **Remarque**
> On ne met pas d'accent sur le **e** quand il est suivi par une double consonne ou par un **x** : *une assiette, exact.*

a. Les élèves notent leurs devoirs à faire à la maison dans un cahier de ... .
b. De 1939 à 1945 a eu lieu la Seconde ... mondiale.
c. Z est la dernière ... de l'alphabet.
d. Pierre a annoncé une bonne ... à ses parents : il a réussi son ... de français.
e. Avant de partir, l'automobiliste vérifie qu'il a de l'... dans le réservoir de sa voiture.

S'aider de la prononciation pour retrouver les mots avec un tréma

3 * **Recopie les mots où tu dois prononcer deux voyelles séparément.**
le bois • naïf • mais • du maïs • la voie • haïr • une mosaïque • l'avoine • un coin • une coïncidence • un moineau • la faïence • égoïste • la joie • une héroïne • oui • l'ouïe

Connaître l'orthographe de mots avec accent ou tréma

4 * **Remplace les ★ par *é, è, ê* ou *ë*.**
No★l • une c★dille • un d★ • le r★glement • un r★ve • malgr★ • la biblioth★que • un arr★t • l'entr★e • le m★me • une sph★re • une corv★e • une gu★pe • la fen★tre

5 ** **Trouve les mots correspondant aux définitions, puis écris-les avec leurs accents ou leur tréma.**
a. Qui n'a plus de dents.
b. Les comédiens y jouent.
c. Elle peut être fraîche, glacée, au chocolat ou à la vanille.
d. Crocodile d'Amérique du Sud.
e. Féminin de héros.

6 ** **Recopie le texte en ajoutant des accents quand c'est nécessaire.**
« On a enleve notre reine ! » Ce cri resonne dans ma tete comme dans celle de milliers de fourmis et il me semble qu'il hante encore les galeries de la fourmiliere. Notre reine, notre mere à tous, a disparu dans l'epaisse foret tropicale qui nous entoure. Autant chercher une aiguille dans une meule de foin, dira-t-on ! Et c'est moi, mandibule de Savon qui suis charge de l'enquete.

Fred Bernard, *La reine des fourmis a disparu*, Albin Michel Jeunesse.

Comprendre l'importance de l'orthographe

7 ** **Réunis chaque verbe à sa définition ou à son synonyme.**
Exemple : a - 6

a. haler • **b.** hâler • **c.** tâcher • **d.** tacher • **e.** rôder • **f.** roder

1. errer • **2.** essayer • **3.** bronzer • **4.** mettre au point • **5.** salir • **6.** tirer, remorquer

Écrire

8 **Décris ce dessin en utilisant au moins dix mots accentués.**

La lettre *c*

La classe commença par un exercice d'écriture et se poursuivit par une leçon d'histoire. La maîtresse parla du XVe siècle et particulièrement du roi Louis XI, un roi très cruel qui avait l'habitude d'enfermer ses ennemis dans des cages de fer. « Heureusement, dit-elle, les temps ont bien changé et à notre époque il ne peut plus être question d'enfermer quelqu'un dans une cage. »

Marcel Aymé, « Le problème », *in Les Contes du chat perché*, © Éditions Gallimard.

Cherchons

- **Relevez tous les mots qui contiennent la lettre *c*. Classez-les en deux groupes : ceux où *c* se prononce [k], ceux où *c* se prononce [s].**
- **Quand vous entendez le son [k], quelles lettres suivent le *c* ? Même question avec le son [s].**
- **Quel signe particulier trouve-t-on dans *commença* et *leçon* ?**

	on entend **[k]**	on entend **[s]**
on voit **c**	• devant **a**, **o**, **u** : *particulièrement, une cage* • devant une consonne (sauf le **h**) : *la classe, cruel* • parfois à la fin d'un mot : *un parc, sec*	• devant **e**, **i**, **y** : *un exercice, le cygne*
on voit **ç**		• devant **a**, **o**, **u** : *la leçon, commença, reçu*

Remarque À la fin de certains mots, **c** peut être une **lettre muette** : *blanc, un banc, un tronc.*

Associer graphie et son

1 * Recopie les mots dans lesquels la lettre *c* se prononce [s].
carnaval • casque • avancer • caleçon • malicieux • avec • ceinture • cigogne • encouragement • bicyclette • lacet • façade

2 * Recopie les mots dans lesquels la lettre *c* se prononce [k].
mercredi • cymbale • chapeau • tronc • bec • recommander • acteur • décidément • déçu • éclore • porc • documentaire

3 * **Entoure les syllabes où le son [s] s'écrit avec la lettre *c*.**
Le corps possède un langage qui exprime silencieusement ce que nous ressentons. Si, par exemple, je hausse les épaules, cela signifie quelque chose de précis. Si je fronce les sourcils, j'ai sans doute un souci.

4 * **Recopie les mots où le son [k] s'écrit avec la lettre *c*.**
Pour conserver le corps en bonne santé, il est conseillé de consommer quotidiennement une certaine quantité de calories. Chacun, selon ses caractéristiques, peut calculer ce qu'il lui faut.

Utiliser la règle pour orthographier

5 * **Complète en ajoutant *c* ou *ç*.**
une pla...e de ...inéma • un exer...i...e diffi...ile • une sor...ière aux yeux per...ants • un ...ygne gra...ieux • un gar...on aga...ant

6 * **Même exercice.**
un sau...isson déli...ieux • une gla...e à la ...erise • un billet de ...ent euros • une chanson dou...e • un ber...eau bleu ...iel • une su...ette au ...itron

7 * **Emploie dans une phrase les mots représentés par les dessins.**

8 ** **Complète le texte avec les mots proposés.**
ce • *côté* • *difficile* • *cahiers* • *balançaient* • *encore* • *contre* • *face* • *suçaient* • *cuisine*
Les parents posèrent leurs outils ... le mur et, poussant la porte, s'arrêtèrent au seuil de la ... . Assises l'une à ... de l'autre, en ... de leurs ... de brouillon, Delphine et Marinette leur tournaient le dos. Elles ... le bout de leur porte-plume et leurs jambes se ... sous la table.
– Alors ? demandèrent les parents. Il est fait, ... problème.
Les petites devinrent rouges. Elles ôtèrent les porte-plume de leur bouche.
– Pas ..., répondit Delphine avec une pauvre voix. Il est ... . La maîtresse nous avait prévenues.

Marcel Aymé, « Le problème », *in Les Contes du chat perché*, © Éditions Gallimard.

Connaître les différentes graphies d'un même son

9 ** **Complète les mots. Ils contiennent tous le son [k].**

Le son [k] s'écrit avec *c* mais aussi avec *k*, *qu* ou *ch*. Aide-toi d'un dictionnaire.

un hari...ot • un a...educ • un or...estre • un ...oala • le ...apitaine • le dis...e • un ar... • une lo...omotive • le la... • un re...in • une ...ille • un ...adre • un ...épi • un ...ai

Écrire

10 **Relis le texte de l'exercice 8 et imagine le difficile problème que Delphine et Marinette ont à résoudre.**

Utilise des mots avec *c* ou *ç*.

La lettre *g*

un garagiste • un photographe • un gendarme • un archéologue • un guide

Cherchons

- **Quelle est la lettre commune à ces noms de métier ? A-t-elle toujours la même prononciation ?**
- **Quelle lettre doit-on mettre entre le *g* et le *i* ou le *e* pour faire le son [g] ?**

	on entend [g]	on entend [ʒ]
on voit **g**	• devant une **consonne** : *une photographe* • devant **a**, **o** et **u** : *un garagiste* • à la fin d'un mot : *un zigzag*	• devant **e**, **i** et **y** : *un gendarme, une girafe, la gymnastique*
on voit **gu**	• devant **e**, **i** et **y** : *guetter, le guide, Guy*	
on voit **ge**		• devant **a** et **o** : *le plongeoir, un geai*

Reconnaître les différentes prononciations de la lettre *g*

1 * **Classe les mots dans le tableau selon leur prononciation.**

j'entends [ʒ]	j'entends [g]

le bourgeois • un gant • guérir • une nageoire • une guirlande • des bagages • le danger • la girouette • le bourgeon • goûter • le gag • grogner • la guerre • le geai • la giboulée • la glissade • dérangeant

2 * **Il y a un intrus dans chaque liste. Recopie les listes sans l'intrus.**

a. villageois • nager • plongeon • allongeait • pingouin • rougeole

b. gronder • guirlande • glace • plage • guère • parking

c. mangeoire • magot • cageot • esturgeon • bougeoir • bourgeon

d. agripper • glu • gredin • longtemps • galet • anguille

e. girafe • genou • sagesse • argile • largeur • longueur

Utiliser la règle pour orthographier

3 * **Complète par *g* ou *gu*.**

> **Remarque**
> Attention aux verbes qui se terminent par **-ger** :
> *nager → nous nageons*

a. Le directeur du théâtre a annoncé un chan...ement de pro...ramme.

b. Nous man...eons des fi...es.

c. Autrefois, on utilisait les pi...eons voya...eurs pour envoyer des messa…es.

d. Il na...eait avec vi...eur.

e. Le vent a...ite les va...es.

f. Le ma...icien est fati...é.

g. L'homme entra dans la boulan…erie et acheta trois ba…ettes ainsi qu'une …alette aux amandes.

4 * **Complète par *g* ou *ge*.**

> Tous les mots contiennent le son [ʒ].

a. Ils ont parta...é une oran...ade.

b. Elles man...aient du ...igot.

c. Nous ran…ons nos affaires puis nous sortons de la classe.

d. Arrêtez de vous a...iter !

e. C'est le printemps, regardez tous ces bour...ons.

f. Le …ai est un oiseau des bois.

g. Cédric étudie la biolo…ie à l'université.

5 * **Complète par *g* ou *ge*.**

a. Elle interro...ait le ...ardien.

b. Tu connais la conju...aison du verbe rou...ir.

c. Nous mélan...ions les lé...umes.

d. Je déména...ais mes ba...a...es.

e. Nous man...ons des escar...ots.

f. Amélie a oublié son sac de sport dans le …ymnase.

6 * **Relie les mots de la même famille.**

rouge •	• villageois
cage •	• plongeoir
diriger •	• nageoire
venger •	• rougeâtre
bougie •	• cageot
village •	• dirigeable
nage •	• bougeoir
plonger •	• vengeance

7 ** **Trouve les mots qui correspondent aux définitions, puis emploie-les dans des phrases.**

a. Nom féminin de la même famille que le verbe *obliger*.

b. Signe de ponctuation utilisé pour commencer et terminer un dialogue.

c. Habitant de la ville de Strasbourg.

d. Liquide rouge coulant dans les veines.

e. Féminin de *long*.

f. Verbe qui se termine en *-er* signifiant « remuer dans tous les sens ».

Écrire

8 **Écris un petit texte avec les mots suivants en utilisant tour à tour un mot avec le son [ʒ] et un mot avec le son [g].**

• guépard, grenouille, sanglier, brigand, cage

• agile, étrange, gris, sauvage, gros

• grimper, venger, galoper, nager, garder

La lettre *s*

Ce matin-là, je ne **suis** pas prêt de l'oublier. Les vagues battaient la **falaise**, **juste** **au-dessous** du pavillon d'Oncle Lucien. J'étais encore au lit, à compter les jours qui me **restaient** à **passer** ici avant de pouvoir rentrer à la **maison**, **lorsque** tout à coup, dans la pièce à côté, j'entendis une voix que je reconnus **aussitôt**. Et cette voix douce, **miraculeuse**, parlait du **Fiston**, où est mon Fiston ? demandait-elle comme aucune autre voix n'aurait **su** le dire. J'étais fou de bonheur.

Gérard Pussey, *Fiston et Gros-Papa*, D.R.

Cherchons

- **Observez les mots en vert. Quel son produit la lettre *s* ? Quelles lettres sont placées avant et après le *s* ?**
- **Observez les mots en orange. La lettre *s* produit-elle le même son que dans les mots en vert ? Pourquoi certains mots ont-ils deux *s* ?**

	on entend [**s**]	on entend [**z**]
on voit **s**	• au début d'un mot : *Je ne suis pas prêt de l'oublier.* • avant ou après une consonne : *juste, lorsque* • à la fin d'un mot : *un autobus, un os, un lys*	• entre deux voyelles : *une falaise, la maison*
on voit **ss**	• entre deux voyelles : *passer, aussitôt*	

Remarque La lettre **s** placée à la fin d'un mot peut être **muette** : *près, les jours, un mois.*

Associer une graphie à un son

1 * Recopie les mots dans lesquels la lettre *s* produit le son [s].

rose • oiseau • servir • masque • mois • plastique • cousin • autobus • case • stylo • gris • instant • chanson • os

2 * Recopie les mots dans lesquels la lettre *s* produit le son [z].

asticot • soleil • vase • désert • lys • hasard • lorsque • pas • cerise • analyse • oser • sieste • tapis • raisin

3 ** **Il y a un intrus dans chaque liste. Recopie les listes sans l'intrus.**

a. une bassine • un passage • une plaisanterie • une assemblée • un carrosse

b. une sieste • un aspirateur • une catastrophe • un touriste • un rasoir

c. un tapis • du tennis • une souris • un cliquetis • un permis

d. une chanson • une saison • une maison • une combinaison • une livraison

Utiliser la règle pour orthographier

4 * **Trouve le nom des vêtements représentés sur les dessins, puis emploie-les dans une phrase.**

5 * **Complète le texte avec les mots ci-dessous.**

essayer • *fois* • *heureuses* • *ensemble* • *toujours* • *vendeuse* • *chaussures* • *mais* • *espéraient* • *soie* • *sortit*

Il était une ... une paire de ... qui étaient mariées ... . [...] Elles habitaient une belle boîte en carton où elles étaient roulées dans du papier de ... . Elles s'y trouvaient parfaitement ..., et elles ... bien que cela durerait ... . voilà qu'un beau matin une ... les ... de leur boîte afin de les ... à une dame.

Pierre Gripari, « La paire de chaussures », *in Contes de la rue Broca*, La Table ronde.

6 ** ***s* ou *ss* ?**

a. un mu...cle de la cui...e

b. les ro...es dans le va...e

c. le con...eil de cla...e

d. une bro...e à chau...ures

e. dans la me...ure du po...ible

7 ** **Même exercice.**

a. po...er une que...tion

b. un a...a...in en pri...on

c. E...telle est jalou...e.

d. un de...in humori...tique

e. une ...uperbe gli...ade

8 ** **Complète le texte avec *s* ou *ss*.**

Pendant la vi...ite du zoo, ce garçon ...emblait mal à l'ai...e. Il gardait les bras croi...és. ...on visage montrait qu'il avait be...oin d'être ra...uré. Heureu...ement, ...on cou...in a ...u l'amu...er.

9 ** **Trouve un nom commun qui s'écrit avec *s* ou *ss* de la même famille que les verbes suivants.**

divertir → *un divertissement*

mentir • plaire • obéir • guérir • connaître • promettre • détruire • faiblir • surprendre • naître • avertir • courir

10 ** **Trouve un mot synonyme qui s'écrit avec *s* ou *ss*.**

Tu peux utiliser le dictionnaire.

une augmentation → *une hausse*

tâcher • drôle • épier • briser • un partage • la fortune • malheureux • sécher • la cause • malin • une interrogation • diminuer

Écrire

11 **Relis le texte de l'exercice 5 et imagine une suite.**

Utilise des mots avec *s* ou *ss* qui se prononcent [s] ou [z].

Le son [j]

L'écureuil et la feuille

Un écureuil, sur la bruyère,
Se lave avec de la lumière.

Une feuille morte descend,
Doucement portée par le vent.

Et le vent balance la feuille
Juste au-dessus de l'écureuil ;

Le vent attend, pour la poser
Légèrement sur la bruyère,

Que l'écureuil soit remonté
Sur le chêne de la clairière

Où il aime à se balancer
Comme une feuille de lumière.

Maurice Carême, *La Lanterne magique*, © Fondation Maurice Carême.

Cherchons

- **Relevez tous les mots dans lesquels vous entendez le son [j]. Comment ce son peut-il s'écrire ?**

Le son [j] peut s'écrire :			
i	**y**	**il**	**ille**
la lumière, la clairière	*la bruyère, joyeux, les yeux, un yaourt, le yoga*	*l'orteil, le bétail, un œil, l'écureuil, le fenouil*	*la corbe**ille**, la paga**ille**, la feu**ille**, la grenou**ille***

Distinguer des sons proches

1 * **Classe les noms dans le tableau selon leur terminaison.**

j'entends **[aj]** comme dans *bétail*	j'entends **[ɛj]** comme dans *pareil*	j'entends **[œj]** comme dans *chevreuil*	j'entends **[ij]** comme dans *fille*	j'entends **[uj]** comme dans *fouille*

le cerfeuil • la brindille • la houille • l'abeille • l'orgueil • l'oreille • le gouvernail • l'ail • l'andouille • l'écueil • le réveil • la feuille • la douille • la merveille • le sommeil • l'oseille • le portefeuille • la citrouille • la quille • l'appareil • la volaille • le travail • le gorille • la myrtille • le soleil • le fenouil • une bataille • une groseille • une chenille • le soupirail • le deuil

2 * **Classe les noms de l'exercice 1 dans ce tableau.**

Remarque
Lorsqu'un nom se termine par le son **[j]**, celui-ci s'écrit ***-il*** si le nom est masculin et ***-ille*** si le nom est féminin.
Exceptions : *un gorille, un portefeuille, du chèvrefeuille, un millefeuille.*

	-il	*-ille*
nom masculin		
nom féminin		

3 ** **Il y a un intrus dans chaque liste. Recopie les listes sans l'intrus.**
a. fille • vanille • anguille • ville • cédille
b. éveil • conseil • orteil • soleil • bouteille
c. sympathique • effrayant • rayonnage • citoyen • aboyer
d. pierre • craie • varier • passionnant • bientôt
e. faille • volaille • bail • maille • paille

Choisir la bonne graphie

4 * **Complète avec *-euil* ou *-ueil*.**

Remarque
La terminaison en **[œj]** s'écrit *-euil* sauf après **c** et **g** où elle s'écrit *-ueil* pour faire les sons **[kœj]** et **[gœj]** : *recueillir*.

l'org... • le chevr... • l'acc... • le bouvr... • le cerf... • le rec... • l'écur... • un éc... • un cerc... • le d... • le s... • un tr...

5 * **Complète avec *-il* ou *-ille*.**
une b... • le verme... • un vie... homme • une vie... maison • une boute... • l'éma... • une grose... • un conse... • la ve... • une coqu... • une béqu... • un fauteu... • une enta...

6 * **Complète avec *y* ou *-ill*.**
une h...ène • la Gu...ane • une ca...e • bredou...er • incro...able • une corbe...e • un feu...eton • abo...er • un coba...e • un poula...er • une genou...ère • un ra...onnage • un ...aourt • cho...er • le lo...er

7 ** **Écris le nom correspondant à chacun de ces verbes.**
a. travailler
b. batailler
c. réveiller
d. cisailler
e. conseiller
f. dépouiller
g. éveiller
h. recueillir

8 ** **Même exercice.**
a. voyager
b. rayer
c. nettoyer
d. détailler
e. se noyer
f. crayonner
g. effrayer
h. fouiller

Mémoriser les différentes orthographes du son [j]

9 ** **De quel mot s'agit-il ?**

Tous les mots contiennent le son [j].

a. C'est un animal roux qui vit dans les arbres.
b. Il est au centre de nombreux fruits.
c. C'est la maison de l'escargot.
d. On en a une de chaque côté du visage.
e. Il est plus épais que la brume.
f. Il donne des noix.
g. Elles fabriquent du miel.
h. Il fait peur aux oiseaux dans les champs ou les jardins.
i. Le poisson en est couvert.

10 ** **Écris le nom de ces objets. Puis trouve pour chacun un mot de la même famille.**

La lettre *h*

Cherchons

- **Nommez et épelez ces noms d'animaux. La lettre *h* se situe-t-elle toujours au même endroit ?**
- **Classez les noms en fonction du son produit.**

on voit	on entend
• **h en 1re lettre** : *une hirondelle* *un hérisson*	→ Ce ***h*** est **muet** : on écrit *l'hirondelle*. → Ce ***h*** est **aspiré** : on écrit *le hérisson*.
• **h à l'intérieur d'un mot** : *le véhicule* *un phoque* *un chat ou l'écho* *un short, un schéma* *un rhinocéros*	→ Ce **h** sépare la prononciation de deux voyelles. → Les lettres **ph** se prononcent **[f]**. → Les lettres **ch** se prononcent [ʃ] ou **[k]**. → Les lettres **sh** et **sch** se prononcent [ʃ]. → Avec toutes les autres lettres, **h** ne s'entend pas.

Distinguer le *h* aspiré du *h* muet

1 * **Recopie les noms qui commencent par un *h* aspiré.**

Remarque
Si le *h* est aspiré, on ne peut pas écrire *l'* devant.

haine • homme • horreur • hélicoptère • héritage • hotte • histoire • hamac • haricot • hanche • hameçon • hôtel • héros • hémisphère • humain • habillage • hasard • hygiène • houx

2 * **Recopie chaque nom de l'exercice 1 avec son article défini (*le*, *la* ou *l'*).**

3 ** **Trouve les noms qui correspondent aux définitions et ajoute *le*, *la* ou *l'* devant.**

Tous les noms commencent par un *h*.

a. Un outil qui sert à fendre du bois pour en faire des bûches.
b. Une unité de mesure qui vaut 60 minutes.
c. Un établissement où l'on soigne et l'on opère les malades.
d. Un petit mammifère rongeur que l'on peut domestiquer facilement.
e. Un signe de l'écriture des anciens Égyptiens.

Connaître les différentes prononciations de *ch*

4 * **Classe les mots dans le tableau selon leur prononciation.**

j'entends **[ʃ]**	j'entends **[k]**

chenille • chaos • cheminée • écho • choisir • archéologie • chanter • chœur • chalut • chlore • chou • choléra • cheville • chorale • chronomètre • achever • loucher • chouette • chrétien • bûche • chrome • orchidée • blancheur • chrysalide • réchauffement

Mémoriser l'orthographe d'homonymes

5 * **Complète chaque phrase avec l'un des mots proposés.**

a. auteur • hauteur
En saut en ..., je suis le meilleur !
Qui est l'... de ce roman ?

b. être • hêtre
Il faut ... en forme pour nager si longtemps.
Ce ... fait de l'ombre à notre maison.

c. teint • thym
Nous avons mis du ... dans le pot-au-feu.
Il avait le ... vif, un peu rouge.

d. phare • far
Le gardien du ... s'ennuie le soir.
Le ... est un gâteau typiquement breton.

Savoir orthographier des mots contenant un *h*

6 * **Retrouve les mots qui ont perdu leur *h* initial et recopie-les.**
un ★éléphant • un ★élicoptère • l'★erbe • une ★allée • un ★aricot • un ★avion • une ★istoire • l'★iver • l'★automne • l'★orloge • une ★olive • de l'★uile • ★onnête

7 ** **Trouve les mots qui correspondent aux définitions. Ils contiennent tous un *h*.**
a. Elle commence par une majuscule et se termine par un point. C'est une ... .
b. Axel a attrapé un rhume. Il est ... .
c. La sorcière prépare des potions magiques dedans. C'est le ... de la sorcière.
d. Les musiciens forment un ... .

8 ** **Complète les phrases avec un mot contenant un *h*.**
a. Notre-Dame de Paris est une magnifique ... gothique.
b. Les ... sont des éléphants préhistoriques qui ont disparu il y a 40 000 ans.
c. De la fin du IIIe siècle à la fin du Ve siècle, les Barbares ont ... l'Empire romain.
d. Quand il est en vacances, mon père adore ... au bord de la rivière.
e. Le dromadaire possède une bosse alors que le ... en a deux.

Écrire

9 **Décris ce dessin en faisant attention à tous les détails.**

Ta description doit comporter au moins 6 mots contenant un *h*.

Les lettres finales muettes

Dans une ville au **bord** de la mer, un riche **marchand** avait donné naissance à un fils **intelligent** et si **savant** qu'il comprenait même le langage des oiseaux. Quand son fils eut atteint l'âge d'homme, le marchand se prépara à partir pour un **long** voyage au-delà de la mer pour y vendre ses marchandises. Il décida de se faire accompagner par son fils. Ils s'embarquèrent sur un beau navire et, pendant de longues semaines, ils ne virent que la mer et le ciel. Cependant, un beau matin au lever du soleil, ils aperçurent à l'horizon une petite île qui semblait déserte.

Philippe et Ré Soupault, « Le langage des oiseaux »,
in Histoires merveilleuses des cinq continents, Seghers.

Cherchons

- **Quel est le point commun des mots en couleur ?**
- **Relevez un mot du texte qui montre l'utilité de la consonne finale de *marchand*. Même chose avec *long*.**
- **Trouvez le féminin des adjectifs *intelligent* et *savant*.**

✔ De nombreux noms ou adjectifs ont une **consonne finale muette**, c'est-à-dire qu'elle n'est pas prononcée.
le bord, un marchand, intelligent, savant

✔ Pour trouver cette consonne finale, il faut **former le féminin** ou trouver **un mot de la même famille**.
long → longue *un marchand → une marchandise*

Attention ! Ce n'est pas toujours possible et il y a des exceptions. Dans ce cas, il faut consulter un dictionnaire.
favori (favoriser), jus (juteux), abri (abriter), choix (choisir)

Identifier une lettre muette

1 * Dans chaque liste, un mot ne se termine pas par une consonne finale muette. Indique lequel.

a. le paquebot • un pot • un os • le repos • un héros • le dos • le galop

b. le clafoutis • une vis • le radis • un incendie • un puits • le riz

c. un tas • un cadenas • le mât • l'estomac • un as • le tabac • un débat

d. un intrus • un bus • une rue • un fût • le jus • le reflux • une laitue

e. blanc • un brigand • un étang • le gant • le vent • un gang • un rang

f. le renard • le hasard • un écart • mars • le buvard • le regard • un départ

Utiliser la règle pour orthographier

2 * **Forme le féminin de ces adjectifs pour trouver la lettre finale au masculin.**

a. une voix for... → un vent for...
b. une casquette gri... → un ciel gri...
c. une tête blon... → un homme blon...
d. une fille bavar... → un garçon bavar...
e. une voiture ver... → un casque ver...
f. une écharpe blan... → un sac blan...

3 * **Forme le féminin de ces noms pour trouver la lettre finale au masculin.**

a. une commerçan... → un commerçan...
b. la marqui... → le marqui...
c. une Chinoi... → un Chinoi...
d. une avoca... → un avoca...
e. une montagnar... → un montagnar...
f. une clien... → un clien...

4 * **Même exercice.**

a. une Françai... → un Françai...
b. une étudian... → un étudian...
c. une sain... → un sain...
d. une habitan... → un habitan...
e. une Gauloi... → un Gauloi...
f. une Savoyar... → un Savoyar...

5 ** **Complète en t'aidant des mots de la même famille.**

a. un chanteur → un chan...
b. une rizière → le ri...
c. sanguin → le san...
d. un lardon → le lar...
e. désertique → le déser...
f. universel → l'univer...

6 ** **Écris le nom masculin qui correspond à ces verbes.**

Tous les noms se terminent par une consonne finale muette.

combattre • refroidir • abuser • trotter • réconforter • comploter • s'accorder • tracasser • accrocher • galoper • écarter • débattre • supporter • pointer • regarder • passer • planter

7 ** **Complète les mots avec la lettre finale qui convient.**

Pour chaque mot, cherche le verbe correspondant.

a. Il a fait un bon... de 3 mètres.
b. Ce mur est en cimen... .
c. Je suis arrivé en retar... .
d. L'arrê... du bus est au coin de la rue.
e. Nous avons installé le cam... au bord de l'eau.
f. Il a été tué avec un poignar... .

8 ** **Emploie dans des phrases les noms ou les adjectifs correspondant aux définitions. Ils contiennent tous une consonne finale muette.**

Aide-toi du dictionnaire.

a. Contraire de *léger* : l…
b. Lieu où l'on va prendre l'avion : a…
c. Homonyme de *flan* : …
d. Un ensemble de sons désagréables : b…
e. Quelqu'un qui n'est pas beau : l…
f. Un habitant du Portugal : un P…

9 ** **Trouve des mots de la même famille que ceux représentés sur les dessins et emploie-les dans une phrase.**

Tu peux utiliser le dictionnaire.

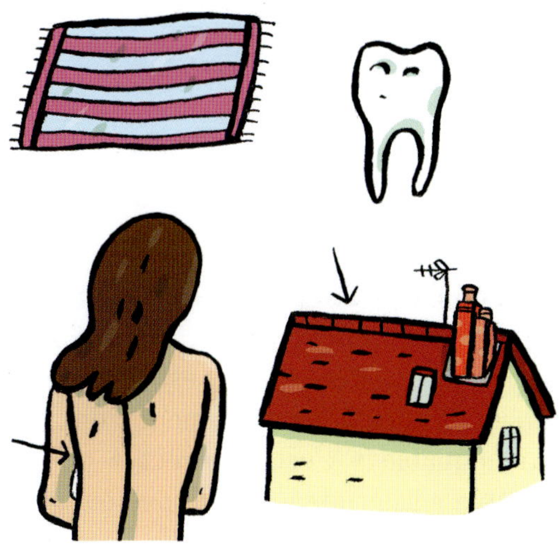

m devant m, b, p

Cherchons

- **Donnez le nom de ces fruits. Quel son ont-ils en commun ? Quelles sont les lettres qui composent ce son ?**
- **Comment pouvez-vous savoir s'il faut écrire -*an* ou -*am* ?**

✔ **Devant *m*, *b* et *p*,** il faut écrire ***m* au lieu de *n*** :
- ***m* devant *m*** : *emmener, immanquablement, immettable ;*
- ***m* devant *b*** : *embrasser, une ombre, une framboise, un timbre ;*
- ***m* devant *p*** : *impossible, empiler, un pamplemousse.*

Remarque Il y a des exceptions : *un bonbon, une bonbonnière, l'embonpoint, une bonbonne, néanmoins.*

Utiliser la règle pour orthographier

1 * Complète les mots ou les groupes de mots avec *in* ou *im*.
les ...pôts • l'...térieur • une ...formaticienne • t...brer • l'...différence • il est ... populaire • un liquide ...colore • l'...primeur • un ...trus • ...manquable • c'est ...correct • un café ...buvable • l'...prudence • l'...specteur • une histoire ...croyable • un ...connu

2 * Complète les mots ou les groupes de mots avec *on* ou *om*.
une p...pe à vélo • t...ber • la m...tre • une c...pote • la tr...pe de l'éléphant • un b...b... • un dind... • les p...piers • la c...pétition • un c...cert • l'emb...point • un c...pagnon • une t...be • enf...cer • s...bre • une b...bonne • un c...pteur • un c...teur • le fr...t

3 * **Complète avec *an* ou *am*.**

un c...didat • un b...bou • c...per • ...cien • un ...bassadeur • une aval...che • une am...de • de l'...bre • la s...ba • un ch...pionnat • r...per • étr...ge • une bal...çoire • g...bader • fr...che

4 * **Complète les mots avec les syllabes suivantes.**

am • *en* • *em* • *in* • *im* • *on* • *om*

a. Au moment de l'...barquement, la foule s'est précipitée.

b. Le d...pteur renc...tre des difficultés pour dresser ses fauves.

c. Ce liquide l...pide est ...buvable !

d. Il est ...portant et ...téressant que vous le rencontriez.

e. J'...tends l'...bulance qui arrive.

f. Veux-tu du conc...bre ou du p...plemousse en entrée ?

5 * **Écris le contraire des adjectifs en ajoutant *in-* ou *im-*.**

a. mettable
b. poli
c. juste
d. possible
e. parfait
f. compris

6 ** **Classe les mots dans le tableau selon la syllabe à ajouter.**

an	am	en	em

un ...tonnoir • une ...tilope • une t...pête • un chat ...gora • un ...ployé • s'...voler • une ...tenne de télévision • un t...bour • un c...brioleur • un ...barcadère • un ...tiquaire • une ...preinte de pas • une ...veloppe • un ...tivol • une ...poule • un ch...gement • l'...biance • une ...torse • un ...ballage • ...ménager • ...pêcher • un v...tilateur • une ...gine • une pl...te • du d...tifrice • une ...phore • dev...t • la t...pérature • un ch...pion • un tr…poline • une t…tation

7 ** **Emploie dans une phrase le mot qui correspond à chaque définition.**

a. Le onzième mois de l'année.

b. Elle peut être de poche ou de chevet et elle donne de la lumière.

c. Cet appareil relié à un ordinateur permet de conserver sur du papier ce que l'on a sur l'écran.

d. Complètement mouillé.

Écrire

8 **Décris la scène en utilisant les verbes suivants.**

emmener • *combattre* • *s'embraser* • *tomber* • *trembler* • *ramper* • *grimper*

Les consonnes doubles

Les parents mirent leurs habits du dimanche et, avant de **quitter** la maison, dirent aux deux petites :

– On ne vous **emmène** pas voir votre oncle Alfred, parce qu'il pleut trop fort. Profitez-en pour bien **apprendre** vos leçons.

– Je les sais déjà, dit **Marinette**, je les ai **apprises**.

– Moi **aussi**, dit Delphine.

– Alors amusez-vous gentiment et surtout, ne **laissez** entrer **personne** chez nous.

Les parents s'éloignèrent, et les petites, le nez au **carreau** de la fenêtre, les suivirent longtemps du regard. La pluie tombait si **serrée** qu'elles ne **regrettaient** presque pas de ne pas **aller** voir leur oncle Alfred.

Marcel Aymé, « L'éléphant », *in Les Contes du chat perché*, © Éditions Gallimard.

Cherchons

- **Relevez les doubles consonnes dans les mots en couleur. Où sont-elles situées ?**
- **Quels mots changeraient de prononciation s'ils n'avaient pas une double consonne ?**

✔ Dans de nombreux mots, on trouve des **consonnes doubles** : ***tt***, ***mm***, ***pp***, ***ss***, ***nn***, ***rr***, ***ll***…

✔ Si un mot commence par ***af-***, ***ef-*** ou ***of-***, le ***f*** est doublé : *affreux, effrayer, offrir.*

Exceptions : *afin, l'Afrique, un Africain.*

✔ Si un mot commence par ***ac-***, ***al-***, ***an-***, ***ap-***, ***ar-***, ***as-*** ou ***at-***, la consonne est souvent doublée : *accepter, allonger, annoncer, un appel, une arrivée, l'assouplissement, l'attente…*

Mais il y a de nombreuses exceptions : *l'académie, un acacia, apaiser, apercevoir…*

✔ Si un mot commence par ***col-***, ***com-***, ***con-*** ou ***cor-***, les consonnes sont souvent doublées : *coller, commettre, connaître, corriger.*

✔ Si un mot commence par ***il-***, ***im-*** ou ***ir-***, les consonnes ***l***, ***m*** ou ***r*** sont souvent doublées : *illégal, illisible, irrespirable, irrégulier, immobile, une immensité.*

Orthographier correctement grâce à la prononciation

1 * Complète ces mots avec *s* ou *ss*.

Aide-toi de la prononciation.

la guéri...on • pa...er • une mai...on • une ca...ette • hé...iter • rama...er • bienfai...ant

2 * Complète les mots avec une consonne simple ou une consonne double.

Remarque
Il n'y a jamais de consonne double après une lettre accentuée.

une éche...e • un pé...ican • une bê...e • une assie...e • sé...ieux • un se...urier • un e...emi • s'é...erver • une ante...e • un pè...erinage • une pe...e • la te...e

Utiliser la règle pour orthographier

3 * Complète les phrases avec *f* ou *ff*.

a. J'a...irme que ce poète était a...ricain.
b. Tu as travaillé avec e...icacité a...in de pouvoir terminer rapidement.
c. Nous étions très a...aiblis par les e...orts que nous avions faits.
d. Monsieur Briand est o...icier de police.
e. Vous avez e...ectué une belle a...aire en achetant cette voiture d'occasion.
f. Ce chien était a...olé et a...amé.

4 * Ajoute *l* ou *ll*.

Souviens-toi : *-ill* se prononce souvent [ij], mais pas toujours.

a. Le visage de cette fi...e est très pâ...e.
b. Tout s'est passé très nature...ement et faci...ement.
c. Il travai...e dans une grande sa...e.
d. Les feui...es se sont envo...ées en tourbi...onnant.
e. Le ba...on est a...é droit dans le but.
f. Nous péda...ions tranqui...ement dans les rue...es du vi...age.
g. Mets ces be...es tu...ipes dans le vase.

5 * Complète les phrases en t'aidant d'un dictionnaire.

Attention aux exceptions !

a. J'ai a...roché l'a...osoir.
b. L'a...assin a été a...êté et mis en a...usation.
c. Nous avons pris l'a...éritif sous les a...acias du jardin.
d. Le cycliste a...élérait pour ra...raper le temps perdu.
e. Le coureur est a...ivé sous les a...laudissements.

6 * Trouve les mots définis puis écris-les.

a. Qui est sans limites.
b. Qui n'est pas réel.
c. Qui n'est pas logique.
d. Qui est contraire à la loi.
e. Qui ne bouge pas.

7 ** Complète le texte avec des mots qui comportent des doubles consonnes.

Les doubles consonnes sont dans l'ordre : *ll*, *nn*, *mm*, *pp*.

Musique. Les projecteurs s'a... . Un magicien invisible a... : « Et maintenant, voici Mme Lenoir, la f... sans corps ! » Le public a... à tout rompre.

Gudule, *La sorcière est dans l'école*, Hachette Jeunesse.

Savoir orthographier des mots de la même famille

8 ** Pour chacun des verbes suivants, écris un nom de la même famille.

apparaître
→ *apparence (ou apparition)*

a. accueillir
b. attendre
c. arrondir
d. allumer
e. accorder
f. accélérer
g. allier
h. annoncer
i. assembler
j. associer

Les noms terminés par le son [œr]

Cherchons

- **Donnez le nom des objets signalés par une flèche. Quel est le son final commun de tous ces noms ?**
- **Proposez un classement de ces noms. Comment s'écrivent-ils ? Connaissez-vous des exceptions ?**

✔ Les noms masculins et féminins qui se terminent par le son [œr] s'écrivent ***-eur***.

*un aspirat**eur**, un ordinat**eur**, une fl**eur**, un radiat**eur***

Exceptions : *le beurre, la demeure, l'heure.*

Remarque Certains mots s'écrivent ***-œur*** : *le cœur, une sœur, le chœur.*

Utiliser la règle pour orthographier

1 * Complète ces noms avec *-eur* ou *-eure*.

Attention aux exceptions !

le mot... • un nag... • la coul... • une od... • le mass... • la fraîch... • un ascens... • la longu... • la larg... • la dem... • la pâl... • une h... • un honn... • un act...

2 * Recopie le nom qui ne devrait pas figurer dans chaque liste.

a. la frayeur • la douleur • la rigueur • la saveur • la demeure

b. le bonheur • le chœur • l'explorateur • un accompagnateur • un rongeur

c. la lueur • l'aigreur • un campeur • le beurre • le voleur

d. la sœur • l'heure • la demeure • le cœur • la saveur

3 * **Complète ces noms avec le son [œr].**

a. Il y a beaucoup de vap... dans le sauna.
b. La neige fait 20 cm d'épaiss... .
c. Je l'aime de tout mon c... .
d. Ce n'était plus de la p... mais de la terr... .
e. Mes grands-parents vivent à la campagne dans une ancienne dem... datant de la fin du XIXe siècle.
f. Pour mesurer les angles, on utilise un rapport... .
g. J'aime beaucoup la coul... de ta robe.

4 ** **Complète ces phrases avec des noms qui se terminent par le son [œr].**

a. Pour le pique-nique, j'ai préparé des sandwichs avec du jambon et du ... .
b. Cet homme plonge à une grande ... .
c. Je t'attends depuis un quart d'... : tu es toujours en retard !
d. Une bonne ... de pain grillé vient de la cuisine.
e. Ma ... est plus âgée que mon frère et moi.
f. Les ... de football pénètrent sur le stade sous les acclamations des supporters.

5 ** **Écris les noms de métiers en *-eur* correspondant aux définitions.**

a. Il distribue le courrier.
b. Il enseigne dans une école primaire ou dans un collège.
c. Il écrit des livres.
d. Il possède des ruches et produit du miel.
e. Il joue la comédie dans des films.
f. Il ausculte les personnes malades et leur prescrit un traitement.

6 ** **Écris les noms en [œr] correspondant aux définitions.**

a. Charlemagne en a été un de 800 à 814.
b. C'est un groupe de personnes qui chantent ensemble.
c. C'est un synonyme d'habitation.
d. C'est le contraire du bonheur.
e. La rose en est une.
f. Tu es content lorsqu'il n'y en a aucune dans ta dictée.
g. Elle ne dure pas plus de 60 minutes.

7 ** **Même exercice.**

a. C'est un muscle essentiel du corps humain qui permet la circulation du sang.
b. Placé dans la cuisine, il sert à conserver au frais les aliments.
c. C'est le contraire de la grosseur.
d. C'est une sensation physique que l'on ressent lorsqu'on a mal.
e. C'est un appareil qui peut reproduire un document un grand nombre de fois.

Savoir orthographier des mots de la même famille

Aide-toi d'un dictionnaire.

8 ** **Construis un nom en *-eur* à partir de ces verbes.**

danser • battre • mentir • dormir • jongler • courir • cultiver • construire • vaincre • vendre

9 ** **Construis un nom en *-eur* à partir de ces adjectifs.**

froid • grand • profond • épais • lourd • noir • raide • blanc • long • frais • doux • gros • chaud • splendide • lent • haut • odorant • aigre • mince • rond • tiède

10 ** **Trouve un nom en *-eur* de la même famille que ces mots.**

a. une décoration : un d... • **b.** douloureux : une d... • **c.** doucement : la d... • **d.** explorer : un e... • **e.** favoriser : une f... • **f.** horrible : une h... • **g.** une imitation : un i... • **h.** lentement : la l... • **i.** un massage : un m...

Écrire

11 **Continue ce poème. Utilise des noms en *-eur* pour terminer certains vers.**

Un jeune seigneur
Va dans un tournoi
Défendre son honneur
En présence du roi...

Les noms terminés par le son [war]

Cherchons

- **Donnez le nom des objets signalés par une flèche. Quel est le son final commun de tous ces noms ?**
- **Proposez un classement de ces noms. Comment s'écrivent-ils ? Connaissez-vous des exceptions ?**

✔ Les noms **féminins** qui se terminent par le son **[war]** s'écrivent ***-oire***.
*une bouill**oire**, une pass**oire**, une p**oire***

✔ Les noms **masculins** qui se terminent par le son **[war]** s'écrivent généralement ***-oir***.
*un tir**oir**, un entonn**oir**, un arros**oir***

Attention, certains noms masculins s'écrivent ***-oire*** :
*un laborat**oire**, l'observat**oire**, un réfect**oire**, le territ**oire**, le conservat**oire**, un pourb**oire**, un répert**oire**, un access**oire**.*

Utiliser la règle pour bien orthographier

1 * Écris *un ou une* devant chaque nom.

... foire • ... devoir • ... réfectoire • ... bouilloire • ... abreuvoir • ... rasoir • ... trajectoire • ... mâchoire • ... observatoire • ... soir • ... réservoir • ... laboratoire • ... baignoire • ... entonnoir • ... arrosoir

2 * Complète les noms avec *-oir* ou *-oire*.

la gl... • le territ... • le peign... • la traject... • la pass... • un coul... • un pourb... • la p... • une hist... • le perch... • la vict... • le mir... • la mém... • le désesp... • un access... • le trott... • le conservat... • la mange... • le bav...

3 * **Recopie le nom qui ne devrait pas figurer dans chaque liste. Accompagne-le du déterminant qui convient.**

a. Loire • balançoire • patinoire • nageoire • loir

b. accoudoir • armoire • pochoir • miroir • isoloir

c. conservatoire • répertoire • mâchoire • ivoire • auditoire

d. accessoire • bougeoir • hachoir • tiroir • tamanoir

4 * **Complète les noms par *-oir* ou *-oire*.**

Attention aux exceptions !

a. Après son accident, il a perdu la mém... .

b. Les serviettes sont rangées dans l'arm... .

c. Papa ne trouve plus son ras... .

d. Réunion des parents dans le réfect... .

e. Aurais-tu un mouch... ?

f. Après une heure d'interrogat..., le voleur a tout avoué.

5 ** **Complète ces phrases avec des noms qui se terminent par le son [war].**

a. Le s..., avant de s'endormir, Naïmara aime que sa maman lui lise des h... .

b. La méchante sorcière utilisa son précieux gr... pour préparer une potion magique.

c. Les footballeurs marseillais ont l'es... d'obtenir une v... contre l'équipe adverse.

d. Longez tout droit le c... puis tournez à gauche : c'est là que se trouve le la... du professeur Biologrit.

6 ** **Écris les noms en *-oir* ou en *-oire* correspondant aux définitions.**

a. En ville, les piétons marchent dessus.

b. La monnaie donnée pour un service.

c. Matériau qui compose les défenses d'éléphant.

d. Meuble dans lequel on peut ranger des vêtements ou d'autres choses.

e. Fruit juteux poussant sur un poirier.

f. Quand on fait le plein d'essence, on le remplit.

7 ** **Après avoir remis les lettres dans le bon ordre, emploie chaque nom trouvé dans une phrase.**

I R M O R I

R I F E O

G O L R I E

B I O R U O E G

Savoir écrire des mots de la même famille

8 * **Relie comme il convient chaque nom avec le verbe qui lui correspond.**

conservatoire •	• passer
pataugeoire •	• balancer
lavoir •	• conserver
hachoir •	• hacher
passoire •	• patauger
balançoire •	• laver

9 ** **Construis des noms en *-oir* ou en *-oire* à partir de ces verbes.**

patiner • baigner • nager • tirer • plonger • bouillir • arroser • égoutter • mâcher • manger • observer • abreuver • désespérer

10 ** **Trouve un nom en *-oir* ou en *-oire* de la même famille que ces mots.**

a. une interrogation : un i…

b. un arrosage : un a…

c. préhistorique : la p…

d. glorieux : la g…

e. l'isolation : un i…

f. mémorable : la m…

Écrire

11 **Écris une comptine en utilisant les mots en *-oir* ou en *-oire* que tu as étudiés dans cette leçon et d'autres que tu connais.**
Tu peux commencer ainsi :

Connais-tu l'histoire
Du bon petit loir...

Les noms féminins terminés par les sons [e] et [te]

Par une belle **journée** ensoleillée, mon père proposa de faire une **randonnée** en montagne. Ma mère et moi trouvâmes que c'était une excellente **idée** et nous partîmes avec **gaieté**. Après avoir laissé la voiture, nous commençâmes la **montée**. Arrivés à destination, nous nous installâmes pour déjeuner et profiter de la **beauté** et de la **tranquillité** du paysage. C'est avec regret que nous quittâmes notre petit paradis mais il fallait redescendre avant l'**arrivée** de l'**obscurité**.

Cherchons

- **Classez les noms féminins en couleur en deux groupes : ceux qui se terminent par le son [e] et ceux qui se terminent par le son [te]. Les noms des deux groupes ont-ils la même terminaison ?**
- **Trouvez d'autres noms qui se terminent par le son [te] et qui s'écrivent *-té* ou *-tée*.**

✔ Les noms féminins terminés par le son **[e]** s'écrivent **-ée**.
une randonnée, une journée
Exception : *une clé* (qui peut aussi s'écrire *clef*).

✔ Les noms féminins terminés par le son **[te]** s'écrivent **-té**.
la gaieté, la beauté
Exceptions : *une dictée, une portée, une montée, une pâtée, une jetée* et les noms de contenus comme *une assiettée, une pelletée*...

Reconnaître les noms féminins se terminant par le son [e]

1 * Recopie les noms féminins en ajoutant l'article *la* ou *une*.
été • vérité • musée • publicité • pré • côté • cheminée • fermeté • rivalité • clé • épée • carré • lycée • gravité • degré • société • pavé • féminité • assemblée • député

2 * Dans chaque liste, recopie uniquement les noms féminins.
a. sévérité • cité • café • dictée • marché
b. corvée • intensité • pâtée • pâté • thé
c. cavité • canapé • scarabée • simplicité
d. soirée • trophée • rangée • abbé • jetée

Utiliser la règle pour orthographier

3 * **Complète les noms avec *-é* ou *-ée*.**

Attention aux exceptions !

a. La cl... est dans la serrure.
b. Il a eu une id... géniale.
c. Demain, c'est la rentr... des classes.
d. Il y a de la fum... dans la cuisine.
e. L'honnêtet... est une grande qualit... .
f. Pour être en bonne sant…, il faut manger de façon équilibrée et avoir une activit… physique régulière.
g. Je ne peux plus fermer la porte de ma chambre car la poign… est cassée.
h. La mari… portait une magnifique robe blanche en dentelle.

4 * **Même exercice.**

a. Ce coureur est tombé dans la mont... .
b. La devise de la France est Libert..., Égalit..., Fraternit... .
c. Dans cette belle région, j'ai trouvé la tranquillit... .
d. J'ai vu une grosse araign... dans le grenier.
e. Chaque vendredi matin, nous faisons une dict... .
f. Hier, notre chatte a eu une port… de cinq petits chatons.
g. Voulez-vous une bol… de cidre ?

Orthographier des mots dérivés

Remarque
Beaucoup de mots en ***-ée*** ou en ***-té*** sont formés à partir d'un radical.
propre → la propreté

5 ** **Écris les noms qui correspondent à ces adjectifs. Aide-toi du dictionnaire.**

Le radical est parfois modifié.

a. propre
b. rapide
c. pauvre
d. facile
e. nouveau
f. timide
g. immense
h. fragile
i. ancien
j. vif

6 ** **Forme les noms féminins en *-ée* exprimant un contenu à partir des noms représentés par les dessins.**

7 ** **Forme des noms féminins se terminant par le son [e] ou [te] à partir de ces verbes.**

a. monter
b. avancer
c. entrer
d. jeter
e. dicter
f. arriver
g. lever
h. porter
i. voler
j. tourner

8 ** **Emploie dans des phrases les noms féminins qui correspondent aux définitions.**

a. Nourriture pour un chien : la p...
b. Objet utile pour ouvrir une porte : une c...
c. Arme des chevaliers : une é...
d. Absence de lumière : l'ob...
e. Être féminin imaginaire : une f...
f. Le contraire de la gentillesse : la m...

9 ** **Trouve des noms féminins en *-té* qui expriment le contraire des noms suivants.**

a. facilité
b. honnêteté
c. mobilité
d. régularité
e. possibilité
f. supériorité
g. activité
h. clarté
i. légalité

Les mots invariables

✔ **Les mots invariables conservent toujours la même orthographe.** Ils ne s'accordent ni en genre ni en nombre. Il faut apprendre à les écrire.

ailleurs	bientôt	devant	parce que	quand
alors	chez	enfin	parfois	quelquefois
après	combien	entre	partout	soudain
assez	comme	hier	pendant	souvent
aujourd'hui	d'abord	jamais	peut-être	surtout
aussitôt	debout	là-bas	plutôt	tard
autour	dedans	longtemps	pourquoi	tôt
autrefois	dehors	maintenant	pourtant	toujours
avant	demain	malgré	près	trop
beaucoup	depuis	mieux	presque	vraiment

Reconnaître les mots invariables

1 * **Un mot qui n'est pas invariable s'est glissé dans les listes. Recopie chaque liste de mots invariables sans cet intrus.**

a. dedans • maintenant • pourtant • devant • élégant
b. plutôt • aussitôt • tricot • tôt • bientôt
c. demain • chien • combien • soudain • chez
d. parfois • autrefois • quelquefois • pourquoi • étroit

2 * **Recopie le mot invariable dans chaque liste.**

a. pomme • somme • comme • gomme • tomme
b. vautour • contour • détour • retour • autour
c. rebord • d'abord • nord • remords • accord
d. mieux • envieux • curieux • vieux • anxieux
e. faiblissez • reconnaissez • passez • ensevelissez • assez

3 ** **a. Retrouve et recopie les 14 mots invariables cachés (horizontalement et verticalement) dans cette grille.**
b. Remets dans l'ordre les 10 lettres restantes pour écrire un nouveau mot invariable.

P	R	E	S	Q	U	E
O	T	R	O	P	I	N
U	O	M	U	T	A	T
R	T	A	V	A	N	T
I	C	I	E	L	M	A
A	N	E	N	O	I	R
V	E	N	T	R	E	D
E	T	R	E	S	U	N
C	O	M	M	E	X	A

4 ** **Parmi les mots en gras, recopie ceux qui sont invariables.**

La **piste** est en pente **douce** et parsemée de sapins **entre** lesquels il faut slalomer. Le corps légèrement penché en **avant**, je **glisse** **assez** lentement **d'abord**, puis de plus en plus **vite**. **Malgré** mon **bonnet** de laine, j'entends le vent siffler à **mes** oreilles. C'est **vraiment** **excitant** : j'ai l'impression de voler !

Gudule, *L'Abominable Petite Fille des neiges*, Hachette Jeunesse.

5 ** **Même exercice.**

Au début de la troisième leçon, mademoiselle Strega parle à Corentine des mascottes de sorcières.

« **Autrefois**, explique-t-elle, **presque** toutes les **sorcières** possédaient un chat, **noir** le plus **souvent**. Cela dit, personnellement, j'en ai **toujours** eu des roux. **Certaines** avaient des **hiboux**, et quelques frimeuses **avaient** les deux. **Notre** guilde, les SAM – ça veut dire : sorcières **autour** du monde –, est moins stricte **aujourd'hui**. **Elle** nous laisse choisir la mascotte qu'on veut, sauf **quand** c'est la mascotte qui **choisit** la sorcière évidemment. »

Maeve Friel, *Corentine petite sorcière. Leçon de vol*, Magnard Jeunesse.

Utiliser les mots invariables

6 * **Complète les phrases avec les mots invariables proposés.**

combien • *vraiment* • *souvent* • *parce que* • *quelquefois* • *debout* • *aujourd'hui* • *pourquoi*

a. Pour le petit-déjeuner, nous mangeons ... des tartines beurrées, mais ... nous prenons des céréales avec du lait.

b. Il n'y avait plus de place dans le train : j'ai fait tout le voyage ... .

c. ... y a-t-il de départements en France ?

d. ..., tu n'auras pas cours de dessin ... le professeur est souffrant.

e. Je ne comprends ... pas ... tu es fâché contre moi.

7 * **Même exercice.**

malgré • *ici* • *peut-être* • *autour* • *ailleurs*

a. Il n'y a rien à voir ..., nous devrions aller ... .

b. Nous irons ... en Inde pendant les vacances d'été.

c. ... votre blessure à la jambe, vous avez pu remporter la course.

d. La Terre tourne ... du Soleil.

Savoir écrire les mots invariables

8 * **Écris les mots invariables qui expriment le contraire des mots suivants.**

jamais • avec • lentement • derrière • dedans • peu • avant • ici • près

9 ** **Écris un mot invariable synonyme pour chacun des mots suivants.**

parfois • puis • lorsque • car • tout à coup • jadis • fréquemment • là-bas • finalement

10 ** **Trouve un mot invariable pour chacune de ces définitions et utilise-le à chaque fois dans une phrase.**

a. En ce moment.

b. Pendant un long moment.

c. En grande quantité.

d. Pas tout à fait.

e. À l'extérieur.

f. À aucun moment.

11 ** **Trouve le mot invariable qui correspond à chaque charade puis utilise-le dans une phrase.**

a. Mon premier est le contraire de *faux*.
Mon second ne dit pas la vérité.
Mon tout est un synonyme de *véritablement*.

b. Mon premier est le nombre qui vient juste après 1.
Mon second peut souffler très fort.
Mon tout n'est pas derrière.

c. Mon premier vaut 365 jours.
Mon second n'est pas épais.
Mon tout s'utilise pour conclure une histoire.

d. Mon premier n'est pas laid.
Mon second relie la tête au tronc.
Mon tout peut remplacer *plein*.

a, à / ont, on

Quand les villes ont commencé à manquer de place, les banlieues ont poussé dans toutes les directions. On y a construit des centres commerciaux. Les aéroports et les usines s'installent à l'écart : ils ont besoin de beaucoup d'espace et ils polluent.

Encyclopédie Master Cadet, Hachette Éducation.

Cherchons

- **Relevez des mots qui ont la même prononciation mais qui n'ont pas la même orthographe.**
- **Proposez un moyen pour les différencier.**

✔ Ne confonds pas ***a*** et ***à*** :

– ***a*** est le verbe (ou l'auxiliaire) ***avoir*** au présent à la 3e personne du singulier. Il peut être remplacé par *avait* :

On y a (avait) construit des centres commerciaux.

– ***à*** est une préposition :

Les aéroports et les usines s'installent à l'écart.

✔ Ne confonds pas ***ont*** et ***on*** :

– ***ont*** est le verbe (ou l'auxiliaire) ***avoir*** au présent à la 3e personne du pluriel. Il peut être remplacé par *avaient* :

Ils ont (avaient) besoin de beaucoup d'espace.

– ***on*** est un pronom personnel de la 3e personne du singulier. Il est toujours **sujet** d'un verbe conjugué. On peut le remplacer par *il* ou *elle* :

On (elle) y a construit des centres commerciaux.

Distinguer la classe grammaticale des homonymes

1 * Entoure les formes du verbe *avoir*.

a. Elle a une corde à sauter neuve et elle a hâte de la montrer à sa sœur.

b. On a pris la planche à voile et on a couru vers la digue.

c. Elles ont posté le courrier à la boîte aux lettres à côté de chez elles.

d. À cette heure, ils ont sûrement porté la clé à la concierge.

e. Mon père a terminé de préparer la voiture et on est prêt à partir.

f. Les vélos ont disparu ! On ne sait pas où ils sont !

2 * **Dans chaque phrase, entoure le mot qui pourrait être remplacé par *il*.**

a. Ils ont dit qu'on doit être prudent.
b. On a lu que certains chats ont six doigts à chaque patte.
c. On circule plus facilement en vélo depuis que des pistes cyclables ont été aménagées.
d. On ne devait plus parler ni faire de bruit quand les comédiens ont commencé à jouer.
e. Les élèves ont compris ce qu'on leur disait.

Comprendre les différents sens du pronom *on*

3 * **Recopie ces phrases en remplaçant le pronom *on* par *quelqu'un*, *un homme* ou *une femme*.**

a. On nous a dit qu'il allait pleuvoir.
b. Dans la rue, on m'a expliqué comment venir ici.
c. Je ne comprends pas pourquoi on m'a demandé d'attendre.
d. Tu sais qui est venu parce qu'on te l'a dit.
e. On a touché à mes affaires et on a lu mon courrier.
f. On marche à pas de loup dans le couloir.

4 ** **Réécris ces phrases en remplaçant le pronom *nous* par le pronom *on*.**

a. Nous avons construit des centres commerciaux et des aéroports.
b. Nous ne savons pas s'il existe des extraterrestres.
c. Le soir, nous n'aimons pas rester trop longtemps devant la télévision.
d. En montagne, nous ne devons pas skier hors piste.
e. Nous pensons que toute la famille sera réunie pour Noël.

Utiliser la règle pour orthographier

5 * **Choisis *on* ou *ont* et recopie chaque phrase.**

a. *(On / Ont)* part dès qu'*(on / ont)* est prêt.
b. *(On / Ont)* démarre. Les vacances *(on / ont)* commencé !
c. Dans ce magasin, *(on / ont)* ne sait jamais où *(on / ont)* peut trouver un vendeur.
d. Où *(on / ont)* été mis les bagages ?
e. Les tortues *(on / ont)* ce qu'*(on / ont)* appelle une carapace.
f. *(On / Ont)* dit qu'ils *(on / ont)* gagné mais *(on / ont)* n'en est pas sûr.

6 ** **Complète ces phrases avec *a* ou *à*.**

a. ... l'école primaire, il ... appris ... lire et ... écrire.
b. Son frère lui ... dit : « ... demain ! »
c. Il ... un drap de bain bleu ... carreaux blancs.
d. Elle ... l'air fâché. Que lui ...-t-il dit ?
e. On ... installé le sapin dans le salon, mais il est ... décorer.
f. Elle ... joué ... la balle avec la fille ... la queue de cheval.

Savoir utiliser les homonymes

7 ** **Recopie le texte en le complétant avec *a*, *on* ou *ont*.**

Les éléphants sont de grands mammifères herbivores. ... les trouve en Afrique ou en Asie. Ils ... une trompe, des incisives très longues appelées défenses et une peau très épaisse. Pendant longtemps, des braconniers ... chassé les éléphants pour prendre leurs précieuses défenses en ivoire. Aujourd'hui, une convention internationale protège les éléphants : ... n'... plus le droit de les chasser. ... doit les protéger.

Écrire

8 **Continue ce dialogue en utilisant le plus souvent possible les quatre mots que tu viens d'étudier.**

– **On a** décidé d'aller **à** la patinoire, mais mon frère n'**a** pas ses patins.
– Ce n'est pas grave, mes amis **ont**...

et, est / son, sont

La Terre **est** partagée entre des pays. Certains **sont** très petits **et** on ne les voit même pas sur la carte. D'autres **sont** immenses **et** puissants. Deux cents pays existent sur la Terre. Seul le continent Antarctique n'a pas été partagé. Chaque pays a sa capitale, sa fête nationale, **son** drapeau **et** **son** hymne national. [...] La France **est** une « puissance moyenne » ; c'**est** la plus petite des grandes puissances.

Géographie, Une Terre des hommes, cycle 3, Magnard.

Cherchons

- **À quelle classe grammaticale appartiennent les mots en orange ? Même question pour les mots en violet. À quoi sert le mot en vert ?**
- **Proposez un moyen pour ne pas confondre *est* et *et*.**

✔ Ne confonds pas ***est*** et ***et*** :

– ***est*** est le verbe (ou l'auxiliaire) ***être*** au présent à la 3e personne du singulier. Il peut être remplacé par *était* :

La France est (était) une « puissance moyenne ».

– ***et*** est une conjonction de coordination qui sert à **relier** des mots ou des groupes de mots. Il peut être remplacé par *et aussi* :

D'autres sont immenses et (et aussi) puissants.

✔ Ne confonds pas ***sont*** et ***son*** :

– ***sont*** est le verbe (ou l'auxiliaire) ***être*** au présent à la 3e personne du pluriel. Il peut être remplacé par *étaient* :

Certains sont (étaient) très petits.

– ***son*** est un déterminant possessif. Il peut être remplacé par un autre déterminant possessif *(mon, ton, ses...)*. Il est **placé devant un nom commun** :

Chaque pays a son (ses) drapeau(x) et son (ses) hymne(s).

Distinguer la classe grammaticale des homonymes

1 * Recopie les phrases et entoure les formes du verbe *être*.

a. La Terre est l'une des quatre planètes qui sont les plus proches du Soleil.

b. Les météorites sont des débris interplanétaires et tombent parfois sur la Terre.

c. Une étoile est une boule de gaz et son énergie vient de son cœur.

d. Une galaxie est un énorme amas d'étoiles, de gaz et de poussières.

e. Notre Soleil est une étoile et son âge est d'environ 5 milliards d'années.

2 * **Recopie les phrases et entoure le mot qui pourrait être remplacé par *mon*.**

a. Dans son bureau, je cherche toujours où sont mes affaires.

b. Ils sont allés chercher son fils à la gare.

c. Elles sont fatiguées d'entendre son violon.

d. Ces exercices ne sont pas difficiles pour son niveau.

e. Ils sont en colère car son travail n'est pas encore terminé.

Comprendre les différents sens de *son*

3 ** **Recopie les phrases et entoure le déterminant possessif *son*.**

> **Remarque**
>
> *son* peut être aussi un nom (*le son d'une cloche, le son d'une voix*).

a. La cloche de l'église de son village faisait un drôle de son.

b. Son saxophone a un très beau son.

c. Ils sont en train d'enregistrer un disque avec son orchestre.

d. Ces musiciens sont étonnés par le son de son piano.

Utiliser la règle pour orthographier

4 * **Complète ces phrases avec *est* ou *et*.**

a. Il ... en vacances chez ses grands-parents depuis une semaine ... il ... reposé.

b. Elle ... partie avec un ami ... elle n'... pas encore revenue.

c. Il ... reçu à son examen ... son père ... très fier de lui.

d. Jour ... nuit, ce médecin ... disponible.

5 * **Complète ces phrases avec *son* ou *sont*.**

a. Le château de Vaux-le-Vicomte et ... parc ... des lieux très appréciés des touristes.

b. ... père les attendait quand ils ... arrivés.

c. Ariel a déménagé. Hier, ses parents ... venus visiter ... nouvel appartement.

d. Ce ... ses amis et ils ... heureux de fêter ... anniversaire.

6 ** **Recopie ces phrases en utilisant les mots qui conviennent.**

a. Ludivine *(est / et)* très triste *(est / et)* *(sont / son)* petit frère aussi car leurs parents *(sont / son)* en colère contre eux.

b. Le chat *(est / et)* parti depuis deux jours *(est / et)* les enfants *(sont / son)* inquiets.

c. Il *(est / et)* tard *(est / et)* ils ne *(sont / son)* pas encore rentrés.

d. *(Est / Et)*-ce aujourd'hui que vous partez ? Ils *(sont / son)* incapables de me le dire.

e. Le chien *(est / et)* content quand *(sont / son)* maître *(est / et)* à la maison *(est / et)* joue avec lui.

7 ** **Complète le texte avec les mots suivants.**

son • sont (3 fois) • et (3 fois) • est (1 fois)

Au Moyen Âge, les hommes ... organisés en trois ordres. Chacun a sa place ... ... rôle : il y a les gens d'Église qui prient, les chevaliers qui combattent ... les paysans qui travaillent. Les populations ... isolées car une bonne partie du territoire ... recouverte par la forêt ... de vastes espaces ... encore inhabités.

Écrire

8 **Reconnais-tu ce personnage historique ? Décris-le en utilisant le verbe *être* au présent, l'adjectif possessif *son* et la conjonction *et*.**

ce, se / ces, ses

Les deux pages et la fille du seigneur franchissent en courant le pont-levis. Le portier fronce les sourcils, se disant que ces allées et venues cachent sûrement une bêtise. Puis il sourit, se rappelant sa propre enfance. Au bord du Chaudron de la sorcière, les trois amis se mettent à plat ventre sur l'humus pour observer « la découverte » extraordinaire de Jean. [...] Après avoir longuement observé la « découverte », Aliénor se laisse lentement glisser dans le trou. Elle s'approche d'une masse grise dans l'herbe puis s'assoit sur ses talons. Devant elle, couché sur le flanc, un superbe loup agonise.

Arthur Ténor, *Le Monstre aux yeux d'or*, © Gallimard Jeunesse.

Cherchons

- **Les deux mots en orange ont la même prononciation mais s'écrivent différemment. Proposez un moyen de les différencier.**
- **Relevez les mots qui suivent le mot écrit en vert. À quelle classe grammaticale appartiennent-ils ?**
- **Dans la 5e phrase, remplacez *Aliénor* par *je*, puis par *tu*. Qu'observez-vous ?**

✔ Ne confonds pas ***ce*** et ***se*** :

– ***se*** est un pronom de la 3e personne du singulier. Il est toujours **placé devant un verbe**. Il peut être remplacé par *me* ou *te* lorsque l'on change de personne :

*Aliénor **se** laisse glisser. → Je **me** laisse glisser.*

– ***ce*** est un déterminant démonstratif. Il **accompagne un nom**. Il peut être remplacé par *ces* :

Ce texte est écrit par Arthur Ténor. → Ces textes sont écrits par Arthur Ténor.

✔ Ne confonds pas ***ces*** et ***ses*** :

– ***ces*** est un déterminant démonstratif. Il **accompagne un nom**. Il peut être remplacé par *ce*, *cette* ou *cet* :

ces loups → ce loup

– ***ses*** est un déterminant possessif. Il **accompagne un nom**. Il peut être remplacé par *son* ou *sa* :

ses talons → son talon

Distinguer la nature des homonymes

1 * Classe les mots suivants dans le tableau.

mots avec un déterminant démonstratif	mots avec un pronom

se baigner • ce bain • se regarder • ces regards • ce dérangement • se déranger • se reposer • ce repos • ces renseignements • se renseigner • se laver • ce lavage • se grouper • ce groupement • ces soucis • se soucier • se changer • ce changement

2 ** Entoure les déterminants possessifs.

a. Lisa prépare ses exposés d'histoire grâce à ces livres documentaires empruntés à la bibliothèque.
b. Ses lettres ont été mises par erreur dans ces boîtes.
c. Ces orages ont effrayé ses chiens.
d. Ses amis sont ces hommes qui parlent devant la porte.
e. Ces garçons sont ses enfants.

Reconnaître *ce* et *se*

3 * Souligne et donne la classe du mot que *ce* ou *se* accompagne.

Ce garage est près de chez moi. → *nom*
Il se situe près de la gare. → *verbe*

a. Ce véhicule n'est pas en bon état.
b. Pourtant, le garagiste se donne beaucoup de mal.
c. Il se réunit avec ses employés pour trouver la panne.
d. Ce soir, ils auront tout réparé.
e. Et mon père pourra ainsi se déplacer.

Utiliser la règle pour orthographier

Remarque
ce peut être utilisé dans certaines expressions : ***ce que***, ***ce qui***, ***qu'est-ce que***, ***qui est-ce*** ou ***ce sont***.

4 * Complète ces phrases avec *ce* ou *se*.

a. Je reconnais ... garçon.
b. Elle ... prépare pour son examen de ... matin.
c. Qui est-... qui ... dévoue pour aller acheter le pain ?
d. Il regarde ... film pour ... détendre.
e. ... que tu dis me paraît très intéressant.

5 * Recopie le texte en le complétant avec *ce* ou *se*.

... mardi-là, Momo avait décidé de ... concentrer sur sa leçon de sciences. ... travail demandait peu d'efforts, mais depuis quelque temps, il ... plaisait à n'en fournir aucun. Cette fois, il allait ... rattraper, ... qui ferait plaisir à ses parents.

Distinguer *ses* de *ces*

6 ** Complète les phrases avec *ces* ou *ses*.

a. Regardez comme ... arbres sont hauts !
b. Lis bien ... énoncés avant de commencer ton travail.
c. Hugues range ... contrôles dans son tiroir.
d. Il ne prête jamais ... affaires.
e. ... affaires ne m'appartiennent pas. Ce sont ... cahiers et ... livres.

7 ** Mets les déterminants en gras au pluriel.

N'oublie pas d'accorder le nom qui accompagne chaque déterminant.

a. Rose a des trous à **sa** chaussette.
b. Nous voudrions acheter **ce** vélo.
c. Elle a annulé **son** concert.
d. Il n'a pas réussi **cette** épreuve.

Écrire

8 Que vont faire Aliénor et ses deux amis ? Invente une suite au texte de la page 132. Utilise *se*, *ce*, *ses* et *ces*.

ou, où / la, là

Nous étions **là**, découragés, dans la lueur tremblotante de ma petite bougie jaune, quand Rachel a ouvert **la** fenêtre.
– Vous vous amusez bien, tous les deux ?
Alors je lui ai demandé poliment :
– Rachel, s'il te plaît, je peux te poser une question ?
– Pose toujours.
– Ce trésor, tu l'as enterré, **ou** tu l'as caché quelque part ?
– Je vous l'ai dit : je l'ai enfoui.
[...]
Elle a refermé sa fenêtre. Juste à temps : Gary avait ramassé un bout de bois et s'apprêtait à le lui lancer à la tête.
– Écoute, j'ai dit, c'est quand même raide. **Où** est-ce qu'elle pourrait l'avoir enfoui ?

Betsy Byars, *Les Sept Chasses au trésor*, trad. R.-M. Vassallo, D.R.

Cherchons

- **Observez les mots en orange. Quel est leur point commun ? Qu'est-ce qui les différencie ? Par quels mots pourriez-vous les remplacer ?**
- **Mêmes questions pour les mots en vert. Proposez une méthode pour ne pas les confondre à l'écrit.**

✔ Ne confonds pas ***où*** et ***ou*** :
– ***où*** exprime le plus souvent un **lieu** :
Où est-ce qu'elle pourrait l'avoir enfoui ?
– ***ou* relie deux mots** ou deux groupes de mots.
Il peut être remplacé par *ou bien* :
Ce trésor, tu l'as enterré, ou (ou bien) *tu l'as caché quelque part ?*

✔ Ne confonds pas ***là*** et ***la*** :
– ***la*** est un article défini. Il fait partie d'un groupe nominal, il est **placé devant un nom ou un adjectif**.
Il peut être remplacé par *une* :
Rachel a ouvert la (une) *fenêtre.*
– ***là*** exprime le plus souvent un **lieu**.
Il peut être remplacé par *ici* :
Nous étions là. → Nous étions ici.

Reconnaître la nature des homonymes

1 * **Recopie les phrases dans lesquelles les mots en gras peuvent être remplacés par *ou bien*.**

a. **Où** allez-vous aussi rapidement ?
b. Est-elle dans sa chambre **ou** dans le jardin ?
c. **Où** vont-ils vivre ? En ville **ou** à la campagne ?
d. Tu reconnaîtras facilement la maison **où** j'habite car elle a un portail jaune et vert.
e. Voulez-vous une glace au chocolat **ou** à la vanille ?

2 * **Recopie les phrases dans lesquelles les mots en gras peuvent être remplacés par *une*.**

a. J'avais posé mes lunettes **là** et elles n'y sont plus.
b. Il fait froid car **la** fenêtre du salon est restée ouverte toute la journée.
c. Attends-moi **là**, je reviens dans quelques minutes.
d. C'est **là** que nous avons trouvé cette balle en mousse.
e. Quand devez-vous rapporter vos livres à **la** bibliothèque ?

Utiliser la règle pour orthographier

3 * **Complète avec *ou* ou bien *où*.**

Je ne sais pas ... tu m'emmènes : à la campagne ... à la montagne, mais là ... nous allons, j'espère que nous trouverons un étang ... une piscine. Je voudrais nager la brasse ... le crawl et je demanderai à un maître nageur ... à un copain de m'apprendre.

4 ** **Recopie les phrases en ajoutant si nécessaire un accent sur *ou*.**

a. Ou est ma voiture ? Je ne sais plus ou je l'ai laissée.
b. Là ou tu l'as garée : ou dans cette rue, ou sur la place ou tu avais rendez-vous.
c. Au cas ou il ferait très froid, prends ton manteau ou ton anorak.
d. Je ne retrouve plus le livre ou le journal ou j'ai lu cette histoire.
e. Il ira ou il voudra : au bord de la mer ou à la montagne.
f. Ou va-t-il aller en vacances ? Chez son cousin en Auvergne ou chez sa tante en Bretagne ?

5 ** **Complète avec *la* ou *là*.**

a. As-tu appris ... comptine *Il est passé par ici, il repassera par ...* ?
b. C'est ..., à ... gare de Marseille, qu'ils ont perdu leur valise ... semaine dernière.
c. Elle est ... plus petite, mais aussi ... plus sage.
d. Cette magnifique maison qui est ... est à vendre.
e. On ne va pas rester ... toute ... journée, il n'y a rien à voir !
f. Poste ... carte d'anniversaire dans ... boîte aux lettres qui est ..., derrière toi.

6 ** **Recopie les phrases en ajoutant les accents oubliés.**

a. Félix n'est pas la ! Ou peut-il bien être ?
b. Il est la, dans la cuisine.
c. Il cherche la tortue en plastique, il ne sait pas ou elle est cachée.
d. À mon avis, elle est dans le panier ou dans le placard ou j'ai rangé la salade !

7 ** **Utilise ces paires de mots pour rédiger quatre phrases.**

a. *où* et *la*
b. *la* et *ou*
c. *la* et *là*
d. *où* et *là*

Écrire

8 **Gary et Isidore, les personnages du texte de la page 134, partent à la recherche du trésor. Raconte leur quête et la découverte du trésor en utilisant *ou*, *où*, *la* et *là*.**

N'oublie pas de décrire le trésor !

Le féminin des noms

Cherchons

- **Indiquez le métier de chaque personnage.
Comment se forme le nom féminin à partir du nom masculin ?**
- **Cherchez des exemples de noms masculins que vous mettrez au féminin (des noms d'animaux, les membres d'une même famille...).**

✔ Le féminin d'un nom se forme souvent en ajoutant un ***e*** à la fin :
un avocat → une avocate.

✔ Certains noms ont une terminaison particulière. Parfois, on doit :
- **ajouter** un accent grave et un ***e*** final :
un boulanger → une boulangère ;
- **transformer** les lettres finales : *un chanteur → une chanteuse, un facteur → une factrice, un ogre → une ogresse ;*
- **changer** la consonne finale : *un sportif → une sportive ;*
- **doubler** la consonne finale et **ajouter** un ***e*** :
un pharmacien → une pharmacienne.

Remarque Certains féminins sont très différents du masculin :
un homme → une femme.
D'autres sont identiques : *un fleuriste → une fleuriste.*

Mieux comprendre la notion de genre

1 * Indique le genre (masculin ou féminin) des noms en gras.

Dans mon **salon**, il y a un **tapis** rouge et jaune avec un grand oiseau aux **ailes** déployées au centre du **motif**. Un vieux tapis usé jusqu'à la **trame**, aux **bords** tout effrangés et qui sent la **poussière**. [...] Papa dit que ce tapis est dans la **famille** depuis la **nuit** des temps, depuis le temps lointain où son **pays** natal ne s'appelait pas encore l'Iran, mais la **Perse**, au temps où les rois de là-bas se nommaient des Shahs.

Laura Jaffé, *Ali Papa*, Magnard.

2 * **Associe chaque nom masculin au nom féminin correspondant.**

a. un empereur	**1.** une femme
b. un héros	**2.** une compagne
c. un compagnon	**3.** une nièce
d. un neveu	**4.** une tante
e. un homme	**5.** une impératrice
f. un oncle	**6.** une héroïne

Utiliser la règle pour orthographier au féminin

3 * **Écris ces noms au féminin.**

Liste 1 : un apprenti • le marchand • un ami • un client

Liste 2 : un menteur • un danseur • un chanteur • un vendeur

Liste 3 : un lion • le champion • le gardien • un paysan

Liste 4 : un veuf • un fugitif • un naïf • un sportif

4 * **Même exercice.**

Liste 5 : le secrétaire • un acrobate • un camarade • un concierge

Liste 6 : un romancier • un boucher • un berger • un conseiller

Liste 7 : l'agriculteur • le navigateur • le conducteur • le facteur

Liste 8 : le prince • le comte • un âne • le tigre

5 * **À quelle liste des exercices 3 et 4 peux-tu ajouter chacun des mots suivants ?**

un masseur • un oisif • un citoyen • un infirmier • un électeur • un libraire • un ogre • un voisin

6 * **Écris tous ces noms de métiers au féminin.**

Observe bien le déterminant.

a. un présentateur	**f.** le caissier
b. le coiffeur	**g.** un musicien
c. notre président	**h.** cet illustrateur
d. un accordéoniste	**i.** un bibliothécaire
e. un intendant	**j.** ce directeur

7 ** **Associe les noms des mâles et des femelles et utilise-les dans des phrases.**

Tu peux t'aider du dictionnaire.

un lièvre • une brebis • un sanglier • une louve • un bouc • une hase • une chèvre • une laie • un bélier • un loup

8 ** **Retrouve le masculin de ces noms féminins.**

Observe bien le déterminant.

une chamelle • une collégienne • cette vicomtesse • sa grand-mère • la cavalière • une espionne • la cycliste • son épouse • une amoureuse • cette déesse • une Marocaine

9 ** **Écris le nom masculin et le nom féminin issus de ces verbes.**

surveiller → un surveillant
→ une surveillante

a. dessiner	**d.** traduire
b. jardiner	**e.** gérer
c. danser	**f.** garder

Écrire

10 **Décris ce que tu vois dans ce restaurant. Puis réécris ce texte avec des personnages féminins.**

Le pluriel des noms

Les hiboux se distinguent des chouettes par les aigrettes (petites touffes de plumes) qu'ils ont sur la tête. Ils ont un bec crochu et des serres recourbées et puissantes. Ils possèdent une excellente vue grâce à leurs gros yeux ronds et immobiles. Les hiboux sont des rapaces nocturnes : ils dorment le jour et chassent la nuit. Ils se nourrissent de petits vertébrés, notamment des souris, des mulots, des lièvres, mais aussi de petits reptiles, de batraciens, d'insectes...

Cherchons

- **Observez tous les noms au pluriel. En général, par quelle lettre se terminent-ils ? Relevez deux noms qui ont une terminaison différente.**
- **Quel est le singulier du nom *yeux* ? Que constatez-vous ?**
- **Relevez un mot qui s'écrit de façon identique au singulier et au pluriel.**

✔ Pour marquer le **pluriel** d'un nom, on lui ajoute le plus souvent un ***s***.
une chouette → des chouettes *un rapace → des rapaces*

✔ Les noms qui se terminent par ***s***, **x** ou ***z*** **ne changent pas**.
une souris → des souris *un nez → des nez* *un prix → des prix*

✔ Sept noms en ***-ou*** se terminent en ***-oux*** au pluriel :
*des hib**oux**, des jouj**oux**, des p**oux**, des bij**oux**, des caill**oux**, des ch**oux**, des gen**oux**.*

✔ Certains noms ont un singulier et un pluriel très différents :
un œil → des yeux *un monsieur → des messieurs*
un aïeul → des aïeux *un ciel → des cieux*

Reconnaître les noms au pluriel

1 * Relie chaque mot à son pluriel et donne-lui le déterminant qui convient.

a. son discours	**1.** ... os
b. le pays	**2.** ... mots
c. ce mot	**3.** ... fées
d. cette fleur	**4.** ... pays
e. un os	**5.** ... discours
f. une fée	**6.** ... fleurs

2 * Entoure les noms qui sont au pluriel dans ces phrases.

a. Tes frères ont laissé tes livres sur le tapis.
b. Ce roi et ses fils vivent dans un palais.
c. En attendant les mariés, les invités se rassemblent sur le parvis de la cathédrale.
d. Le lapin a mangé le radis et les carottes.
e. Ce cadenas a été cassé par les enfants.

Distinguer le genre et le nombre des noms

3 * **Classe ces noms d'animaux dans le tableau en écrivant le déterminant.**

Certains noms peuvent aller dans deux cases différentes.

	masculin	féminin
singulier		
pluriel		

paon • crocodiles • hérisson • tortues • hiboux • tatou • girafes • éléphants • abeilles • papillons • souris • araignée • guépard • tigresses • flamant rose • antilope • cerf • chevreuils • perdrix • lynx • ibis

4 ** **Classe les noms dans le tableau.**

Attention, il y a parfois plusieurs possibilités.

le, l', un	la, l', une	les, des

taxi • yeux • choix • amie • jour • gaz • journée • avion • avis • savons • étoile • élèves • concours • drap • feuilles • fleur • messieurs • croix

Utiliser la règle pour orthographier au pluriel

5 * **Ajoute un *x* ou un *s*.**

a. des caillou...
b. les cou...
c. des caribou...
d. ces hibou...
e. les verrou...
f. mes joujou...
g. des chou...
h. les sou...
i. ses genou...
j. des trou...
k. mes bijou...
l. les pou...

6 ** **Écris ces noms au pluriel.**

Observe bien le déterminant.

son chien • un mois • ce pain • un prix • un dentiste • ton pied • notre cousine • la voix • un nez • mon aïeul

7 ** **Écris ces noms au singulier et souligne l'intrus dans chaque liste.**

Liste 1 : des avis • des champs • des jus • des poids • des temps
Liste 2 : des loups • des sports • des paniers • des paradis • des amis
Liste 3 : des noix • des perdrix • des creux • des lieux • des époux
Liste 4 : des choix • des croix • des rois • des bois • des chamois

8 ** **Recopie les phrases en mettant les noms en gras au pluriel.**

Fais les transformations et les accords nécessaires.

a. L'enfant joue tranquillement avec un **joujou**.
b. Ce **cycliste** a du mal à grimper la **côte**.
c. Le **kangourou** est un **mammifère** d'Australie.
d. J'ai entendu une **voix** bizarre dans le jardin.
e. Chaque soir, ma grand-mère dépose son **bijou** dans un petit coffre-fort.
f. Le **prix** de cet **article** a beaucoup augmenté depuis l'année dernière.

9 ** **Emploie dans des phrases les noms qui correspondent aux définitions.**

Tous les noms sont au pluriel.

a. Organes du corps humain qui permettent de voir.
b. Le Petit Poucet en a semé sur le chemin entre sa maison et la forêt.
c. Il en faut douze pour faire une année complète.
d. Ceux des clowns sont rouges.
e. On les plante dans les murs pour accrocher des tableaux.
f. C'est le masculin de *mesdames*.
g. Ces petits insectes se nichent dans les cheveux.
h. On utilise ces gros livres pour rechercher des définitions.

Le pluriel des noms terminés en *-au, -eau, -eu*

Les Esquimaux vivent dans les régions polaires. Pour se nourrir, ils chassent et pêchent. En été, ils habitent dans des tentes fabriquées avec des peaux de phoque. En hiver, ils partent vers les lieux de chasse sur des traîneaux tirés par des chiens ou sur des motoneiges. Ils y restent jusqu'à ce que la chasse soit terminée. Lors de leurs déplacements, pour se protéger des tempêtes de neige, ils construisent des igloos avec de gros morceaux de glace découpés à la scie.

Cherchons

- **Relevez les noms au pluriel et classez-les en deux ensembles : ceux qui ont un pluriel en *-s* et ceux qui ont un pluriel en *-x*.**
- **Observez l'ensemble des noms qui font leur pluriel en *-x*. Par quelles lettres se terminent-ils lorsqu'ils sont au singulier ?**

✔ Les noms qui se terminent au singulier par ***-au***, ***-eau*** et ***-eu*** prennent un **x** au pluriel.

un Esquimau → des Esquimaux *une peau → des peaux*
un traîneau → des traîneaux *un lieu → des lieux*

Exceptions : *un landau → des landaus*
un bleu → des bleus
un lieu (le poisson) *→ des lieus*
un pneu → des pneus
un émeu → des émeus

Connaître le pluriel des noms en *-au, -eau, -eu*

1 * **Classe les noms dans le tableau.**

noms qui font leur pluriel en ***-x***	noms qui font leur pluriel en ***-s***

un dieu • un bateau • un landau • un bleu • un ruisseau • un tableau • un cheveu • un tuyau • un préau • un noyau • un émeu • un agneau

2 * **Écris les noms ci-dessous au pluriel.**
un aveu • un tuyau • un essieu • un boyau • un lieu *(le poisson)* • un lieu *(l'endroit)* • un joyau • un neveu • un radeau • un pneu • un seau • un milieu • un anneau

3 * **Associe chaque dessin à un nom puis écris-le au pluriel.**

a. 

b. 

c. 

d. 

1. un lieu

2. un émeu

3. un corbeau

4. un chameau

4 ** **Trouve le nom du petit de chaque femelle puis écris-le au pluriel.**

Aide-toi du dictionnaire.

la brebis • la baleine • la louve • l'éléphante • la souris • la pigeonne • la pintade • la chèvre • la dinde • la vache

5 ** **Invente trois phrases qui réuniront chacune deux ou trois noms de ces dessins.**

Écris ces noms au pluriel.

6 ** **Écris les noms correspondant aux définitions.**

a. Les cartes, les dés, les billes sont des ... .

b. Ils peuvent servir pour faire de la peinture : les ... .

c. Ces mammifères ont deux bosses sur le dos : les ... .

d. Ce sont les petits d'un lion et d'une lionne : les ... .

7 ** **Même exercice.**

a. Ils apparaissent sur la peau après un choc et, contrairement à leur nom, ils sont souvent violets : les ... .

b. Ils sont tricolores et servent à régler la circulation : les ... .

c. On les trouve au centre de certains fruits : les ... .

d. Ce sont des piquets que l'on enfonce dans le sol : des ... .

e. On les envoie au moment d'une nouvelle année : ses meilleurs ... .

8 ** **Complète les noms. Ils sont tous au pluriel.**

a. On peut fabriquer des cordes d'instruments de musique avec les boy... d'animaux.

b. Les élèves de sixième étudient l'histoire des Hébr... .

c. Deux écrit... posés devant le portail indiquent que cette vieille maison est à vendre.

d. Il faut que j'aille chez le garagiste pour changer mes pn... usés.

e. Les fars bretons sont de bons gât... dans lesquels on met des prun... .

9 ** **Complète les phrases avec les noms ci-dessous. N'oublie pas de les accorder avec leur déterminant.**

cadeau • *dieu* • *landau* • *roseau* • *tuyau*

a. Savez-vous dans quel magasin je pourrais trouver des ... de bonne qualité pour mon futur bébé ?

b. Les ... d'arrosage sont rangés dans la cabane au fond du jardin.

c. Zeus et Poséidon étaient des ... dans l'Antiquité grecque.

d. Les ... sont des plantes qui poussent au bord des étangs.

e. Le matin de Noël, les enfants se pressent au pied du sapin pour ouvrir leurs ... .

Le pluriel des noms terminés en *-al*, *-ail*

Les animaux les plus nombreux dans les savanes sont les grands herbivores : gnous, zèbres, antilopes, buffles, girafes et éléphants. Ces derniers consomment au moins 150 kg de végétaux par jour. Ils doivent donc se déplacer rapidement afin de trouver la nourriture nécessaire à leur survie.

La Découverte de la Terre, coll. « Encyclopédie des jeunes Larousse », © Larousse 1996.

Cherchons

- **Relevez les noms communs au pluriel et classez-les en deux groupes selon leur lettre finale.**
- **Quel est le singulier de *animaux* et *végétaux* ? Trouvez d'autres noms qui ont un pluriel identique à ces deux noms.**

✔ Les noms en ***-al*** se terminent en ***-aux*** au pluriel.
*un animal → des anim**aux*** *un végétal → des végét**aux***
Exceptions : *des bals, des carnavals, des chacals, des étals, des festivals, des récitals, des régals, des narvals...*

✔ La plupart des noms en ***-ail*** prennent un ***s*** au pluriel :
un éventail → des éventails.
Mais certains noms en ***-ail*** se terminent en ***-aux*** au pluriel :
*un émail → des ém**aux*** *un corail → des cor**aux***
*un travail → des trav**aux*** *un soupirail → des soupir**aux***
*un vitrail → des vitr**aux*** *un ventail → des vent**aux***

Connaître des noms en *-al* et en *-ail* qui se terminent en *-aux* au pluriel

1 * **Trouve dix noms en *-al* et en *-ail* dans la grille. Recopie-les puis écris leur pluriel.**

Les mots sont écrits horizontalement ou verticalement.

X	T	R	I	B	U	N	A	L
H	O	P	I	T	A	L	K	P
Z	T	R	I	Z	C	D	M	V
C	A	P	O	R	A	L	E	I
O	L	J	L	S	N	G	T	T
R	W	N	U	A	A	U	A	R
A	E	M	A	I	L	L	L	A
I	U	N	O	M	Q	T	B	I
L	Y	T	R	A	V	A	I	L

2 ** **Recopie chaque liste sans l'intrus et explique pourquoi ce mot est un intrus.**

a. littoral • oral • végétal • bal • animal

b. chandail • émail • travail • corail • soupirail

c. cardinal • rival • général • vitrail • détail

d. caporal • festival • vassal • bocal • capital

Connaître des noms en *-al* et en *-ail* qui se terminent par *s* au pluriel

3 * **Associe chaque dessin au nom correspondant puis écris ce nom au pluriel.**

1. 

2. 

3. 

4. 

a. un narval

b. un bal

c. un éventail

d. un portail

4 * **Associe une définition et le nom qui correspond, puis écris ce nom au pluriel.**

un gouvernail • *un chandail* • *un festival* • *un rail* • *le carnaval* • *un récital*

a. C'est un concert donné par un seul chanteur ou un musicien.

b. C'est un mot de la famille de *fête*.

c. Ce jour-là, on se déguise et on mange des crêpes et des beignets.

d. Il sert à diriger un bateau.

e. À deux, ils permettent aux trains de rouler.

f. C'est un synonyme de *pull-over*.

Utiliser la règle pour orthographier les noms

5 * **Écris les noms suivants au pluriel.**

a. un cardinal	**g.** un soupirail
b. un détail	**h.** un travail
c. un corail	**i.** un étal
d. un régal	**j.** un bail
e. un bal	**k.** un total
f. un animal	**l.** un cheval

6 * **Écris ces noms au singulier.**

a. des cristaux	**g.** des oraux
b. des ventaux	**h.** des terminaux
c. des chandails	**i.** des portails
d. des carnavals	**j.** des émaux
e. des vitraux	**k.** des généraux
f. des littoraux	**l.** des rivaux

7 ** **Écris les mots entre parenthèses au pluriel.**

a. Les plantes et les fleurs sont des *(végétal)*.

b. Les *(travail)* de réparation de votre maison seront bientôt terminés.

c. Mon grand-père a installé deux *(épouvantail)* dans son champ afin de faire fuir les oiseaux.

d. Les *(narval)* vivent dans les mers arctiques.

e. Les *(cardinal)* élisent le pape à Rome.

f. Aux sorties de métro, il y a souvent un kiosque qui vend les *(journal)* quotidiens.

8 ** **Écris les groupes nominaux en gras au pluriel.**

Fais les transformations et les accords nécessaires.

a. Le **chacal** est un animal carnivore qui vit en Afrique et en Asie.

b. Tu n'oublieras pas de mettre ton **chandail** dans la valise.

c. Je dois refaire le **total** de cette addition car il est faux.

d. Le **soupirail** apporte un peu de lumière et d'air dans la cave.

e. Le **tribunal** est un lieu où l'on rend la justice.

f. Ma tante a signé un **bail** de deux ans.

Le féminin des adjectifs

Nous mourions tous d'envie de voir enfin la tête de notre **nouvelle** maîtresse. Depuis une semaine, nous ne parlions que d'elle. Personne ne savait à quoi ressemblerait ce **mystérieux** personnage venu d'une autre ville. Notre **ancienne** maîtresse était enceinte. Elle nous avait quittés pour aller dorloter son **gros** bedon **rond**. Soudain, la porte s'est ouverte et une **vieille** dame très **grande** et très **maigre** est apparue.

Dominique Demers, *La Nouvelle Maîtresse*,

Cherchons

- **Quelle est la classe grammaticale des mots en orange ? Quel est leur genre ?**
- **Remplacez *dame* par *monsieur* : quelles transformations observez-vous ?**
- **Écrivez les adjectifs en vert au féminin et observez comment se forme ce féminin.**

✔ Pour former le **féminin d'un adjectif**, on ajoute le plus souvent un **e** à l'adjectif masculin.
grand → grande *rond → ronde*

✔ Les adjectifs qui se terminent par un **e** au masculin **ne changent pas** au féminin.
*un monsieur **maigre** → une dame **maigre***

Cas particuliers

✔ La consonne finale est changée :
– elle est **doublée** : *ancien → ancienne, gros → grosse ;*
– le **f** devient **-ve** : *vif → vive ;*
– le **x** devient **-se, -ce** ou **-sse** :
mystérieux → mystérieuse, doux → douce, roux → rousse ;
– le **-et** devient **-ète** ou **-ette** : *discret → discrète, coquet → coquette ;*
– le **-er** devient **-ère** : *léger → légère, entier → entière.*

✔ Certains adjectifs ont une **terminaison très différente** au masculin et au féminin.
nouveau → nouvelle *frais → fraîche* *public → publique*

Distinguer le masculin et le féminin des adjectifs

1 * **Classe les adjectifs dans le tableau. Certains adjectifs peuvent s'écrire dans les deux colonnes.**

masculin	féminin

national • agile • naturelle • valable • vraie • riche • froide • utile • joyeux • blonde

2 ** **Recopie les adjectifs au féminin de ce texte puis écris l'adjectif masculin correspondant.**

Pendant la récréation du matin, une longue Rolls-Royce grise décrivit une jolie courbe et vint s'arrêter devant l'entrée principale du collège. De la voiture sauta un petit garçon qui portait un chandail vert et une culotte de velours ; il fut suivi quelques instants plus tard par une charmante jeune femme aux yeux bleus et aux cheveux blonds ; enfin, du siège à côté du chauffeur, descendit le général sir Malcolm Melville.

Anthony Buckeridge, *Bennett et sa cabane*, Hachette Jeunesse.

3 ** **Retrouve les adjectifs qui correspondent aux noms. Puis écris-les au masculin et au féminin.**

hauteur → haut, haute

hauteur • fraîcheur • beauté • peur • patience • courage • rapidité • fierté

Utiliser la règle pour former des adjectifs au féminin

4 * **Écris ces adjectifs au féminin puis classe-les dans le tableau.**

neuf • raide • mignon • brillant • cruel • absent • heureux • dur • magique • roux

même terminaison	*pauvre*
consonne doublée + *e*	*bonne*
consonne finale modifiée + *e*	*joyeuse*
ajout d'un *e*	*grande*

5 * **Écris ces adjectifs au féminin.**

principal • agité • fidèle • lent • creux • clair • sévère • tranquille • franc • gras • salé • épais • transparent • actif • secret

6 * **Voici des noms féminins et des adjectifs au masculin. Associe-les et écris tous les groupes nominaux possibles.**

Tu peux placer l'adjectif avant ou après le nom. N'oublie pas de l'accorder.

noms	*la fille • la boulangère • la directrice*
adjectifs	*jeune • sérieux • pâle • gai • blond • brun • agréable*

7 ** **Accorde chaque adjectif avec le nom qu'il qualifie.**

a. Quelle visite inattendu... !
b. À la piscine, nous avons remarqué cette jeun... fille nerveu... .
c. Je recherche une genti... petit... chienne rou... qui a disparu hier.
d. Cette alpiniste très agil... et vraiment courag... a atteint le sommet du mont Blanc.
e. Cette élève attenti... est arrivée la semaine derni... dans notre classe.

8 ** **Même exercice.**

a. Ma sœur aîné... vient la semaine prochai... .
b. Ma sœur cadet... est très discr... .
c. Quelle mauvais... nouvelle !
d. J'ai fait une gros... tache d'encre sur mon cahier de textes.

Écrire

9 **Relis la dernière phrase du texte de la page 144 et écris la suite du portrait de la nouvelle maîtresse.**

Utilise des adjectifs au féminin.

Le pluriel des adjectifs

La France se situe dans la zone **climatique tempérée**. Cependant, compte tenu de l'étendue de son territoire, notre pays englobe des climats **différents** du nord au sud et d'est en ouest. Les **principaux** climats sont : le climat **océanique** à l'ouest, **continental** à l'est et **méditerranéen** au sud, auxquels on peut ajouter un climat **particulier** dans les massifs **montagneux**. Chaque climat a ses caractéristiques. Ainsi, le climat **océanique**, avec ses hivers **doux** et ses étés **frais**, s'oppose au climat **continental** aux hivers **rudes** et aux étés **chauds**.

Cherchons

- **Classez les mots en orange en deux ensembles : ceux écrits au singulier et ceux écrits au pluriel.**
- **Quel est le singulier du groupe nominal *les principaux climats* ? Trouvez un autre adjectif dans le texte qui suit la même règle.**
- **Quel est le singulier des adjectifs *montagneux, doux* et *frais* ? Quelle observation pouvez-vous faire ?**

✔ Pour former le **pluriel d'un adjectif**, on ajoute le plus souvent un ***s***.
un climat différent → des climats différents

✔ **Exceptions :**
– les adjectifs qui se terminent par ***s*** ou par ***x*** **ne changent pas** au pluriel : *un massif montagneux → des massifs montagneux ;*
– les adjectifs qui se terminent en ***-eau*** font leur pluriel en ***-eaux*** :
un climat nouveau → des climats nouveaux ;
– la plupart des adjectifs qui se terminent en ***-al*** font leur pluriel en ***-aux*** : *le principal climat → les principaux climats.*
Sauf : *banals, bancals, fatals, finals, glacials, natals, navals.*

Reconnaître le genre et le nombre des adjectifs

1 * Indique le genre (masculin ou féminin) et le nombre (singulier ou pluriel) des adjectifs en gras.

Le meeting **aérien** annuel des sorcières n'est pas une **simple** démonstration de vol. C'est *le* grand événement **social** de l'année pour les sorcières. Elles viennent de tous les horizons pour retrouver leurs amies, partager les **dernières** nouvelles, acheter de **nouveaux** livres de sorts ou s'échanger des sortilèges. [...] Des stands proposent les tout **derniers** modèles en matière de chaudrons, capes et chapeaux. Les capes éveillent chez Corentine un **vif** intérêt.

Maeve Friel, *Corentine petite sorcière, Leçon de vol,* Magnard Jeunesse.

2 * **Complète chaque adjectif avec un déterminant et un nom.**

Observe bien le genre et le nombre des adjectifs.

verts • égaux • amusantes • anciennes • jolie • original • extraordinaires • sérieuses • sympathiques • pleine • gentils

Mémoriser les exceptions

3 * **Recopie ces groupes nominaux au pluriel.**

un enfant malicieux
→ ***des** enfant**s** malicieux*

a. un loup gris
b. un bâtiment nouveau
c. un résultat final
d. un livre spécial
e. un chapeau mou

4 * **Écris ces adjectifs au masculin pluriel, puis au féminin pluriel.**

loyal • beau • peureux • bancal • heureux • national • bleu • royal • naval • brutal

Utiliser la règle pour accorder les adjectifs au pluriel

5 * **Accorde les adjectifs.**

a. des journaux quotidien...
b. des sports dangereu...
c. des problèmes famili...
d. les ancien... habitants
e. des jours banal...
f. des sauveteurs courageu...
g. des parcs région...
h. des spectateurs étonné...

6 * **Écris les groupes nominaux soulignés au pluriel.**

un placé devant un adjectif devient *de* au pluriel.

a. J'ai rencontré un jeune garçon joyeux.
b. Il a trouvé une belle bille neuve.
c. Le voisin a un gros chien effrayant.
d. Nous avons cueilli une jolie fleur sauvage.
e. Elle avait suivi un chemin étroit et désert.
f. Dans cette maison, il y a un gros chat gris.

7 ** **Réécris ces groupes nominaux en remplaçant le nom en gras par les noms proposés entre parenthèses.**

a. des garçons emmitouflés et pressés *(fille – homme – femmes)*
b. un intéressant **journal** illustré et hebdomadaire *(magazines – revue)*
c. une ancienne **voiture** polluante et abîmée *(véhicule – automobiles – autocars)*
d. un nouveau **passe-temps** amusant et calme *(occupation – jeux)*

Écrire

8 **Écris une histoire à partir des dessins. Utilise des groupes nominaux avec des adjectifs pour décrire les personnages, le lieu et les objets.**

Les accords dans le groupe nominal

Un jour, j'avais huit ans, **une belle étrangère** est arrivée dans notre cirque. Elle s'appelait Pépita... C'était **une merveilleuse écuyère**, et tout le monde au cirque, artistes et spectateurs, tout le monde est tombé amoureux d'elle.
Pépita avait une voix de petit oiseau et **des yeux très noirs** où dansaient **deux minuscules croissants de lune**.
Pour **la première fois**, j'ai eu un rêve, **un vrai rêve**. Je voulais lui ressembler, moi qui ne ressemblais à personne.

Miranda, reine du cirque, texte de Jo Hoestlandt, © J'aime lire, Bayard Jeunesse.

Cherchons

- **Observez les groupes nominaux en orange. Quels sont le genre et le nombre des noms communs soulignés ?**
- **Indiquez le genre et le nombre du déterminant et de l'adjectif qui accompagnent chaque nom commun souligné.**

✔ Le **groupe nominal** (G.N.) se compose d'un **nom principal**, d'un **déterminant** et d'un ou de plusieurs **adjectif(s)**.

✔ Le déterminant et l'adjectif (ou les adjectifs) **s'accordent en genre** (masculin/féminin) **et en nombre** (singulier/pluriel) avec le nom principal auxquels ils se rapportent.

un écuyer merveilleux (masculin singulier)
une écuyère merveilleuse (féminin singulier)
des écuyers merveilleux (masculin pluriel)
des écuyères merveilleuses (féminin pluriel)

Reconnaître le genre et le nombre d'un groupe nominal

1 * **Classe les groupes nominaux dans le tableau.**

masculin singulier	féminin singulier	masculin pluriel	féminin pluriel

une robe neuve • des meubles anciens • un événement heureux • des filles coquettes • des faux bijoux • une histoire intéressante • des valises pleines • un gros carton • des animaux domestiques • une rue étroite • des glaces délicieuses • des coussins bleus

2 * **Complète les groupes nominaux avec les articles proposés.**
le • la • un • une • les • des

Remarque
Les articles ***les*** et ***des*** précèdent aussi bien les noms masculins pluriels que les noms féminins pluriels : ***les*** *filles*, ***les*** *garçons* ; ***des*** *femmes*, ***des*** *hommes*.

a. ... nouveaux élèves
b. ... liste incomplète
c. ... sympathique directrice
d. ... exercices difficiles
e. ... roman palpitant
f. ... tables blanches
g. ... animaux marins

Accorder selon le genre dans le groupe nominal

3 * **Complète avec les noms suivants.**
un voyage • le jardin • une maison • une journée • une ville • un animal
a. ... pluvieuse
b. ... inconnue
c. ... public
d. ... inhabitée
e. ... très agile et joueur
f. ... long mais riche en aventures

4 * **Recopie le groupe nominal avec l'adjectif qui convient.**
a. un mur *(peint – peinte)*
b. un maître *(gentille – gentil)*
c. la marée *(basse – bas)*
d. ce livre *(illustré – illustrée)*
e. un danger *(publique – public)*
f. la porte *(ouverte – ouvert)*

5 * **Accorde les adjectifs en t'aidant des déterminants et des noms.**
a. Notre nouv... voisine va au cinéma chaque semaine.
b. Ils ont retrouvé la balle rebondissant... .
c. Elle a reçu sa meilleur... amie.
d. J'ai une petit... et une grand... sœur.
e. Sa veste gri... a une poche intérieur... .
f. La gros... pomme vert... est dans la corbeille bleu... ou sur la table noir... .

Accorder selon le genre et le nombre dans le groupe nominal

6 * **Accorde les groupes nominaux.**
a. les premier... invité...
b. les heureux gagnant...
c. des pneu... dégonflé...
d. des loup... affamé...
e. les épais coussin... multicolore...
f. ces jeunes hibou... solitaire...

7 * **Même exercice.**
a. les première... invité...
b. les heureuse... gagnant...
c. des aviat... entraînées
d. des lou... affamées
e. les grande... chanteu...
f. ces nouvelle... champion...

8 * **Écris chacun des adjectifs de ces groupes nominaux au masculin pluriel.**
a. la voisine aimable → les voisins ...
b. une histoire secrète → des messages ...
c. une vie intéressante → des récits ...
d. la monnaie nationale → les drapeaux ...
e. une bande dessinée muette → des films ...
f. l'eau fraîche → les jus de fruits ...
g. une pâte molle → des beignets ...

9 * **Même exercice.**
a. une fille bavarde → des garçons ...
b. une tarte délicieuse → des gâteaux ...
c. la nouvelle chaise → les ... tabourets
d. une spectatrice attentive
→ des spectateurs ...
e. une femme rousse → des hommes ...
f. une robe blanche → des pantalons ...
g. une magicienne furieuse
→ des magiciens ...

10 * **Écris chacun des adjectifs de ces groupes nominaux au féminin pluriel.**
a. un homme étranger → des femmes ...
b. le parc régional → les forêts ...
c. un bijou brillant → des bagues ...
d. un élève poli → des élèves ...
e. l'objet fragile → les tasses ...
f. le vieux canapé → les ... cannes à pêche
g. un nageur essoufflé → des nageuses ...

Les accords dans le groupe nominal

11 * **Même exercice.**

a. un danseur gracieux → des danseuses …
b. un air brésilien → des chansons …
c. un passage piétonnier → des rues …
d. un studio coquet → des maisons …
e. un ogre cruel → des ogresses …
f. un gâteau breton → des crêpes …
g. un combat naval → des batailles …

12 ** **Écris les groupes nominaux au féminin pluriel.**

le chien méchant • le sportif malchanceux • un cuisinier inventif • un nouveau pharmacien • un ami fidèle

13 ** **Écris les groupes nominaux au masculin singulier.**

des lionnes féroces • des élèves sérieuses • des espionnes discrètes • des chattes grises • des sorcières cruelles

14 ** **Réécris les groupes nominaux en suivant les indications données entre parenthèses.**

a. des ducs élégants *(féminin singulier)*
b. un conducteur prudent *(féminin pluriel)*
c. une sœur jalouse *(masculin pluriel)*
d. des lapines noires *(masculin singulier)*
e. un ouvrier malheureux *(féminin singulier)*
f. une oie agressive *(masculin pluriel)*
g. des jongleurs maladroits *(féminin singulier)*
h. des amies loyales *(masculin pluriel)*

15 ** **Recopie le texte en plaçant les adjectifs au bon endroit.**

grands • *hauts* • *grosses* • *nouvelle* • *ouverte* • *petits* • *épaisses*

Notre ... maîtresse n'avait pas de ... souliers à talons ... comme les autres. Elle portait de ... chaussures de cuir à semelles ... . [...] Nous ouvrions tous des yeux ... comme des planètes et plusieurs avaient la bouche ... .

Dominique Demers, *La Nouvelle Maîtresse*, © Gallimard Jeunesse.

16 ** **Même exercice.**

branlante • *vieille* • *gros* • *étincelantes* • *petites* • *roux* • *pétillants* • *haut* • *carrées*

Corentine plisse les yeux pour distinguer l'intérieur de la boutique. Un … chat … somnole sur un … comptoir en bois, perché au sommet d'une pile de livres … . Tout le mur du fond est tapissé de tiroirs aux poignées de cuivre …, marquées de … étiquettes … . Et, derrière le comptoir, le menton fermement calé dans une main, une … dame fait signe à Corentine d'entrer. Elle est si petite qu'on ne voit dépasser que sa tête et ses épaules. On dirait un petit oiseau aux yeux … .

Maeve Friel, *Corentine petite sorcière. Leçon de vol,* Magnard Jeunesse.

17 ** **Recopie les groupes nominaux soulignés et accorde les adjectifs entre parenthèses si nécessaire.**

Le domaine du collège de Linbury était très étendu. Les bâtiments *(principal)* se groupaient autour de la *(grand)* cour ; venaient ensuite les terrains de cricket, le jardin *(particulier)* du directeur, puis un *(vaste)* espace *(couvert)* d'herbes *(fou)*. Au-delà, presque à la limite de la propriété, il y avait le *(petit)* bois. Et au milieu du petit bois, il y avait l'étang, un de ces *(joli)* étangs *(entouré)* d'arbres qui vous donnent tout de suite envie de jouer aux Robinsons et de construire des cabanes.

Anthony Buckeridge, *Bennett et sa cabane*, Hachette Jeunesse.

18 ** **Recopie le texte en accordant les adjectifs avec les noms auxquels ils se rapportent.**

Le travail de papa, c'est bouquiniste. Il vend de vieux livres aux pages *(jauni)* dans une toute *(petit)* boutique à deux pas de la maison. [...] Au-dessus de la porte, il a peint une *(joli)* enseigne aux lettres *(multicolore)* : LA CAVERNE D'ALI BABA. Mon père, il s'appelle Ali. Dans le quartier, tout le monde le surnomme Ali Papa. En face de la Caverne d'Ali Baba, mon oncle Cassim a ouvert une *(grand)* librairie jolie et moderne, remplie jusqu'au plafond de *(large)* rayonnages de livres flambant *(neuf)*.

Laura Jaffé, *Ali Papa*, Magnard.

19 ** **Recopie le texte en accordant, si nécessaire, les adjectifs entre parenthèses.**

C'était un *(grand)* et *(ravissant)* jardin avec une *(doux)* herbe *(vert)*. Çà et là, sur l'herbe, il y avait de *(beau)* fleurs qui ressemblaient à des étoiles, et il y avait douze pêchers qui, au printemps, s'épanouissaient en *(délicat)* floraisons couleur de rose et de perle et, en automne, portaient des fruits *(magnifique)*.

Oscar Wilde, *Le Prince heureux et autres contes*, © Mercure de France.

20 ** **Recopie les groupes nominaux soulignés et accorde les noms et les adjectifs entre parenthèses.**

Zachary, pour faire une farce, se présenta à table avec son faux nez et <u>ses *(faux)* *(lunette)*</u>. L'oncle Elliot se présenta avec son vrai nez et <u>ses *(vrai)* *(lunette)*</u>. Emma se présenta avec <u>des *(main)* *(douteux)*</u>.

– Il faut laver le dos de <u>tes *(main)*</u> aussi, Emma, lui fit observer tante Évelyne.

[...]

– Au fait, qu'est-ce qu'on mange ? demanda Zachary.

– <u>Des *(quantité)* de *(bon)* *(chose)* *(excellent)*</u> pour la santé, dit gaiement tante Évelyne.

Patricia Maclachlan, *Sept baisers sans respirer*, Flammarion.

21 ** **Recopie le texte en accordant les noms et les adjectifs entre parenthèses.**

J'ai des *(œil)* *(bleu)*, des *(lèvre)* *(vermeil)*, des *(gros)* *(joue)* *(rose)*, des *(cheveu)* *(blond)* *(ondulé)*. Je m'appelle Amandine. Quand je me regarde dans une glace, je trouve que j'ai l'air d'une *(petit)* fille de dix ans. Ce n'est pas étonnant. Je suis une *(petit)* fille et j'ai dix ans.

Michel Tournier, « Amandine ou les deux jardins », *in Sept contes*, © Éditions Gallimard.

22 ** **Même exercice.**

Sur le seuil se dressait une *(grand)* silhouette *(ténébreux)*. J'étouffai un cri. La silhouette s'avança dans la pièce d'une démarche *(maladroit)* et *(pesant)*, et je pus la distinguer un peu mieux.

C'était une momie.

Une momie qui dardait sur moi ses *(œil)* *(noir)*, du fond de deux *(cavité)* *(découpé)* dans ses *(vieux)* *(bandelette)* *(poussiéreux)*. Elle tituba dans ma direction, les bras *(tendu)* comme pour m'attraper.

Robert Laurence Stine, *La Malédiction de la momie*, Bayard Poche.

23 ** **Même exercice.**

Je découvris Madrid de la façon la plus agréable qui soit : en flânant. On passa du soleil écrasant à l'ombre *(tranchant)* des *(arcade)* sur la Plaza Mayor. On se promena dans les *(rue)* *(animé)* autour de la Puerta del Sol. On dégusta des tapas dans les *(bar)* *(bruyant)* de la Calle Cuchilleros. [...] On admira, autour des *(arène)* de las Ventas, les *(façade)* *(décoré)* d'azulejos, ces *(superbe)* *(carreau)* de faïence *(bleu)*.

Hélène Kérillis, *Le Miroir de l'invisible*, Magnard Jeunesse.

Écrire

24 **Relis le texte de l'exercice 20 et imagine le repas qu'a préparé tante Évelyne.**

Utilise des groupes nominaux avec des adjectifs.

L'accord du verbe avec son sujet

Quand on dit que les abeilles **récoltent** du miel, ce n'est pas tout à fait exact. Une abeille **récolte** du nectar qu'elle rapporte à la ruche en toutes petites quantités car les dimensions de son estomac à miel ne **dépassent** pas la taille d'une tête d'épingle. Le nombre de fleurs visitées pour remplir son estomac en une seule fois **dépasse** le millier. Les abeilles produisent donc du miel, mais aussi de la cire pour construire les alvéoles de la ruche et de la gelée royale pour nourrir les jeunes reines.

Cherchons

- **Observez les verbes en orange. Pourquoi changent-ils de forme ?**
- **Avec quel nom le verbe *récoltent* s'accorde-t-il ?**
  Même question pour le verbe *récolte*.
- **Dans la dernière phrase, remplacez *produisent* par *produit*.**
  Quelle observation pouvez-vous faire ?

✔ Le verbe **s'accorde toujours** avec le sujet.

Une abeille récolte du nectar. — sujet au singulier, verbe au singulier
Les abeilles récoltent du miel. — sujet au pluriel, verbe au pluriel

✔ Lorsque le sujet est un groupe nominal composé de plusieurs mots, **le verbe s'accorde avec le nom principal** (le noyau) de ce groupe nominal.

Les ouvrières de la ruche butinent les fleurs des champs.
ouvrières : noyau du G.N. au pluriel — butinent : verbe au pluriel

L'estomac des abeilles est très petit.
estomac : noyau du G.N. au singulier — est : verbe au singulier

✔ Lorsque le sujet se compose de plusieurs noms au singulier, **le verbe se met au pluriel**.

Une abeille et une mouche récoltent le nectar de cette fleur.
Une abeille et une mouche : 2 noms — récoltent : verbe au pluriel

✔ Plusieurs verbes peuvent s'accorder avec **un même sujet**.

Les abeilles butinent les fleurs, récoltent le nectar et font du miel.
abeilles : sujet au pluriel — butinent, récoltent, font : verbes au pluriel

Reconnaître les sujets singuliers ou pluriels

Remarque

Le sujet peut être placé après le verbe.
On dit alors qu'il est **inversé**.

Depuis ce matin, autour de la ruche, volent des centaines d'abeilles.

verbe au pluriel — sujet au pluriel

1 * **Classe les sujets dans le tableau.**

sujet au singulier	sujet au pluriel

a. Chaque ruche contient des dizaines de milliers d'abeilles.
b. Ces abeilles préfèrent les fleurs de trèfle.
c. Une abeille et deux mouches boivent le même nectar.
d. Dans chaque ruche vivent des milliers d'abeilles.
e. Toutes les abeilles de la ruche travaillent du matin au soir.
f. Dans le champ de lavande de monsieur Pierre sont installées des ruches.
g. Aimes-tu le miel ?

2 * **Même exercice.**

a. Depuis un quart d'heure, le TGV est arrêté en pleine campagne.
b. Il aura certainement du retard.
c. Dans certains wagons, des voyageurs s'impatientent.
d. Dans d'autres wagons règne le calme.
e. Un groupe d'enfants joue aux cartes.
f. Pour ma part, je continue à lire tranquillement le journal.
g. À quelle heure allons-nous repartir ?

3 * **Souligne le nom noyau de chaque groupe nominal puis relie-le par une flèche au verbe auquel il s'accorde.**

a. Les élèves de la classe de CM1 partent en classe de découverte au mois de mars.
b. Le voisin de mes grands-parents a fait construire une grande piscine dans son jardin.
c. Le vestiaire des vainqueurs de la Coupe du monde est envahi par les journalistes.
d. Des scientifiques du monde entier s'inquiètent du réchauffement climatique de la planète.
e. Les habitants de la ville d'Angoulême s'appellent les Angoumoisins.
f. La nouvelle voiture que mes parents ont achetée est rouge.

4 * **Complète chaque phrase avec un des sujets suivants.**

ce bouquet de roses • le parfum des fleurs • les fleurs du jardin • les parfums de la campagne

Il y a plusieurs possibilités. Choisis-en une à chaque fois.

a. ... attirent de nombreux insectes.
b. ... attire les abeilles.
c. ... embaument la maison.
d. ... embaume la cuisine.

5 * **Même exercice.**

ces merles noirs • un moineau • une chauve-souris • les mouettes

a. ... a attrapé un insecte dans le jardin puis l'a rapporté à ses petits.
b. ... trouvent les graines et les mangent en quelques minutes.
c. ... sont parties toutes ensemble et sont revenues avec le bateau.
d. Par la fenêtre entre parfois et ressort aussitôt ... .

6 ** **Recopie les phrases en choisissant la forme verbale correcte.**

a. La foule des touristes *(observait / observaient)* le déchargement du chalutier.
b. Les enfants du voisin *(viendra / viendront)* pique-niquer avec nous demain midi.
c. Les gouttes de pluie *(brille / brillent)* sur les feuilles des arbres.
d. La voiture des pompiers *(s'arrêta / s'arrêtèrent)* devant l'immeuble.
e. Les élèves de l'école *(va / vont)* en sortie.

L'accord du verbe avec son sujet

7 ** **Recopie les phrases en choisissant la forme verbale correcte.**

a. La classe des petits *(prépare / préparent)* un spectacle.

b. Nous les *(aiderons / aideront)* à fabriquer les décors.

c. Leur maîtresse *(laisse / laissent)* les enfants choisir leur rôle.

d. Quelques parents d'élèves volontaires *(couse / cousent)* les costumes.

Distinguer le sujet de plusieurs verbes

8 * **Souligne les verbes et entoure leur sujet.**

a. Ces oiseaux migrateurs partent à l'automne et reviennent au printemps.

b. Ce chien a échappé à son maître et a traversé la route.

c. Il a téléphoné à son père et lui a demandé de l'aide pour demain.

d. Dans cette vieille maison, près de chez elle, vit et travaille un sculpteur.

Accorder les verbes avec les sujets

9 * **Associe chaque groupe verbal avec le sujet qui convient.**

d'autres personnes + moi = nous
d'autres personnes + toi = vous
toi + moi = nous

a. Je
b. Ma sœur et moi
c. Mes cousins et mes cousines
d. Tes parents et toi

1. vont à la piscine.
2. vais à la piscine.
3. allez à la piscine.
4. allons à la piscine.

10 * **Même exercice.**

Deux verbes peuvent être utilisés deux fois.

a. Elle
b. Les clients
c. Nous et nos amis
d. Zinedine et toi
e. La foule des visiteurs
f. Toi et moi

1. arriverez bientôt.
2. arrivera bientôt.
3. arriverons bientôt.
4. arriveront bientôt.

11 * **Mets les sujets en gras au pluriel et accorde les verbes.**

Attention aux accords dans la phrase.

a. Le nouveau reste dans un coin de la cour et regarde les autres jouer.

b. Ce garçon est italien et ne parle pas très bien le français.

c. Sa sœur téléphone de Londres, elle viendra bientôt lui rendre visite en France.

d. Le voisin a invité James à son anniversaire.

e. Le jeudi, **toute la classe** a cours d'anglais.

f. Un élève veut écrire à son correspondant.

12 ** **Souligne les sujets puis conjugue les verbes au présent en les accordant.**

a. Ma sœur, mon frère et moi *(attendre)* nos parents à la fin de la séance de cinéma.

b. Son père et ses grands-parents *(réparer)* l'abri de jardin.

c. Cette troupe de comédiens *(jouer)* chaque soir la même pièce.

d. *(Parler)*-elles allemand ?

e. Je *(penser)* souvent à mes amis qui *(être)* en voyage.

13 ** **Souligne les sujets puis conjugue les verbes à l'imparfait en les accordant.**
a. Là se *(terminer)* toujours nos promenades.
b. Plusieurs de mes amis *(venir)* chaque après-midi.
c. Aucun de nos cousins ne *(pouvoir)* nous accueillir.
d. Pourquoi *(être)*-vous en colère hier ?
e. Ici *(vivre)* autrefois des bergers.

14 ** **Souligne les sujets puis conjugue les verbes au futur en les accordant.**
a. La visite de ces grottes *(débuter)* dans une heure.
b. Quand *(commencer)* les travaux ?
c. L'année prochaine *(se réunir)* tous les membres de la famille.
d. Le maire et son adjoint nous *(accueillir)* à l'arrivée.
e. Le plus petit des enfants *(prendre)* cette place.

15 ** **Conjugue les verbes au présent en les accordant.**
a. Les acteurs *(apprendre)* leur texte, *(répéter)* puis *(jouer)* sans aucune hésitation.
b. Un des rôles *(être)* très court mais *(demander)* beaucoup d'expérience.
c. Pour ce film, des cascadeurs *(sauter)* du haut d'un toit, *(s'agripper)* à la gouttière, *(glisser)* le long et *(atterrir)* dans la rue.
d. Le metteur en scène *(ne pas être)* satisfait et les *(faire)* recommencer.
e. Les machinistes les *(observer)* et *(admirer)* leurs prouesses.

Accorder les verbes avec les pronoms personnels

16 * **Remplace les sujets par des pronoms personnels et conjugue le verbe au présent en l'accordant.**
a. Mon fils *(travailler)* à Dijon.
b. Les tigres du zoo *(dormir)* presque toute la journée.
c. Mon père et moi *(partir)* dès le début de la matinée.
d. Mes amies et toi *(venir)* me voir chez moi.

17 ** **Remplace les sujets par des pronoms personnels et conjugue le verbe au futur en l'accordant.**
a. Un groupe d'enfants *(aller)* à la piscine.
b. Que *(faire)* l'autre groupe ?
c. Le maître et sa classe *(préparer)* une sortie au musée.
d. Mon voisin et moi *(rester)* en classe.
e. Toi et ton copain *(faire)* le compte rendu de la visite.

18 ** **Évite la répétition dans la seconde phrase et conjugue le verbe à l'imparfait en l'accordant.**
a. Ma mère aimait observer les oiseaux. Parfois, ma mère les *(dessiner)*.
b. Mon frère travaillait à la maison. Mon frère *(préparer)* un examen.
c. Les policiers menaient l'enquête. Les policiers *(suivre)* une piste sérieuse.
d. Au printemps, les hirondelles arrivaient. Les hirondelles *(faire)* leurs nids sous le toit.
e. Léa et moi collectionnions les timbres. Léa et moi les *(ranger)* dans des albums.

Écrire

19 **Décris cette scène en utilisant les sujets proposés. Tu peux aussi en ajouter.**
un apiculteur • un groupe d'enfants et la maîtresse • les ruches dans le champ • quelques abeilles de la ruche

L'accord du participe passé

Nous nous sommes tous **levés** tard. Ce n'était pas plus mal. Parce que Mamie **s'est aperçue** que les sels de bain avaient **disparu**...
– Enfin, où ont-ils bien **pu** passer ?
Elle **a demandé** à Papy s'il s'en était servi. Il a répondu qu'il n'en mettait qu'une pincée à chaque fois, parce qu'il n'avait pas envie d'empester la lavande.
– Sofia, rassure-moi : tu n'as pas tout versé dans ton bain ? Ça ne peut pas être ton père. Il ne prend que des douches.
– Je... J'en ai peut-être pris un peu, ai-je bredouillé en décampant aussitôt. Pardon, Mamie, il faut que je prépare mon cartable...

Jacqueline Wilson, *Ma Chère Momie*, Folio Cadet, © Gallimard Jeunesse.

Cherchons

- **Observez les participes passés en orange. Avec quels auxiliaires sont-ils employés ? Comment expliquez-vous que *levés* ne se termine pas comme les deux autres ?**
- **Observez les deux verbes en vert. Comment expliquez-vous qu'*aperçue* se termine par un *e* et pas *demandé* ?**

✔ Si le verbe est conjugué avec l'**auxiliaire *avoir***, le participe passé **ne s'accorde jamais** avec le sujet.
Elle a demandé à Papy. Les sels de bain ont disparu.

✔ Si le verbe est conjugué avec l'**auxiliaire *être***, le participe passé **s'accorde en genre et en nombre** avec le sujet.
Mamie s'est aperçue de la disparition des sels de bain.

Reconnaître et former le participe passé

1 * Relève les participes passés de ce texte puis écris leur infinitif.

J'étais en train d'examiner le lutin quand il s'est réveillé. Il m'a aperçu, il a bondi sur ses pieds. Il semblait paniqué.
– N'ayez pas peur, lui ai-je dit aussitôt.
Le petit bonhomme a retrouvé ses esprits :
– Permettez-moi de me présenter : je suis Pixie de Séguret.
– Moi, je m'appelle Adrien. Est-ce que vous habitez ici ?
– Oh, non ! j'appartiens au petit peuple des Massaliotes, nous vivons sous la garrigue.
– Et comment vous êtes-vous retrouvé dans la cave de mon grand-père ?
– Eh bien, je suis ici pour accomplir une mission de la plus haute importance.

Bon appétit Pixie !, texte de Marie-Hélène Delval, © J'aime lire, Bayard Jeunesse.

2 * **Relie les participes passés aux verbes à l'infinitif.**

regardé •	• offrir
pris •	• lire
éteint •	• regarder
allé •	• aller
offert •	• finir
lu •	• éteindre
fini •	• prendre

3 * **Écris le participe passé des verbes suivants.**

Remarque

Pour connaître la lettre finale d'un participe passé du 3e groupe, tu peux le mettre au féminin.
Il a écrit une lettre. → une lettre écrite

remuer • être • avoir • rougir • peindre • couvrir • connaître • comprendre • admettre • décrire • essuyer • voir • naître • mourir • fleurir • devenir • soumettre • sortir • apprendre • joindre • recevoir

Écrire les participes passés conjugués avec l'auxiliaire *avoir*

4 * **Conjugue les verbes entre parenthèses au passé composé.**

a. Tu *(terminer)* ton travail.
b. Elles *(surprendre)* leurs amis par leur courage.
c. Le bébé *(dormir)* toute la nuit.
d. Est-ce qu'ils *(composer)* cette chanson ?
e. J'*(manger)* des pâtes à la sauce tomate.
f. Nous avons *(construire)* de beaux châteaux de sable.

5 ** **Complète avec un pronom personnel qui convient et forme le participe passé.**

a. ... ont *(commencer)* leur travail à 8 h.
b. ... a *(boire)* trois grands verres d'eau.
c. ... ont *(écouter)* des CD toute la nuit.
d. ... avez *(farcir)* la dinde avec des marrons.
e. ... avons *(vivre)* un an dans ce village.
f. ... as *(apprendre)* une chanson.
g. ... n'ai pas *(éteindre)* la lumière.

6 ** **Conjugue les verbes en gras au passé composé.**

a. Je **prendrai** le train de dix-sept heures.
b. Vous **faites** vos courses dès l'ouverture du supermarché.
c. Ce matin, tu **ranges** ton armoire et ton bureau.
d. Nous **fleurissions** la maison avec le lilas de notre jardin.
e. Elle **écrira** à ses cousins de Dax pour leur souhaiter une bonne année.

Écrire les participes passés conjugués avec l'auxiliaire *être*

7 * **Conjugue les verbes au passé composé.**

• aller

Elle ... au cinéma mercredi.
Mon frère et son ami ... au théâtre.
Ma mère et ma grand-mère ... au concert.

• retourner

Elle ... dans le village où elle est née.
Elles ... à l'école hier.
Ils ... chez leurs parents pour les fêtes.

8 * **Accorde les participes passés entre parenthèses.**

a. Nous sommes *(parti)* il y a deux jours.
b. Ces écrivains sont *(connu)* dans le monde entier.
c. Elles sont *(surpris)* par vos lettres.
d. La colonne vertébrale est *(composé)* de 33 vertèbres.
e. Elle est *(revenu)* la semaine dernière.
f. Vous êtes *(rentré)* très tard hier.

9 * **Remplace le sujet en gras par celui qui t'est proposé, puis accorde le participe passé.**

a. Nous sommes repartis très tôt. *(elle)*
b. Des oiseaux sont posés sur la branche de l'arbre. *(des hirondelles)*
c. Il est passé par la fenêtre de la chambre ! *(ma cousine)*
d. La semaine dernière, **le brouillard** est tombé chaque soir. *(la brume)*
e. Le cheval est allé dans le pré au bord du torrent. *(les juments)*

L'accord du participe passé

10 ** **Complète les phrases avec le participe passé des verbes entre parenthèses.**

a. *(partir)* Nous sommes ... depuis plusieurs minutes.

b. *(payer)* La facture est ... par nos amis.

c. *(tomber)* Les tuiles sont ... du toit pendant la tempête.

d. *(venir)* Elles sont ... nous voir hier.

e. *(défaire)* Les valises sont-elles ... ?

11 ** **Même exercice.**

> **Remarque**
> Si le groupe sujet est composé de noms masculins et féminins, l'accord du participe passé se fait au **masculin pluriel**.
> *Mamie et Papy se sont aperçus de la disparition des sels de bain.*

a. *(arriver)* Ses trois garçons et sa fille sont ... par le dernier train.

b. *(acheter)* Ces pommes et ces abricots sont ... au marché.

c. *(arracher)* La glycine et le lierre sont ... du mur.

d. *(devenir)* Soraya et Dina sont ... amies à l'école maternelle près de chez elles.

e. *(vendre)* Le parc et la maison sont ... aux enchères.

f. *(soumettre)* Ces problèmes et ces questions sont ... au directeur.

12 ** **Conjugue les verbes en gras au passé composé.**

a. Comme tous les dimanches, nous **allons** au marché pour acheter des fruits.

b. Jordan **revient** tout content de son cours de saxophone.

c. Mes parents **resteront** une semaine supplémentaire sur leur lieu de vacances.

d. Soudain, une araignée **apparaît**.

e. Jade et sa sœur **sortaient** se promener avant le dîner.

Accorder le participe passé employé sans auxiliaire

13 * **Écris les participes passés des verbes entre parenthèses. Accorde le participe passé lorsque c'est nécessaire.**

> **Remarque**
> Le participe passé peut aussi être employé sans auxiliaire. Dans ce cas, il **s'accorde en genre et en nombre** avec le nom auquel il se rapporte.
> *des sels de bain disparus*

a. une chaise (abîmer)

b. des volets (repeindre)

c. des fleurs (offrir)

d. des maisons (détruire)

e. un exercice (comprendre)

f. des lettres (envoyer)

g. des enfants (étonner)

14 * **Même exercice.**

a. des tabourets (casser)

b. une vitrine (décorer)

c. des feuilles (mourir)

d. des poulets (rôtir)

e. des actrices (connaître)

f. des endives (cuire)

g. des colis (envoyer)

15 ** **Complète les participes passés.**

Repère d'abord le nom auquel se rapporte chaque participe passé.

a. Son déjeuner termin..., Leïa part à l'école.

b. La récréation termin..., les élèves remontent en classe.

c. J'adore les pommes cui... au four et caramélis... .

d. Je n'aime pas les steaks hach... trop cui... .

e. La musicienne applaud... par le public est très heureuse.

f. L'artiste applaud... par ses admirateurs chante une nouvelle chanson.

Accorder ou non le participe passé

16 * **Reconstitue les phrases.**

a. Les amies de ma sœur
b. Tu
c. Joachim et Hugues
d. Cécile et toi
e. J'
f. Toi et moi

1. êtes sortis dans la cour.
2. ai bu un grand verre de limonade.
3. sont accueillies par ma mère.
4. avons eu la grippe.
5. as peint un beau tableau.
6. se sont trompés de chemin.

17 * **Complète les phrases avec les participes passés proposés.**

rentré • rentrée • rentrés • rentrées

a. Il est ... par la porte de derrière.
b. Les joueurs sont ... sur le terrain.
c. Ma mère a ... tous ses géraniums.
d. Elle est enfin ... de l'école.
e. Elles ont ... leur matériel de plongée.
f. Ils ont ... le linge qui était sec.
g. Les vaches ... dans l'étable, le fermier commence la traite.

18 ** **Ces deux verbes peuvent être conjugués au passé composé avec les auxiliaires *être* ou *avoir* selon le sens de la phrase. Accorde le participe passé si nécessaire.**

• descendre
Elle ... l'escalier sans se retourner.
Elles ... dans les souterrains.
Ils ... les paquets de la voiture.

• passer
Nous ... à Rennes.
Vous ... le pain à votre père.
Ils ... leur permis de conduire hier.

• sortir
Nous ... la table et les chaises pour déjeuner dans le jardin.
Nous ... du musée juste avant sa fermeture.
Elle ... les vêtements de sa valise pour les ranger dans l'armoire.

19 ** **Recopie les phrases en choisissant le participe passé qui convient.**

a. *(Parti / Partie)* en Chine depuis un mois, ma sœur m'envoie régulièrement de belles cartes postales.
b. Dimanche dernier, Arianna et Nelia se sont *(promenées / promenée)* dans la campagne et ont *(cueillies / cueilli)* des framboises pour faire de la confiture.
c. La maîtresse a *(photographié / photographiée)* les élèves *(déguisé / déguisés)* pour le carnaval.
d. Avez-vous *(vus / vu)* l'exposition de dessins *(présentée / présentées)* au musée ?
e. Youssef et Miranda sont *(venus / venu)* dîner hier et m'ont *(montré / montrés)* les photos de leur dernier voyage en Argentine.

20 ** **Écris le participe passé des verbes entre parenthèses et accorde-le si nécessaire.**

Le narrateur du texte est une fille.

Un jeudi soir, j'ai *(oublier)* mes lunettes au cours de danse et comme papa avait du travail, je suis *(aller)* toute seule rue de Maubeuge pour les rechercher. J'ai *(frapper)* à la porte mais personne ne répondait. J'ai *(sonner)* chez la concierge, et elle m'a *(donner)* un double de la clé du studio. Quand je suis *(entrer)*, j'ai *(appuyer)* sur l'interrupteur. [...] Mes lunettes étaient *(poser)* sur la banquette.

Patrick Modiano, *Catherine Certitude*, Gallimard.

Écrire

21 **Invente une suite au texte de l'exercice 1 page 156. Quelle mission Pixie doit-il accomplir ?**

Écris ton texte au passé composé en utilisant les auxiliaires *être* et *avoir*.

Participe passé en *-é* ou infinitif en *-er* ?

Le train venait de **quitter** les lumières de la gare lorsque P.-P. Cul-Vert a dit :
— Je crois que j'ai **oublié** mes affaires de toilette.
Nous étions si heureux de partir que personne n'a **relevé**. L'ennui avec les trains, c'est qu'ils démarrent sans bruit, sans qu'on s'en aperçoive. Le visage de ma mère a **commencé** à **glisser** doucement le long de la fenêtre, on aurait dit qu'elle se trouvait sur un tapis roulant, avec les autres trains qui glissaient derrière elle et les parents de P.-P. Cul-Vert qui criaient quelque chose et jetaient des baisers.

Jean-Philippe Arrou-Vignod, *Le professeur a disparu*, Folio Junior, © Gallimard Jeunesse.

Cherchons

- **Par quel son se terminent les mots en couleur ? Quelles lettres finales servent à écrire ce son ?**
- **Proposez une méthode pour ne pas confondre à l'écrit l'infinitif d'un verbe en *-er* et son participe passé.**

✔ Le participe passé et l'infinitif d'un verbe en ***-er*** se terminent par le son [e] mais **ils n'ont pas la même terminaison** : ***-er*** pour l'infinitif, ***-é*** pour le participe passé.

Le visage de ma mère a commencé à glisser…
participe passé (commencé) — verbe à l'infinitif (glisser)

✔ Pour savoir s'il faut écrire le participe passé ou l'infinitif, on peut remplacer le verbe par un verbe ne se terminant pas par -er. Ainsi, on peut entendre la lettre finale.

Le train venait de quitter… → Le train venait de partir…
J'ai oublié mes affaires. → J'ai perdu mes affaires.

Différencier l'infinitif du participe passé

1 * Remplace le participe passé ou le verbe à l'infinitif en gras par l'une des formes proposées entre parenthèses.

a. Le jour du 1er mai, Mathias a **vendu** des brins de muguet. *(acheter / acheté)*
b. Le jour du 1er mai, Mathias va **vendre** des brins de muguet. *(acheter / acheté)*
c. Tu dois **apprendre** ta leçon de géographie. *(réviser / révisé)*
d. Tu as **appris** ta leçon de géographie. *(réviser / révisé)*

2 * **Même exercice.**

a. Il est interdit de **courir** sur les pelouses du jardin. *(marcher / marché)*

b. Nous n'avons pas **couru** sur les pelouses du jardin. *(marcher / marché)*

c. Les élèves ont **fait** des décorations pour Noël. *(préparer / préparé)*

d. Vous aimez **faire** des décorations pour Noël. *(préparer / préparé)*

e. J'aide mon père à **construire** une cabane dans le jardin. *(fabriquer / fabriqué)*

f. Avec mon père, j'ai **construit** une cabane dans le jardin. *(fabriquer / fabriqué)*

3 ** **Remplace le verbe *mettre* par l'un des synonymes suivants.**

Si *mettre* est à l'infinitif, le verbe doit être écrit à l'infinitif.
Si *mettre* est au participe passé, le verbe doit être écrit au participe passé.

ranger • *accrocher* • *coller* • *enfiler* • *installer*

a. J'ai mis mon manteau dans l'armoire.

b. Il faut mettre ce tableau au-dessus de la cheminée.

c. Pense à mettre un timbre sur ta carte postale !

d. Vous avez mis votre pull-over à l'envers.

e. Nous avons mis le piano dans un coin du salon.

Écrire le participe passé ou l'infinitif

4 * **Recopie le texte en le complétant avec les verbes ou les participes passés proposés.**

refusé • *promener* • *accompagner* • *profité*

Aujourd'hui dimanche, mon mari, ma fille et moi nous avons ... du grand beau soleil de printemps pour aller nous ... au zoo. Je sentais qu'Élodie était vraiment très contente que j'accepte enfin de les ..., son père et elle, dans un endroit où, jusqu'à présent, j'avais toujours obstinément ... de mettre les pieds.

F. Zabaleta, *Un alligator pour la vie*, D.R.

5 ** **Complète les verbes de ce texte avec *-é* ou *-er*.**

Savant très ambitieux, le Pr Phonéticus rêvait de pass... à la postérité en inventant quelque chose que personne n'aurait encore jamais pens... à invent... . Après s'être creus... la cervelle pendant des années, il eut finalement l'idée : géniale, inégalable, absolument originale. Il allait invent... une nouvelle lettre de l'alphabet. Personne dans toute l'histoire de l'humanité n'y avait jamais pens... .

Marcello Argilli, « L'invention impossible »,
in Nouvelles d'aujourd'hui, D.R.

6 ** **Même exercice.**

Ce matin, au petit déjeuner, j'ai essay... de réveill... Niko qui somnolait encore.

« C'est incroyable ce que le temps passe vite ! J'ai l'impression que dimanche était hier, et on est déjà mercredi ! »

Niko a roul... des yeux derrière ses lunettes.

« C'est grâce à un tour de magie que j'ai invent... : j'ai réussi à supprim... le lundi et le mardi ! »

Maman a ri.

« Si seulement tu pouvais imagin... un tour pour rang... le bazar qui est dans ta chambre... »

J'ai cru que Niko allait une fois de plus se mettre à cri..., mais il était tellement occup... à tri... les céréales pour gard... seulement celles au chocolat qu'il n'a même pas répondu.

Béatrice Nicodème, *Futékati et la farce de Corentin*,
Hachette Jeunesse.

Écrire

7 **Relis le texte de la p. 160. Arrivé à destination, P.-P. Cul-Vert téléphone à ses parents pour leur demander de lui envoyer ses affaires. Imagine leur conversation.**

Utilise des verbes et des participes passés du 1er groupe.

Révisions

✔ L'élément qui détermine **l'accord du déterminant et de l'adjectif** dans le **groupe nominal** est le **nom noyau** de ce groupe.

✔ Le **verbe s'accorde toujours avec le sujet** même si le sujet est loin du verbe ou placé après.

✔ Le **participe passé s'accorde** toujours en genre et en nombre avec le sujet lorsqu'il est employé **avec l'auxiliaire *être***.

✔ Le **participe passé employé sans auxiliaire s'accorde** en genre et en nombre avec le nom auquel il se rapporte.

Faire les accords dans un groupe nominal

1 * Écris les adjectifs de ces G.N. au masculin pluriel.

a. une élève sportive → des élèves ...
b. une liste complète → des hôtels ...
c. une personne ambitieuse → des projets ...
d. une chevelure rousse → des cheveux ...
e. une rencontre amicale → des échanges ...
f. une jupe blanche → des pantalons ...

2 * Écris les adjectifs de ces G.N. au féminin pluriel.

a. un jardin potager → des plantes ...
b. un temps glacial → des températures ...
c. un homme inquiet → des femmes ...
d. un plat italien → des recettes ...
e. un animal féroce → des louves ...
f. un regard vif → des réactions ...

3 * Accorde les adjectifs en t'aidant des déterminants et des noms.

a. Il a préparé de très bon... crêpes au jambon avec une délicieu... salade.
b. Elle a peint un immens... tableau avec de joli... fleurs bleu... .
c. J'ai joué avec nos nouveau... voisins et j'ai gagné les trois batailles naval... .

4 ** Recopie le texte en accordant, si nécessaire, les noms et les adjectifs entre parenthèses.

Un matin, le vieux Rat d'Eau mit la tête hors de son trou. Il avait de *(petit) (œil) (rond)* et *(brillant)* comme des *(perle)*, et de *(raide) (moustache) (gris)*, et sa queue était comme un morceau de *(caoutchouc) (noir)*. Les *(petit) (canard)* barbotaient dans l'étang ; ils ressemblaient à une bande de *(canari) (jaune)*, et leur mère, qui était d'un *(blanc) (pur)* avec des *(patte) (rouge)*, essayait de leur apprendre comment se tenir dans l'eau sur la tête.

Oscar Wilde, *Le Prince heureux et autres contes*, © Mercure de France.

Accorder le verbe avec le sujet

5 ** Écris les verbes entre parenthèses au présent.

En rentrant de l'école, Mounia et son frère *(trouver)* un petit chien abandonné. Comme l'animal *(avoir)* une patte blessée, les enfants le *(ramener)* chez eux. Leur maman se *(fâcher)* mais les enfants la *(supplier)*. Elle *(proposer)* alors d'aller chez le vétérinaire. Celui-ci *(soigner)* la plaie. Ce chien *(être)* si mignon que toute la famille *(décider)* de l'adopter.

6 ** **Même exercice.**
Vers vingt heures, la fourgonnette *(franchir)* la grille d'un parc, *(faire)* crisser le gravier d'une allée et s'*(immobiliser)*. Fantômette n'a pas attendu l'arrêt complet pour ouvrir la porte et sauter à terre. À l'instant où les roues *(cesser)* de tourner, elle se *(glisser)* à plat ventre sous le véhicule et *(retenir)* sa respiration. [...] Les trois hommes *(sortir)* de la cabine. L'instant d'après, Fantômette *(entendre)* des pas qui *(descendre)* le perron, se *(rapprocher)*. Puis une voix s'*(élever)* :
« Messieurs, je vous *(souhaiter)* le bonsoir. M'*(apporter)*-vous toutes les belles choses promises ?
– Oui, cher monsieur », *(répondre)* le Furet.

Georges Chaulet, *Fantômette chez le roi*, Hachette Jeunesse.

Accorder le participe passé

7 * **Écris les participes passés des verbes entre parenthèses et accorde-les si nécessaire.**
a. La table *(débarrasser)*, nous nous sommes *(installer)* sur le canapé.
b. Les élèves ont *(accueillir)* leurs correspondants ; ils sont *(aller)* visiter le château de Vincennes.
c. Ne ramasse pas les pêches *(pourrir)* qui sont *(tomber)* au pied des arbres.
d. Vous avez *(nettoyer)* le jardin *(envahir)* par les mauvaises herbes.

8 * **Même exercice.**
a. Les bougies *(souffler)*, nous avons *(manger)* le gâteau d'anniversaire de Léa.
b. *(Arriver)* à destination, Lucie a *(défaire)* ses valises.
c. Ses leçons *(apprendre)* et ses devoirs *(faire)*, Timothée peut regarder ses dessins *(animer)* *(préférer)*.

9 ** **Même exercice.**
Les Grecs ont *(raser)* complètement la ville de Troie. Ensuite, les chefs grecs et leurs troupes sont *(rentrer)* chez eux. Ulysse a *(mettre)* plus de dix ans à rejoindre son île d'Ithaque. En route, toutes sortes d'aventures extraordinaires lui sont *(arriver)*. Pendant ce temps, sa femme Pénélope l'a *(attendre)* et elle lui est *(rester)* fidèle. Mais comme son absence durait, les prétendants ont *(commencer)* à faire la cour à Pénélope. Ils sont *(venir)* régulièrement la voir. Elle est *(parvenir)* à les faire attendre car elle leur a *(promettre)* qu'elle choisirait un mari parmi eux quand elle aurait fini de tisser sa tapisserie.

Distinguer l'infinitif du participe passé des verbes du 1er groupe

N'oublie pas d'accorder le participe passé si nécessaire.

10 ** **Écris les verbes à l'infinitif ou au participe passé.**
Pendant l'Antiquité, les livres se présentent sous forme de rouleaux. Des feuilles de papyrus ou de parchemin sont coll... bout à bout et, pour lire le texte, il faut déroul... le rouleau. Le texte est écrit sur un côté seulement : le lecteur a les deux mains encombr... pour tenir le rouleau et il lui est difficile de se repér... et de se report... d'une partie à une autre du texte.

Dominique Brisson, *Gutenberg et l'invention de l'imprimerie*, Éditions du Sorbier.

11 ** **Même exercice.**
Ce soir-là, j'ai guett... le retour de Sam. Il avait les traits tir... et les yeux rouges comme s'il avait pleur... .
– Je vais te faire une tasse de thé, ai-je dit.
Il a paru surpris.
– Je sais faire du très bon thé. Grand-Mamy m'a montr... . Et je ferai bien attention à ne pas me brûl... avec la bouilloire.
[...]
J'ai prépar... le thé toute seule. Maman est rest... derrière moi pour me surveill... mais j'ai refus... son aide. J'ai port... sa tasse à Sam sans en renvers... une goutte.

Jacqueline Wilson, *Lulu Bouche-Cousue*, © Gallimard Jeunesse.

Chercher un mot dans le dictionnaire

dissimulateur

dissimulateur, -trice n. et adj. Personne qui dissimule ses pensées, ses intentions.

dissimulation n.f. **1** Action de dissimuler. *La dissimulation de pièces à conviction est punie par la loi.* **2** L'attitude d'une personne dissimulatrice (**SYN.** hypocrisie, sournoiserie ; **CONTR.** franchise).

dissimuler v. **1** Cacher au regard des autres. *Il dissimula le magazine sous son cahier. Le maquillage dissimulera ta cicatrice.* **2** Ne pas laisser paraître ses sentiments, cacher ses pensées. *Il avait de la peine à dissimuler sa colère.*

dissoudre, dissolvant, dissous v. **1** *Dissoudre une matière, un produit,* c'est les désagréger en les mélangeant à un liquide. *Dissoudre du sucre dans l'eau.* **2** *Dissoudre un mariage, un parti politique, une société,* c'est mettre fin légalement à leur existence. **3** *Dissoudre une assemblée élue,* c'est mettre fin à son mandat avant le terme légal.
▲ **REM.** CONJUG. 54 ; attention, le participe passé *dissous* fait *dissoute* au féminin.

dissuader v. Persuader quelqu'un de ne pas faire quelque chose, l'amener à y renoncer. *Ils l'ont dissuadé de sortir par ce mauvais temps* (**SYN.** détourner ; **CONTR.** persuader).

Dictionnaire Larousse Super Major, © Larousse 2006.

Cherchons

- **Que peut-on chercher dans un dictionnaire ?**
- **Quelles sont les quatre premières lettres des mots de cette page ? Comment les mots sont-ils rangés après ces premières lettres communes ?**
- **Relevez le mot en bleu en haut de la page. Où est-il de nouveau écrit ? À quoi sert-il ?**

✔ Dans le dictionnaire, les mots sont classés suivant l'**ordre alphabétique**.
Pour chercher un mot, il faut regarder l'ordre des lettres : *dissoudre* est placé avant *dissuader* car les quatre premières lettres sont identiques mais le o est avant le *u*.

✔ Les **mots repères** qui se situent en haut de page sont utiles pour trouver un mot.

Connaître l'ordre alphabétique

1 * **Classe chaque liste de mots par ordre alphabétique.**

a. baobab • hêtre • bouleau • chêne • châtaignier • érable • charme

b. bon • banane • brute • bête • bleu • bizarre • buffle

c. article • arriver • ascendant • avalanche • aquarelle • attente • astuce

d. capter • capot • captivant • capitale • capillaire • capable • cape • cap

e. institut • instruction • instrumentiste • instinct • instituer • instinctivement

2 * **Recopie chaque liste en écrivant les mots en gras à leur place dans l'ordre alphabétique.**

a. lion → lama • lapin • lézard • lièvre • livraison • loutre

b. poire → pointure • poireau • poirier • pois • poison • poisseux • poisson

c. fauvette → fautif • fauve • faux • faveur • favorable • favoriser • favoritisme

d. champêtre → chamois • champ • champagne • champignon • champion • championnat • chance

3 * **Recopie les mots qui sont placés avant *dessin* dans le dictionnaire.**

dessert • dessinateur • écriture • dessein • desseller • détail • cube

4 * **Recopie les mots qui sont placés après *martien* dans le dictionnaire.**

menu • marron • marquis • outil • martial • martinet • massage

5 * **Dans chacune de ces listes, un mot n'est pas dans l'ordre alphabétique. Recopie la liste sans l'intrus.**

a. dictée • dicter • diction • dictateur • dictionnaire • dicton

b. signalement • signaler • signalisation • signataire • signature • siège

c. barbier • barbecue • barboter • barboteuse • barbouillage • barbouiller

d. moquerie • moquette • monument • moraine • moral • morale

Utiliser les mots repères

6 * **Cherche dans ton dictionnaire entre quels mots repères se trouvent les mots suivants.**

a. *gélatine* se trouve entre … et … .

b. *carnet* se trouve entre … et … .

c. *réveillon* se trouve entre … et … .

d. *xylophone* se trouve entre … et … .

7 ** **Recopie les mots situés entre les mots repères *ventre* et *vernir*.**

venue • ventiler • verre • verbe • ver • vermoulu • vers • ventral • verdâtre • vermillon • verger • vernissage • véreux • verrou • vermisseau • vent • venir

8 ** **Indique si ces mots se trouvent sur la page des mots repères *crayon* et *crinière*, sur une autre page avant ou plus loin.**

crabe • aigle • crêperie • crocodile • cygne • donner • crin • créer • cran • cri

Savoir chercher dans un dictionnaire

9 * **Recopie seulement les mots que tu peux trouver écrits de cette manière dans le dictionnaire.**

Dans le dictionnaire, les verbes sont à l'infinitif, les noms au singulier et les adjectifs au masculin singulier.

a. partons	**f.** grignoter
b. chameaux	**g.** lettre
c. petit	**h.** salades
d. était	**i.** heureuses
e. palais	**j.** caissière

10 * **Indique sous quelle forme sont écrits les mots suivants dans le dictionnaire.**

bâtissez → *bâtir*

chevaux • gagnons • principaux • polie • institutrice • boulangère • attendrai • chanté • noms • capricieuses • cailloux

Lire un article de dictionnaire

adhérer v. **1** Rester fortement attaché à quelque chose comme avec de la colle. *Le plâtre adhère bien sur le ciment mais très mal sur le bois* (**SYN.** coller, tenir). **2** *Adhérer à une idée, à une doctrine*, c'est les faire siennes, en devenir partisan (**SYN.** se rallier, se ranger ; **CONTR.** rejeter). **3** *Adhérer à un parti, à une association*, c'est en devenir membre, adhérent (**SYN.** s'affilier, s'inscrire). ▲ **REM.** CONJUG. 9.

adhésif, -ive adj. *Un ruban, un pansement adhésifs* ont une face recouverte d'une substance qui leur permet d'adhérer, de coller. *Fermer un paquet avec du ruban adhésif.* ◆ **adhésif n. m.** Ruban adhésif. *Est-ce que tu as de l'adhésif pour fermer ce paquet ?*

Dictionnaire Larousse Super Major, © Larousse 2006.

Cherchons

- **À quelles classes grammaticales appartient le mot *adhésif* ?**
- **Que signifie l'abréviation *n. m.* ?**
- **Quelle est la classe grammaticale du mot *adhérer* ?**
  Relevez un synonyme et un contraire de ce mot.
- **Que signifient les numéros 1, 2 et 3 ?**
  Pourquoi certaines phrases sont-elles écrites en italique ?

✔ On peut utiliser le dictionnaire pour :
- chercher ou vérifier l'orthographe d'un mot ;
- trouver des renseignements sur le sens d'un mot inconnu ;
- avoir des informations sur la classe grammaticale d'un mot ;
- chercher des mots de la même famille, des synonymes ou des contraires ;
- chercher l'origine (l'étymologie) d'un mot.

✔ Il faut bien connaître les abréviations utilisées dans les articles de dictionnaire.
Par exemple, ***adj.*** signifie ***adjectif*** et ***v.*** signifie ***verbe***.

Connaître les abréviations du dictionnaire

1 * **Écris la signification de ces abréviations.**

Regarde au début de ton dictionnaire. Tu y trouveras la liste des abréviations utilisées.

a. n. f.
b. n. m.
c. prép.
d. syn.
e. contr.
f. conjug.
g. adj.
h. pron.
i. invar.
j. plur.

2 * **À l'aide de ton dictionnaire, écris la (ou les) classe(s) grammaticale(s) des mots suivants.**
froid • orner • crinoline • sourire • vinicole • noir • prêt • lever • baryton • pêcher

3 ** **À l'aide de ton dictionnaire, classe les noms dans le tableau.**

Certains noms peuvent être classés dans les deux colonnes.

noms de genre masculin	noms de genre féminin

obélisque • porte-monnaie • livre • arabesque • moustiquaire • cartouche • hémisphère • atmosphère • mode • pendule

Utiliser le dictionnaire pour vérifier l'orthographe d'un mot

4 * **À l'aide de ton dictionnaire, écris les noms de ces objets.**

Savoir lire un article de dictionnaire

5 * **Lis cet article de dictionnaire et réponds aux questions.**

rude adj. 1 Pénible à supporter. *L'hiver a été rude, cette année* (**SYN.** froid, rigoureux ; **CONTR.** doux, clément). *C'est un métier très rude* (**SYN.** épuisant). **2** Dur au toucher. *La peau rude du rhinocéros* (**SYN.** rêche, rugueux ; **CONTR.** doux). **3** Qui manque de raffinement. *C'est un garçon aux manières rudes* (**SYN.** fruste).

Dictionnaire Larousse Super Major, © Larousse 2006.

a. Quelle est la classe grammaticale du mot *rude* ?
b. Combien de sens a-t-il ?
c. Quelle est la définition du sens 3 ?
d. Quels exemples donne-t-on pour le sens 1 ?
e. Quels sont les synonymes du sens 2 ?
f. Quels sont les contraires du sens 1 ?

Utiliser le dictionnaire pour connaître le sens d'un mot

6 ** **Ces mots ont plusieurs sens. Cherches-en deux pour chacun d'eux puis écris une phrase pour chaque sens.**

a. libre
b. défendre
c. figure
d. compter
e. colonne
f. mauvais

7 ** **Cherche les mots en gras dans le dictionnaire. Recopie la définition correspondant au sens de la phrase.**

C'est désespérant, cela fait maintenant trois semaines que nous **longeons** l'Amérique du Nord sans trouver un endroit où accoster. […] Les **côtes** ne sont qu'une succession de roches noires et aiguisées, sur lesquelles notre **coque** se déchirerait si nous **tentions** de nous en approcher. La traversée depuis les îles Sandwich a été très difficile, nous avons été **assaillis** par des vents froids et **violents**, **charriant** de la grêle et de la neige. Les vagues hautes et dangereuses ont plusieurs fois recouvert le **bâtiment**.

Martin de Halleux, *L'Inconnu du Pacifique*, Bayard Jeunesse.

Écrire

8 **Écris un article de dictionnaire sur un mot que tu aimes particulièrement. Note sa classe grammaticale, son genre, sa définition, une phrase d'exemple, un synonyme et un contraire.**

Tu ne dois pas utiliser ton dictionnaire.

Les mots de la même famille

L'artisan venait de délayer de la **teinture** jaune dans une grande cuve pleine d'eau et il était sorti de la pièce pour aller chercher le tissu qu'il souhaitait **teindre**. Renard pénétra dans la cour, persuadé de trouver quelque chose pour calmer sa faim. Il monta sur le rebord de la fenêtre qui était ouverte et observa quelques instants. N'apercevant personne dans la pièce, il sauta **rapidement** à l'intérieur. Dans sa hâte, il ne put éviter la cuve où il atterrit sans le vouloir. La cuve était profonde et Renard dut se débattre pour éviter la noyade. Sur ces entrefaites, le **teinturier** revint.

J. Muzi, « Renard change de couleur », *in Dix-neuf fables de renard*, Flammarion.

Cherchons

- **Relevez la partie commune (le radical) des mots en violet. Trouvez d'autres mots appartenant à la même famille.**
- **Quel est le radical du mot en orange ? Citez un autre mot ayant le même radical.**

✔ On peut regrouper en familles les mots qui ont :
– un **radical** (ou racine) **identique** : *teinture, teindre, teinturier, teinte...* ;
– un **radical de même origine** : *mer, amerrir, marin, maritime.*

✔ Il y a des familles nombreuses, comme celle du mot *terre*, qui comprennent un grand nombre d'éléments : des **noms communs** *(terrain, terrasse, enterrement)*, des **adjectifs** *(terrestre, terrien...)* et des **verbes** *(atterrir, déterrer, se terrer...)*.

Reconnaître les mots d'une même famille

Pour tous les exercices de cette leçon, aide-toi de ton dictionnaire.

1 * **Écris le radical commun aux mots de chaque liste.**

a. journalier • journal • séjourner • journée • journellement • journaliste
b. utile • utilement • utiliser • utilisation • inutilisable • utilité
c. blancheur • blanche • blanchissage • blanchir • blanchisserie • blanchâtre
d. enfiler • filature • filiforme • filet • défilé • effilé
e. prélavage • lavement • laverie • lavoir • délaver • lavable
f. régler • règlement • réglable • réglage • réglementaire • dérèglement

2 * **Dans chaque liste, un mot n'appartient pas à la même famille que les autres. Recopie les listes sans l'intrus.**

a. inhabitable • habitation • habitant • habiller • habiter

b. agrandir • grandeur • engranger • grandement • grandiose

c. vente • ventilation • ventilateur • éventé • ventiler

d. comptoir • compteur • décompter • comte • comptabilité

e. survol • volonté • envoler • volière • volée

f. bail • bain • baignade • baigner • baigneur • baignoire

3 ** **Recopie les mots en les regroupant par famille.**

Il y a trois familles de mots.

action • nominalement • viser • apercevoir • renommée • acteur • surnom • activement • vue • nommer • prévision • réactif • voyant • désactiver • nomination

4 ** **Même exercice.**

Il y a trois familles de mots.

bâton • débattre • bâtiment • bâtonnier • battement • bâtonner • bâtisseur • combat • abattage • bâtisse • batterie • bâtonnet • bâtir • battre

Trouver des mots de la même famille

5 * **Retrouve les mots de la famille de *terre* qui correspondent aux définitions.**

a. Mettre dans la terre. *(verbe)*

b. Qui vit sur la Terre. *(nom)*

c. Synonyme de *se cacher*. *(verbe)*

d. Ce que fait l'avion lorsqu'il se pose sur la piste. *(verbe)*

e. Sorte de plate-forme devant ou à côté d'une maison. *(nom)*

f. Habitation du lapin ou du renard. *(nom)*

g. Sortir quelque chose de terre. *(verbe)*

6 * **Complète ces phrases par des mots de la famille de *lait*.**

Attention, le radical peut changer.

a. Les vaches qu'on élève pour leur lait sont des vaches … .

b. La crème fraîche et le fromage sont des produits … .

c. Le yaourt et le fromage blanc sont des … .

d. Tous les mammifères … leurs petits.

e. Une … est une usine dans laquelle on traite le lait pour le conserver.

f. La nuit, dans le ciel, on voit une grande traînée blanche faite d'une multitude d'étoiles, c'est la Voie … .

7 ** **Trouve six mots de la famille de *mont*.**

8 ** **Recopie et complète ce tableau.**

Écris une seule solution à chaque fois.

nom	adjectif	verbe
largeur	*large*	*élargir*
		nourrir
	lourd	
	lent	
fin		
		libérer
chaleur		
		englober
froideur		

Écrire

9 **En utilisant des mots de la famille de *prison* et de *libre*, raconte l'histoire d'un oiseau qui s'échappe de sa cage.**

Les préfixes

Il ne fallut pas longtemps à Thomas pour **rejoindre** la ferme. Il avait finalement préféré hâter le pas plutôt que de risquer de se **retrouver** tout seul sur le chemin, perdu en pleine obscurité. Mais arrivé devant la maison silencieuse, il ne sut pas quoi faire. Il n'osait s'approcher de la porte **entrouverte**. [...] S'enhardissant, il s'avança et poussa la porte de la maison. Celle-ci ouvrait directement sur une vaste pièce, dans laquelle on ne voyait pas grand-chose, à part que tout était dans un désordre indescriptible. « Pire qu'à la maison ! » se dit Thomas.

Hélène Montardre, *La Nuit du rendez-vous*, Magnard Jeunesse.

Cherchons

- **Identifiez le radical des mots en violet. Quelles syllabes n'appartiennent pas à ce radical ? Où sont-elles situées dans les mots ?**
- **Quel sens a le préfixe *re-* dans les deux verbes à l'infinitif ?**
- **À quoi sert le préfixe *dés-* dans *désordre* ? Trouvez un autre préfixe dans le texte qui a permis d'écrire le contraire d'un mot.**

✔ On ajoute un **préfixe devant le radical** d'un mot pour former un mot nouveau.
entrouvert est un **mot dérivé** de *ouvert* : *entr/ouvert* (entr = préfixe, ouvert = radical)

✔ Les préfixes modifient ou précisent le sens du radical :
- ***re-*** exprime la répétition : *rejoindre, retrouver* ;
- ***dés-*** et ***in-*** expriment le contraire : *le désordre, indescriptible* ;
- ***anti-*** veut dire *contre* : *antibrouillard* ;
- ***pré-*** veut dire *avant* : *la préhistoire* ;
- ***tri-*** veut dire *trois* : *un triangle* ;
- ***hémi-*** veut dire *demi* : *un hémisphère* ;
- ***chrono-*** exprime le temps : *le chronomètre*.

Reconnaître les mots formés avec un préfixe

1 * Dans chaque liste, trouve le mot qui n'est pas formé d'un radical et d'un préfixe.

a. impureté • impossibilité • imperfection • importance
b. prolonger • progresser • promettre • projeter
c. individuel • indirect • injuste • incertain
d. survêtement • survie • sureau • surcharge

2 * **Classe les verbes dans le tableau.**

verbes avec un préfixe	verbes sans préfixe

revenir • refuser • engloutir • endormir • détacher • détruire • développer • détenir • arranger • arrêter

3 ** **Recopie les mots formés d'un radical et d'un préfixe.**

Au bout d'un moment, l'oncle Elliot et Zachary revinrent de leur petit trot matinal. Zachary portait la laisse de Captain, et oncle Elliot portait Captain. Il déposa le chien sur le plancher, et Captain s'en retourna sans hâte vers son recoin favori où il s'étendit aussitôt. Oncle Elliot s'allongea sur le canapé.

Patricia Maclachlan, *Sept baisers sans respirer*, © Flammarion, Castor Poche.

Différencier radical et préfixe

4 * **Recopie ces mots en séparant le préfixe et le radical.**

préhistoire → *pré-histoire*

le désespoir • déplacer • antivol • inhabituel • un trident • un téléski • extraordinaire • maladroit

5 * **Même exercice.**

soupeser • exposer • désaccorder • disparaître • reprendre • prévoir • transporter • renverser • attirer

Utiliser des préfixes

6 * **Choisis le préfixe qui convient à chaque liste : *im-*, *ir-*, *télé-*, *para-* ou *multi-*.**

mobile • parfait • patient • pair

→ ***im-*** : ***im**mobile*, ***im**parfait*, ***im**patient*, ***im**pair*

a. vent • sol • chute • tonnerre • pluie

b. média • plier • coque • millionnaire • national

c. commande • cabine • vision • spectateur • ski

d. responsable • remplaçable • rationnel • régulier • réel

7 * **Indique le contraire des verbes suivants en utilisant les préfixes *dé-*, *dés-* et *dis-*.**

paraître → ***dis**paraître*

paraître • régler • conseiller • obéir • coller • organiser • qualifier • boucher • habiller

8 ** **Transforme ces phrases en écrivant le contraire des mots en gras grâce à l'ajout d'un préfixe.**

C'est utile. → *C'est **in**utile.*

a. Il est **obéissant**, **poli** et **agréable** !

b. Ils ont **monté** mes meubles **adroitement**.

c. Il est très **tolérant**.

d. Il est **possible** qu'il soit **honnête** !

e. Je t'avais **conseillé** cette région **connue**, car l'air y est **respirable**.

9 ** **Toutes ces définitions correspondent à un verbe dérivé de *dire*. Trouve ces verbes.**

a. Dire du mal de quelqu'un.

b. Dire l'avenir.

c. Répéter quelque chose que l'on a déjà dit.

d. Dire l'inverse de ce que quelqu'un vient de dire.

10 ** **Complète ces phrases par un verbe dérivé de *mettre*.**

a. Tu espères que le facteur va te … une lettre de ta grand-mère.

b. On a oublié de me … votre message.

c. Il faudra lui … votre proposition.

d. J'ai fait …. à mes parents qu'un jour nous irions à Eurodisney.

e. Il a dû se … l'épaule gauche en sautant par-dessus la barrière.

11 ** **Complète ces phrases par un verbe dérivé de *porter*.**

a. Pourrais-tu me … le livre que j'ai oublié chez toi ?

b. Dans ce restaurant, on peut soit déjeuner sur place, soit … son repas.

c. Elle s'est cassé la jambe, il a fallu la … à l'hôpital.

d. Je dois annuler notre rendez-vous, pourriez-vous le … à lundi ?

Les suffixes

Ce jour-là, un grand camion de déménagement s'arrête devant le 13 de la rue Mozart. De sa fenêtre, Mélodie assiste à un drôle de défilé : armoires, tables, lits, bibliothèques, **réfrigérateur**, **cuisinière**, machine à laver, caisses de vaisselle, caisses de livres, et, oh surprise ! un immense piano à queue noir et luisant qui n'en finit plus...

– Comment va-t-il entrer dans l'escalier ? se demande Mélodie.

À ce moment, une femme coiffée d'un chignon et vêtue de façon originale apparaît. Elle ne quitte pas le piano des yeux et n'arrête pas de faire des **recommandations** aux déménageurs.

– À droite... non... à gauche... plus haut... Mon dieu, il ne passera pas !

J. Pierre, *La partition a disparu*, Cerf-volant Éditions.

Cherchons

- **Indiquez le préfixe et le radical des mots soulignés. Que reste-t-il ?**
- **Changez la fin des mots en couleur pour obtenir d'autres mots de la même famille.**

✔ On ajoute un **suffixe après le radical** d'un mot pour former un mot nouveau.
cuisinière est un **mot dérivé** de *cuisine* : cuisin/ière
radical suffixe

✔ Il existe de nombreux suffixes : *déménag/**ement**, déménag/**eur**...*

✔ Un même mot peut comporter un préfixe et un suffixe :
re/command/ation
préfixe radical suffixe

Reconnaître les mots formés avec un suffixe

1 * Trouve le mot de chaque liste qui n'est pas formé d'un radical et d'un suffixe. Recopie les listes sans l'intrus.

a. accélération • déclaration • soustraction • condition

b. acceptable • définissable • cartable • enviable

c. délicatesse • paresse • gentillesse • tristesse

d. nuage • affichage • abordage • arrosage

2 * **Classe les mots dans le tableau.**

mots avec un suffixe	mots sans suffixe

gardien • rien • ancien • comédien • alsacien • combien • chien • terrien • bien • quotidien • mathématicien • australien

Différencier radical et suffixe

3 * **Souligne le radical et entoure le suffixe des mots en gras.**

L'**opération** Poisson rouge ne se déroula pas **exactement** selon le plan prévu. Peu après la fin de l'étude du soir, Bennett se dirigea vers la piscine couverte, portant avec précaution l'aquarium de César. Mortimer l'attendait là depuis quelques instants, avec son filet à papillons et la clef. **Furtivement**, les deux garçons pénétrèrent dans le bâtiment.

César ne donnait plus aucun signe d'**agitation**. Il restait **parfaitement** immobile au fond de son aquarium. Seul, un léger **battement** de **nageoires** montrait qu'il ne dormait pas.

Anthony Buckeridge, *Bennett et sa cabane*, Hachette Jeunesse.

4 ** **Supprime le suffixe pour retrouver le nom d'origine.**

Attention aux modifications du radical.

le collégien • la muraille • le glaçon • le dentifrice • le chanteur • la bordure • le travailleur • la roseraie • courageux • la crémerie • le plumage • le commerçant • le chargement • la marchandise • l'amitié

Utiliser des suffixes

5 * **Écris les noms dérivés de ces verbes. Utilise les suffixes *-oir*, *-oire*, *-age*, *-ation* et *-ure*.**

réparer • mâcher • laver • rayer • déclarer • bouillir • dépanner • coiffer • vacciner • manger • parachuter • planter • déchirer • balancer • afficher • brûler • armer • administrer • chauffer • aérer • capituler

6 * **Comment appelle-t-on les petits de ces animaux ?**

Attention aux modifications du radical ! Aide-toi du dictionnaire.

a. un canard
b. un chien
c. un âne
d. un lapin
e. une oie
f. un loup

7 * **Sers-toi de suffixes pour trouver le nom des habitants des pays suivants.**

Tu peux t'aider du dictionnaire.

Suède • Algérie • Italie • Sénégal • Hongrie • Cuba • Irlande • Norvège • Maroc • France • Mexique • Danemark • Japon • Pérou

8 * **Complète chaque série avec un mot de la même famille terminé par le suffixe *-ment*.**

nerveux → *nerveuse* → *nerveuse**ment***
a. entier → entière → …
b. fou → folle → …
c. doux → douce → …
d. frais → fraîche → …
e. long → longue → …
f. naïf → naïve → …

Écrire

9 **Décris ce que tu vois sur ce dessin en utilisant des mots formés d'un radical et d'un suffixe.**

Les noms composés

1. une chauve-souris

2. un rouge-gorge

3. un poisson-chat

4. un chien-loup

5. un perce-oreille

Cherchons

- **Associez chaque animal à son nom.**
- **Quel est le point commun de ces noms d'animaux ? Comment sont-ils formés ? Trouvez d'autres exemples de noms formés ainsi.**

✔ Les **noms composés** sont formés de plusieurs mots qui peuvent être de classe grammaticale différente.

un perce-oreille (verbe nom) — *un poisson-chat* (nom nom) — *un rouge-gorge* (adjectif nom)

✔ Le plus souvent, les mots qui forment le nom composé sont séparés par un **trait d'union**.

Connaître la formation de noms composés

1 * Classe les noms composés en fonction de la classe grammaticale des mots qui les composent.

nom + nom	adjectif + nom	verbe + nom

un oiseau-mouche • un libre-service • un chasse-neige • un haut-parleur • un lave-linge • un camion-citerne • un croque-madame • un allume-gaz • un point-virgule • une basse-cour • une longue-vue • un balai-brosse • un presse-citron

2 * **Dans chaque liste, un nom composé n'est pas formé de la même façon que les autres. Recopie chaque liste sans l'intrus.**

a. un cache-pot • un brise-glace • un épluche-légumes • un chou-fleur
b. un chauffe-biberon • une jupe-culotte • une reine-marguerite • un bateau-mouche
c. une belle-fille • un centre-ville • une plate-bande • un rond-point

3 * **Trouve le verbe qui permet de former des noms composés avec les noms suivants. Écris-les.**

chasse • manger • côte • malade • robe • boue • meuble • barrière • fou

Former des noms composés

4 * **Associe ces mots pour former des noms composés. Écris-les.**

N'oublie pas le trait d'union.

porte •
passe •

• bonheur
• temps
• droit
• parole
• avions
• montagne
• plat
• savon
• bagages

5 * **Trouve les noms composés qui correspondent aux définitions. Indique comment ils sont composés.**

Une chose compliquée à faire, pour laquelle il faut réfléchir.
→ *un casse-tête (verbe + nom)*

a. C'est le premier repas de la journée.
b. On y enferme de l'argent et des objets précieux.
c. Balai de caoutchouc placé sur la vitre avant d'une voiture.
d. C'est un sandwich chaud avec du fromage et du jambon.
e. C'est la grande vitre qui se trouve à l'avant d'une voiture.

6 ** **Trouve les noms composés qui correspondent aux définitions. Ils appartiennent tous au domaine de la cuisine.**

Chaque nom composé commence par un verbe.

a. Il sert à déboucher les bouteilles.
b. Il sert à briser des coques.
c. Grâce à cet instrument, on n'a pas besoin d'allumettes pour allumer le gaz.
d. On y met le pain pour faire des toasts.
e. C'est une machine qui nettoie les assiettes, les verres, les couverts…

7 ** **Les noms de ces objets ont été mélangés. Retrouve leurs vrais noms.**

un pèse-dent • un chausse-boîtes • un cache-pierres • une longue-neige • un ouvre-col • un cure-pied • un lance-pente • un remonte-personne • un perce-vue

8 ** **Utilise les adjectifs *grand*, *petit*, *beau* et *belle* pour former huit noms composés désignant les membres d'une même famille.**

une belle-sœur…

9 ** **Forme des noms composés avec les mots proposés et complète les phrases.**

hommes • jour • petits • sang • faire • bande • pur • beurre • passe • garde • grenouilles • annonce • abat • part • temps • robe

a. Mamie a acheté un nouvel … pour la lampe du salon.
b. Monsieur Chevalier pense que son … va gagner la course.
c. Cette … nous a donné envie d'aller voir ce film demain.
d. J'aime grignoter des … pour mon goûter.
e. Quel est votre … préféré ?
f. Colombine a une … très fournie.
g. Les … fouillent le fleuve à la recherche d'une épave de voiture.
h. Nous avons reçu un très joli … nous annonçant le mariage de Zoé et Alessandro.

Les noms génériques et les noms particuliers

Pimprenelle aimait la solitude et passait des heures dans le jardin du château. Comme elle avait la main verte, elle s'occupait des **fleurs**. Pourtant, elle n'en voulait pas aux légumes, au contraire. Elle arrosait les **haricots** et les **brocolis**, les **épinards** et les **petits pois**. Elle leur parlait avec affection pour qu'ils poussent plus vite, et bien verts ! Elle les encourageait gentiment :
– Les gens préfèrent les fleurs mais ne soyez pas tristes. Vous êtes très beaux, vous aussi.

Paul Thiès, *La Princesse aux cheveux verts*, © Éditions Rageot.

Cherchons

- **Relevez le nom commun générique qui regroupe les noms particuliers en violet. Complétez cette liste avec d'autres noms.**
- **Remplacez le nom générique en vert par des noms particuliers.**

✔ Un **nom générique** a un **sens général**. Il englobe toute une **catégorie** d'êtres vivants ou d'objets.

nom générique	noms particuliers
légume	haricot, brocoli, épinard, petit pois...
fleur	rose, œillet, iris, tulipe, violette...

✔ Les noms génériques et les noms particuliers permettent d'éviter des répétitions.

Distinguer les noms génériques et les noms particuliers

1 * **Classe les noms en gras.**

noms génériques	noms particuliers

Au temps des Celtes, la Gaule est un pays riche. Les Gaulois cultivent des **céréales** (**blé**, **orge**, **millet**, **avoine**), des **légumes** (**lentilles**), des **plantes** (**chanvre**, **lin**) avec lesquelles ils fabriquent tissus et cordages. Ils ont appris auprès des peuples voisins à cultiver la vigne et l'olivier. Ils élèvent de la **volaille**, des **vaches**, des **bœufs**, des **porcs**, des **chevaux**. Ces **animaux** leur fournissent le lait et les **matières premières** (**laine**, **cuir**, **cornes** ou **os**) avec lesquelles les artisans fabriquent des vêtements et des outils quotidiens.

Histoire, cycle 3, Magnard.

2 ** **Recopie en bleu les noms génériques et en rouge les noms particuliers correspondants.**

a. À partir du XIe siècle, les paysans ont amélioré leurs techniques et inventé de nouveaux outils, tels que la charrue, le collier d'épaule, le moulin à eau et à vent…

Histoire, cycle 3, Hatier.

b. Le soleil, les étoiles, les flammes, les ampoules envoient de la lumière : ce sont des sources de lumière.

Sciences, cycle 3, Magnard.

c. Le déplacement des hommes, des voitures, des marchandises s'effectue sur des lignes : chemins, routes, voies de chemin de fer, fleuves. Ce sont les voies de communication.

Géographie, Une terre, des hommes, cycle 3, Magnard.

Employer des noms génériques

3 * **Trouve un nom générique pour regrouper les noms de chaque liste.**

a. Loire • Garonne • Seine • Rhône • Rhin
b. Alpes • Pyrénées • Vosges • Jura • Massif central
c. Rouen • Nancy • Avignon • Dax • Nice
d. Italie • Belgique • Allemagne • Espagne

4 * **Écris les noms génériques qui correspondent aux dessins.**

a.

b.

5 ** **Les noms génériques ont été supprimés dans ces textes. Retrouve-les.**

a. Il était une fois une petite fille nommée Jeannette qui fêtait son anniversaire. On lui avait offert des quantités de … : une petite bicyclette rouge, une paire de patins à roulettes, une corde à sauter et de beaux livres d'images.

Joan Aiken, « Des farfadets sur le buffet », in *Les Perles de la pluie*, Hachette Jeunesse.

b. La deuxième malle était remplie de … soigneusement pliés : des robes, des manteaux à col de fourrure, des costumes de marin, des tabliers à carreaux, des sous-vêtements en dentelle, des bas noirs et des bottines munies de boutons nacrés.

Jacqueline Wilson, *Lulu Bouche-Cousue*, © Éditions Gallimard.

6 ** **Remplace les noms en gras par un nom générique pour éviter les répétitions.**

a. *Finir, grandir* et *bondir* se terminent par un *t* à la 3e personne du singulier au présent de l'indicatif car **finir**, **grandir** et **bondir** appartiennent au 2e groupe.

b. Ma grand-mère possède un chat, un chien et un lapin. **Son chien**, **son chat** et **son lapin** cohabitent très bien ensemble.

c. Henri IV, Louis XIII, Louis XIV, Louis XV et Louis XVI appartiennent à la dynastie des Bourbons. **Henri IV**, **Louis XIII**, **Louis XIV**, **Louis XV** et **Louis XVI** ont régné sur le royaume de France pendant deux cents ans.

Employer des noms particuliers

7 * **Pour chaque nom générique, trouve quatre noms particuliers.**

a. des personnages historiques
b. des métiers
c. des pays d'Afrique
d. des meubles
e. des couleurs
f. des moyens de transport

8 ** **Complète chaque phrase avec les noms particuliers qui conviennent.**

Aide-toi d'un dictionnaire.

a. Un adulte peut avoir au maximum 32 dents. Il y a les …, les …, les … et les … .

b. Le système solaire compte huit planètes : …, …, …, …, …, …, …, … .

c. Dans les régions tempérées, on distingue quatre saisons : …, …, … et … .

d. Chacune de nos mains comprend cinq doigts : le …, l'…, le …, l'… et l'… .

Les synonymes

Texte 1

Par une belle soirée du mois de septembre 1886, la famille Keller était réunie au salon. Le capitaine lisait distraitement son journal. Il finit par le poser à côté de lui et regarda par-dessus ses lunettes sa fille aînée Helen qui, pelotonnée dans un fauteuil, serrait contre son cœur une grande poupée de chiffon.

Lorena A. Hickok, *L'Histoire d'Helen Keller*, Univers Poche, Pocket Jeunesse.

Texte 2

Par un magnifique soir du mois de septembre 1886, la famille Keller était rassemblée au salon. Le capitaine parcourait distraitement son journal. Il finit par le mettre à côté de lui et observa par-dessus ses lorgnons sa fille aînée Helen qui, blottie dans un siège, serrait contre son cœur une grande poupée de tissu.

Cherchons

- **Relevez les mots qui ont changé entre les deux textes. Ces mots modifient-ils complètement le sens du texte 1 ?**
- **Trouvez d'autres adjectifs qui ont un sens voisin de *belle* et d'autres verbes qui ont un sens voisin de *regarder*.**

✔ Des mots synonymes sont des mots qui ont le **même sens** ou un **sens voisin**.
une belle soirée → un magnifique soir

✔ L'utilisation des synonymes permet d'éviter les répétitions et d'enrichir un texte.

Repérer les synonymes

1 * Classe les adjectifs qualificatifs dans le tableau.

synonymes de *courageux*	synonymes d'*extraordinaire*

exceptionnel • brave • hardi • fantastique • merveilleux • vaillant • étonnant • héroïque • téméraire • fabuleux • formidable

2 * Dans chaque liste, un adjectif n'est pas synonyme des autres. Recopie les listes sans l'intrus.

a. facile • gentil • simple • aisé • commode
b. méchant • mauvais • cruel • sensible • malintentionné
c. laid • horrible • hideux • affreux • beau
d. calme • agité • tranquille • posé • paisible
e. gros • énorme • ventru • corpulent • filiforme

3 * **Reconstitue les paires de verbes synonymes.**

finir — emballer — remuer — se lever — terminer — bouger — marcher — se déplacer — se dresser — envelopper

4 * **Même exercice.**

essuyer — gêner — pleurer — examiner — geindre — gouverner — sangloter — étudier — diriger — éponger — déranger — gémir

5 ** **Écris cinq synonymes du nom *travail*.**

Tu peux t'aider d'un dictionnaire.

Utiliser des synonymes

6 * **Remplace le verbe *donner* par l'un des synonymes proposés.**

envoyer • *communiquer* • *accorder* • *céder* • *distribuer*

Conjugue les verbes correctement.

a. Mes parents m'ont donné la permission d'aller au cinéma.
b. Chaque matin, la maîtresse donne les cahiers du jour aux élèves.
c. Le guide vous donnera toutes les informations utiles.
d. Dans le bus, nous donnons toujours notre place aux personnes âgées.
e. Autrefois, tu donnais de tes nouvelles plus régulièrement.

7 * **Choisis le synonyme de l'adjectif en gras qui convient le mieux. Tu peux le déplacer.**

a. Notre chienne est très **calme**. *(tranquille • décontractée)*
b. Vous avez vu ce **beau** temps ? *(superbe • joli)*
c. Quel **grand** succès ! *(haut • remarquable)*
d. Tu as réussi un **bon** parcours. *(correct • valable)*

8 * **Remplace les mots en gras par les synonymes proposés.**

débutait • *seulement* • *approchais* • *quand* • *désert* • *sommeillait*

Le couloir était **vide**, avec **juste** un gardien qui **somnolait** sur une chaise devant la porte de la suite royale. L'aventure **commençait** plutôt bien. Je m'**avançais** sur la pointe des pieds pour ne pas lui donner l'alerte, **lorsque**…

Gudule, *Ma sœur est une princesse*,
Lire c'est Partir.

9 ** **Remplace les mots en gras par des synonymes.**

Aide-toi d'un dictionnaire.

Emma **retourna** à la cuisine ; elle **engloutit** quatre autres tartines et deux **grosses** pommes, tout en rêvant à un perroquet. Elle avait entendu dire que les perroquets savent rire et **bavarder**. Rire et bavarder ! Personne n'avait donc envie de rire et bavarder avec elle, dans cette **maison** ? Eh bien, puisque c'était comme ça, elle n'avait plus qu'à **s'en aller**, voilà.

Patricia Maclachlan, *Sept baisers sans respirer*,

Écrire

10 **Réécris le programme de construction de cette figure en remplaçant les mots en gras par des verbes synonymes.**

- **Fais** un carré ABCD. Chaque côté doit **faire** 5 cm.
- **Fais** un point au milieu du côté AB.
- **Fais** un trait pour relier ce point au point D.

Les contraires

Il sortit de sa poche un trousseau de clés et en glissa une dans la serrure de la porte.

« Ceci est le centre nerveux de toute l'usine, le cœur même de l'affaire ! Et comme elle est belle ! J'attache beaucoup d'importance à la **beauté** de mes salles. Je ne tolère pas la **laideur** dans une usine. Et voilà, nous entrons ! Mais soyez prudents, mes petits amis ! Ne perdez pas la tête. »

Roald Dahl, *Charlie et la chocolaterie*,
trad. Élisabeth Gaspar, © Éditions Gallimard.

Cherchons

- **Quel rapport existe-t-il entre les deux mots en couleur ? Comment appelle-t-on ces mots ?**
- **Relevez deux verbes de sens contraire.**
- **Trouvez le contraire de l'adjectif *prudents*. Comment est-il formé ?**

✔ Les mots contraires sont des **mots de sens opposés**. Les contraires s'appellent aussi des **antonymes**.

✔ Il y a deux sortes de contraires :
– des mots différents : *beauté / laideur, sortir / entrer* ;
– des mots formés à l'aide d'un préfixe comme ***in-*** (***im-***, ***il-***, ***ir-***), ***dé-*** (***des-***) ou ***mal-*** : *prudent / **im**prudent, tacher / **dé**tacher, heureux / **mal**heureux.*

Retrouver les contraires

1 * **Associe par paire chaque mot et son contraire.**

le bonheur – le bien – la fin – un nain – le début – le malheur – le départ – la joie – un géant – la tristesse – le mal – l'arrivée

2 * **Même exercice.**

commencer – se taire – s'amuser – pleurer – s'ennuyer – se réveiller – rire – s'endormir – parler – aimer – détester – terminer

3 * **Recopie chaque verbe et son contraire.**

a. finir *(débuter • terminer)*
b. bouger *(remuer • s'immobiliser)*
c. autoriser *(accorder • interdire)*
d. construire *(détruire • bâtir)*
e. réussir *(parvenir • échouer)*

4 ** **Recopie en bleu les synonymes du mot souligné et en rouge son contraire.**

grand *(haut • petit • élevé)*
→ *haut* • *petit* • *élevé*
a. lourd *(pesant • léger • écrasant)*
b. avancer *(reculer • progresser • approcher)*
c. victoire *(triomphe • succès • défaite)*
d. lentement *(doucement • rapidement • tranquillement)*

Utiliser les préfixes pour former des contraires

5 ** **Trouve le contraire des adjectifs à l'aide des préfixes *il-*, *ir-*, *im-* ou *in-*.**

a. une chaleur supportable
b. des ressources limitées
c. un caractère stable
d. une écriture régulière
e. une consigne compréhensible
f. un nombre pair

6 ** **Trouve le contraire des noms à l'aide des préfixes *in-*, *im-*, *il-*, *ir-*, *dé-* ou *dés-*.**

la patience • l'obéissance • le respect • le placement • la justice • la légalité

Utiliser les contraires

7 * **Retrouve le proverbe ou l'expression dont le mot en gras a été remplacé par son contraire.**

a. L'argent ne fait pas le **malheur**.
b. Le **jour** porte conseil.
c. Il ne faut pas **acheter** la peau de l'ours avant de l'avoir tué.
d. Il faut que **vieillesse** se passe.

8 * **Réécris ces phrases en remplaçant les mots en gras par leur contraire.**

a. J'**ignore** où il est allé.
b. Il **dépense** tout son argent de poche.
c. Il a **ralenti** et il est allé dans le mur.
d. J'ai **emprunté** le dictionnaire à Zoé.
e. Tout le monde **parle**.

9 ** **Ce début de conte a été changé. Rétablis-le en trouvant le contraire des mots en gras.**

Il était une fois un roi qui avait trois fils. Deux étaient **idiots** mais le troisième paraissait **intelligent**. Le roi, en **rajeunissant**, voyait ses forces **augmenter**. Quand il sentit sa fin **lointaine**, il fit appeler ses fils…

10 ** **Écris la suite du texte en remplaçant les mots en gras par leur contraire.**

diminution • se relâche • expiration • s'abaissent • sortir • remonte • sort

Les mouvements respiratoires sont de deux types :
– l'**inspiration** est le mouvement qui fait **entrer** l'air dans les poumons. Le diaphragme (un muscle qui sépare le thorax de l'abdomen) **se contracte** et **s'abaisse**. Dans le même temps, les côtes **se soulèvent**. Cela provoque l'**augmentation** de la cage thoracique et donc celle des poumons : l'air **entre** alors dans les poumons ;
– l'… est le mouvement qui fait … une partie de l'air contenu dans les poumons. Le diaphragme … et … . Les côtes … . Cela entraîne une … du volume de la cage thoracique et donc des poumons : l'air … alors des poumons.

Sciences, cycle 3, Magnard.

Écrire

11 **Fais ton « antiportrait » : dis tout le contraire de ce que tu es, de ce que tu aimes ou de ce que tu n'aimes pas.**

Le sens d'un mot d'après son contexte

Ce lundi-là, Martin se leva un peu avant huit heures et trouva Mamie Maguie dans la cuisine. Elle **notait** la liste des produits dont elle avait besoin sur une fiche en carton.

– Aujourd'hui, il faut faire des **courses**. Va réveiller ta sœur. On partira dès que vous aurez déjeuné.

Martin alla d'un pas traînant tambouriner sur la porte de sa sœur et revint s'asseoir à la table de la **cuisine**.

– Elle dort encore, dit-il en versant du lait sur ses céréales au chocolat.

Jeanine et Jean Guion, *Le Mariage de Super-Mamie*, Hatier.

Cherchons

- **Lorsque votre professeur note votre travail, fait-il la même action que Mamie Maguie ? En quoi est-ce différent ?**
- **Par quel synonyme pourriez-vous remplacer le mot *courses* ?**
- **Dans le texte, le mot *cuisine* représente-t-il une pièce de la maison ou la préparation d'un plat ?**

✔ Un mot peut avoir **des sens différents en fonction du contexte** dans lequel on l'emploie. Le contexte est l'ensemble des mots et des phrases qui précèdent ou suivent ce mot.

noter
- *Elle* **note** *la liste des courses.* (Elle écrit pour s'en souvenir.)
- *Le maître* **note** *les copies.* (Il écrit un chiffre sur les copies.)

✔ Le dictionnaire indique les différents sens d'un mot.

Connaître les différents sens d'un mot

1 * Remplace le verbe *battre* par l'un des synonymes proposés.

indiquer • vaincre • taper • mélanger

a. L'équipe de France a réussi à battre celle du Portugal deux buts à un.

b. Il faut battre les cartes à jouer avant de les distribuer.

c. Jordan a été puni car on l'a vu battre un de ses camarades.

d. La baguette du chef d'orchestre lui sert à battre la mesure.

2 * **Il manque le même mot dans ces phrases. Trouve ce mot.**

a. Tous les matins, Soltana se coiffe devant la … de la salle de bains.

b. Mes parfums de … préférés sont la framboise et la vanille.

c. Les Esquimaux doivent briser la … de la banquise pour pêcher.

d. Malgré sa colère, il resta de … et ne prononça aucune parole.

3 * **Même exercice.**

a. Le triangle est une figure géométrique à trois … .

b. De quel … vas-tu ? À droite ou à gauche ?

c. Il a fini la course avec un point de … .

d. Jules habite à … de chez moi.

4 ** **Écris le mot correspondant à chaque série de définitions.**

Elle peut être de pain ou appartenir au chef d'orchestre.

→ *C'est la baguette.*

a. Synonyme de durée. En conjugaison, ils peuvent être simples ou composés.

b. Si elles sont vertes, on les mange. Si elles sont de contact, elles remplacent les lunettes.

c. Elle peut être de savon ou contenir du texte dans une bande dessinée.

d. Elle brille dans le ciel. De mer, elle a cinq branches.

Comprendre le sens d'un mot d'après le contexte

5 ** **Trouve le contraire des adjectifs en gras.**

Fais bien attention au contexte.

a. une situation **claire**

b. une couleur **claire**

c. une **grosse** voix

d. Ce chat est trop **gros**.

e. Il fait un temps **sec**.

f. Le linge est **sec**.

6 ** **Pour chaque mot en gras, recopie la définition qui convient en fonction du contexte.**

L'Espagne et le Portugal se partagent une péninsule presque carrée appelée péninsule Ibérique et qui est séparée du reste de l'Europe par la haute **chaîne** des Pyrénées, difficile à traverser. Le centre de la péninsule est occupé par un haut **plateau** appelé Meseta, parcouru de **crêtes** montagneuses et creusé de profondes vallées.

Le Nouvel Atlas du monde, Nathan.

a. chaîne : ensemble d'anneaux reliés l'un à l'autre • ensemble de montagnes.

b. plateau : terrain plat élevé • objet plat utile pour poser des choses dessus et les transporter.

c. crêtes : morceaux de chair rouge situés sur la tête d'un coq • sommets des montagnes.

7 ** **Trouve le sens des mots en gras d'après le contexte. Choisis parmi les mots proposés et recopie les mots du texte qui t'ont aidé à trouver.**

a. Un jour, un homme et une femme décidèrent d'aller au marché pour acheter une vache. Au bout de trois heures de marche, ils se sentirent **las** et s'assirent sous un grand arbre.

fatigués • *de bonne humeur* • *ennuyeux*

b. En ce temps-là, les loups se combattaient férocement. Au cours d'une de ces **rixes**, deux loups s'affrontèrent.

des banquets • *des combats* • *des fêtes*

c. Jadis vivait une jeune fille **hardie** qui ne craignait pas d'aller seule dans la forêt.

courageuse • *paresseuse* • *lâche*

d. Le calendrier mongol comprend un cycle de douze ans. Chaque année porte le nom d'un animal. Le nom des onze premières fut facile à trouver, mais pour la douzième, un **litige** éclata entre le chameau et le rat.

un incendie • *un rire* • *une dispute*

e. Dans un petit village de l'Inde noyé sous la chaleur et la poussière, vivait un homme très **prospère** qui avait tout ce qu'il voulait.

heureux • *riche* • *pauvre*

Les homonymes

Homonymes
Il y a le **vert** du cerfeuil
Et il y a le **ver** de terre.
Il y a l'endroit et l'envers,
L'amoureux qui écrit en **vers**,
Le verre d'eau plein de lumière,
La fine pantoufle de vair
Et il y a moi, tête en l'air,
Qui dis toujours tout de travers.

Maurice Carême, *Le Mât de cocagne*, © Fondation Maurice Carême.

Cherchons

- **Quel est le point commun des noms en couleur ? Qu'est-ce qui les différencie ? Relevez deux autres mots qui se prononcent pareil.**
- **Comment pouvez-vous faire pour bien les distinguer ?**

✔ Les **homonymes** sont des mots **qui se prononcent de la même façon**, mais qui peuvent s'écrire différemment et qui ont un sens différent. C'est le contexte qui indique de quel mot il s'agit.

- **vert** (la couleur)
- **ver** (l'animal)
- **vers** (chaque ligne d'un poème)
- **verre** (un récipient pour boire)
- **vair** (la fourrure d'un écureuil appelé « petit-gris »)

✔ Certains homonymes ont la même orthographe.
*Ce poème se compose de plusieurs **vers**. Il arrivera **vers** midi.*

Connaître des homonymes

1 * **Ajoute une lettre au mot en gras et tu trouveras un homonyme.**
a. un **pâté** de sable • la … du chien
b. la **cane** et ses canetons • la … à pêche
c. la **cour** de la récréation • le … d'anglais
d. le **cap** Horn au sud de l'Amérique • la … du magicien
e. un vêtement **sale** • la … de bains

2 * **Complète les phrases par un homonyme du mot en gras.**

a. J'ai une **faim** de loup. • C'est la … du film.

b. À Venise, il y a des rues et des **canaux**. • Il y a des … de sauvetage sur tous les gros bateaux.

c. Il a déchiré son **col** en jouant au ballon. • C'est un vrai pot de … .

d. Le funambule marche sur un **fil**. • La … d'attente est encore longue.

e. Le pêcheur a jeté à l'eau l'**ancre** de son bateau. • Marcus a fait une grosse tâche d'… sur son cahier.

3 ** **Retrouve les paires d'homonymes qui correspondent aux définitions.**

a. Contraire de *bas*. • Liquide incolore nécessaire pour vivre.

b. Féminin du nom *oncle*. • Abri en toile pour camper.

c. Un vélo en possède deux mais une voiture en a quatre. • La couleur des cheveux de Poil de Carotte.

d. Autrefois, on l'utilisait pour conserver la viande. • On s'en sert pour s'asseoir sur un cheval.

e. Le plus gros doigt de la main. • Le contraire de *tirer* conjugué à la 1re personne du singulier au présent.

4 ** **Trouve les villes françaises dont les noms sont des homonymes des mots suivants.**

N'oublie pas les majuscules !

quand • lion • renne • trois • mot • lourde • sept • fois

5 ** **Relie ces homonymes à leurs synonymes.**

bond •	• chanson
bon •	• prix
chant •	• saut
champ •	• leçon
coup •	• bref
coût •	• choc
cours •	• pré
court •	• gentil

Utiliser des homonymes

6 * **Complète les phrases en utilisant le bon homonyme.**

a. Tous les matins, à cinq heures, j'entends le cocorico du … . *(coque • coq)*

b. La virgule et les guillemets sont des … de ponctuation. *(signes • cygnes)*

c. Tu as tort de partir … ton parapluie car il va sûrement pleuvoir. *(sang • sans)*

d. La … des Pyrénées se situe entre la France et l'Espagne. *(chaîne • chêne)*

e. Qui est l'… du roman *Sacrées Sorcières* ? *(hauteur • auteur)*

f. Margaux s'est fait … en tombant de vélo hier. *(malle • mal)*

7 ** **Trouve les paires d'homonymes qui peuvent compléter ces phrases.**

a. J'adore manger les … avec de la sauce tomate et du parmesan.
Les … de l'ornithorynque sont palmées.

b. Selon les années, le … de février a 28 ou 29 jours.
Mon amie Léa habite juste en face de chez … .

c. Avez-vous déjà lu des … des frères Grimm ?
L'épicier vérifie que ses … sont justes.

d. Les déménageurs ne savent pas où … le piano de madame Arpège.
L'unité principale des mesures de longueur est le … .

e. Ce chanteur d'opéra a vraiment une très belle … .
Le trafic des trains a été interrompu sur la … de chemin de fer entre Paris et Versailles à cause de travaux.

Écrire

8 **Comme Maurice Carême dans *Homonymes*, page 184, écris un petit poème dans lequel tu emploieras des homonymes.**

Tu peux choisir des homonymes étudiés dans cette leçon.

Les niveaux de langage

Violette, qui est en vacances avec son père, a rencontré Victor, un garçon de son âge, quelques jours plus tôt.

À un moment, Victor a lancé en rigolant :
« Tu sais que tu as foutu une pétoche du diable à la mémé ? Elle t'a prise pour un fantôme, hé ! » [...]
« **Moi, la mémé, la moitié du temps, je comprends pas ce qu'elle dit.** Gaga comme elle est, j'essaie même pas. »

Corinne Bouchard, Pierre Mezinski, *L'Amour fantôme*, Magnard Jeunesse.

Cherchons

- **Donne des synonymes de *rigolant, pétoche* et *gaga*. Quelle différence vois-tu entre les synonymes que tu as trouvés et ces trois mots ?**
- **Quel mot manque dans la phrase en couleur ? À ton avis, pourquoi ?**

✔ La **façon de s'exprimer varie** avec la personne à qui l'on s'adresse (un copain ou un adulte), la situation dans laquelle on se trouve (la cour de récréation ou le cabinet du médecin) et si l'on s'exprime à l'oral ou à l'écrit.

✔ On distingue plusieurs niveaux de langage :
– le **niveau familier** (langage parlé) : *Tu lui as foutu une pétoche du diable !*
– le **niveau courant** : *Violette est en vacances avec son père.*
– le **niveau soutenu** : *Je vous prie de croire, Monsieur le Directeur, à ma meilleure considération.*

Reconnaître les différents niveaux de langage

1 * **Classe les mots dans le tableau selon leur niveau de langage.**
la maison • se vêtir • se marrer • la demeure • amusant • s'habiller • rire • la baraque • rigolo • se fringuer • distrayant

familier	courant	soutenu

2 * **Regroupe les verbes synonymes et souligne celui qui appartient au langage familier.**
se grouiller • dormir • casser • bouffer • se dépêcher • piger • dérober • roupiller • comprendre • piquer • bousiller • manger

3 * **Regroupe les noms synonymes et souligne celui qui appartient au langage courant.**
un prof • une balade • des pommes de terre • des chaussures • une dégringolade • un mensonge • le cinoche • des godasses • un professeur • une chute • le cinéma • des patates • une promenade • un bobard

4 * **Trouve les neuf synonymes du mot *enfant* et classe-les selon le niveau de langage auquel ils appartiennent.**

P	E	G	A	M	I	N	E	L	T	A
O	B	I	L	O	U	P	I	O	T	U
U	T	R	U	M	I	O	C	H	E	R
P	R	O	G	E	N	I	T	U	R	E
O	D	E	S	C	E	N	D	A	N	T
N	O	C	H	E	R	I	T	I	E	R
U	N	A	I	E	B	A	M	B	I	N

5 * **Redonne à chaque personne la phrase qu'elle prononce.**
a. Monsieur Snob à l'une de ses amies.
b. Madame Martin à l'une de ses voisines.
c. Lucas à son copain Tom.

1. « Salut, tu viens te balader ? »
2. « Bonjour, veux-tu manger avec moi ? »
3. « Mes hommages, Madame, me ferez-vous l'honneur de partager mon modeste repas ? »

Passer du langage familier au langage courant

6 ** **Réécris les phrases suivantes en langage courant.**
a. Ce type est complètement givré !
b. J'ai un coup de pompe !
c. T'as vu comment il est sapé ?
d. Toi, t'es mon super pote.

7 ** **Remplace les mots en gras par un synonyme appartenant au langage courant.**
Mes **copains** arrivent à huit heures trente, comme la plupart des élèves. Quelquefois, ils arrivent alors que les rangs sont déjà formés. Martin, surtout. Il est toujours en retard. Il dit à la maîtresse que sa mère est **à la bourre**. C'est son excuse. Ensuite, il se tourne vers moi et il me dit :
– **T'as vachement du bol** d'aller à la garderie, Nicolas, au moins t'es jamais en retard.
Moi, je proteste. On voit bien qu'il n'a pas passé une heure **à poireauter** en regardant les bandes dessinées que je connais par cœur, ni à éviter par tous les moyens ce **casse-pieds** de Baptiste Lelouche qui me cherche toujours des noises alors que je ne suis même pas dans sa classe.

Marie-Sophie Vermot, *Je veux faire des bêtises !*, Milan.

Écrire

Tu peux choisir le même sujet pour les deux conversations.

8 **Les personnages se racontent leur journée. Écris leur conversation en utilisant le niveau de langage qui convient.**

Des mots pour évoquer la mer

Les deux enfants habitaient une petite ville au bord de la mer. Le soir, après l'école, ils partaient vers le port. Thibaud avait toujours aimé regarder les bateaux revenir de la pêche. Des centaines de mouettes les accompagnaient en poussant des cris perçants. Les hommes s'interpellaient tout en déchargeant les caisses pleines de poissons. Leurs rudes manières et leurs voix fortes effrayaient un peu Émilie. Elle avait toujours vécu dans une grande ville, loin de la mer. Elle respirait avec un peu de dégoût l'odeur âcre de ce mélange de poissons, d'algues et d'eau de mer.

Véronique Nitsch, *Une mère sur mesure*, Flammarion, Castor Poche.

Cherchons

- **Relevez les mots qui évoquent le thème de la mer. Parmi ces mots, citez un élément de la flore et deux éléments de la faune.**
- **De quel métier est-il question dans le texte ?**

Connaître des mots pour décrire les paysages marins

Tu peux t'aider d'un dictionnaire pour les exercices de cette leçon.

1 * **Associe un nom au numéro correspondant sur le dessin.**
a. la baie • **b.** une falaise • **c.** le phare • **d.** une île • **e.** le port • **f.** la plage • **g.** des écueils

2 * **Classe les noms en gras selon l'élément auquel ils se rapportent : l'eau, l'air ou la terre.**
L'**ouragan** se déchaînait, ce soir-là, sur la **lande**. Un **vent** aigre, qui venait du **large**, jetait son haleine glacée sur la terre couverte d'une **herbe** rase. Seuls les **tamaris** pliaient sous la **bise**, en geignant comme âmes en peine. Au bas de la **falaise**, les **vagues** venaient mourir sur une **plage** de **sable** fin. La **marée** montait, la grande marée d'équinoxe qui engendre la tempête, et, d'un moment à l'autre, les **rochers** s'avançant dans la mer seraient recouverts par les **flots**.

J. Gontier, *Le cavalier qui venait de la mer*, Le Livre de Poche, Hachette.

3 * **Parmi ces mots, recopie ceux qui décrivent un paysage marin.**
un pic • un rivage • un champ • une colline • une jetée • une crique • une dune • un col • un pré • un glacier • une anse • un récif • une vallée • une côte • un galet

4 * **Relie comme il convient.**

une mer plate •	
une mer démontée •	
un raz de marée •	• une mer calme
une mer d'huile •	
une tempête •	• une mer agitée
une forte houle •	
des vaguelettes •	

Décrire des activités liées à la mer

5 * **Complète les phrases avec les verbes proposés.**
ont débarqué • s'est échoué • ont embarqué • a accosté • a largué
a. Les passagers … sur le paquebot puis celui-ci … les amarres et a quitté le port.
b. Un bateau … au large des côtes italiennes.
c. Un magnifique yacht … dans le port.
d. Les marins … une importante cargaison de fruits exotiques sur les quais du port.

6 * **Complète les définitions avec le nom de métier correspondant.**
architecte naval • ostréiculteur • maître nageur • océanographe
a. Il élève des huîtres : c'est un … .
b. Il étudie les eaux des océans, des mers et des fonds marins : c'est un … .
c. Il dessine des plans de bateaux : c'est un … .
d. Il surveille les plages : c'est un … .

7 ** **Complète les phrases avec les mots proposés.**
coquillages • marée noire • pêche à pied • stations balnéaires • littoral • crustacés
a. Pendant l'été, les touristes déferlent sur les plages des … .
b. Le pétrolier qui a fait naufrage près des côtes bretonnes a provoqué une … .
c. Le … a été aménagé pour favoriser les activités de pêche, de commerce et de tourisme.
d. À marée basse, les vacanciers partent à la … pour ramasser des … et des … .

8 ** **Cherche la signification de ces trois expressions de sens figuré. Puis emploie-les chacune dans une phrase.**
a. Avoir le pied marin.
b. Être un vieux loup de mer.
c. Ce n'est pas la mer à boire.

Écrire

9 **Décris en quelques lignes ce que tu vois sur cette photographie.**

Répertoire

la marée	le large	le littoral	embarquer
une forte houle	le rivage	la pêche à pied	naviguer
une mer démontée	une falaise	des crustacés	accoster
les flots	une baie	des coquillages	débarquer
une mer d'huile	un récif	une marée noire	échouer

Des mots pour évoquer la montagne

Le ciel n'était pas un beau ciel d'été. On ne voyait même pas la **crête** des **sapins** pris dans la brume. Pas la plus petite montagne à l'horizon. Le brouillard descendait des sommets et bientôt il atteindrait le fond de la vallée.
– Tu veux que l'on aille jusqu'à la clairière aux **gentianes** ? m'a demandé Antoine avec un sourire malin.
– Oh oui ! j'ai murmuré. [...]
On a mis nos bottes, l'herbe était mouillée. On a traversé le petit pont de pierre qui enjambe le torrent en faisant le gros dos comme s'il craignait de se faire éclabousser. Puis on a pris le **sentier** qui monte vers la clairière.
Antoine marchait lentement devant moi. Tous les montagnards savent bien qu'il faut prendre lentement la première **montée** si on veut arriver au bout.

Marie-Claude Berot, *Mes vacances préférées*, Flammarion, Castor Poche.

Cherchons

- **Relevez tous les mots qui donnent des informations sur le paysage.**
- **Les noms en violet font-ils partie de la faune ou de la flore ?**
- **Trouvez trois mots de la famille de *montagne* dans le texte.**
- **Cherchez un synonyme pour chaque mot en vert.**

Connaître et utiliser des mots pour décrire des paysages

1 * **Complète les définitions avec les mots proposés.**
vallée • col • sommet • versant
a. Haut de la montagne : ... .
b. Passage entre deux montagnes : ... .
c. Pente d'une montagne : ... .
d. Espace large et plat encadré par les deux pentes d'une montagne : ... .

2 * **Complète les phrases avec des mots de la famille de *neige*.**
neigeuses • enneigement • enneigés • neiger • déneiger
a. La météo a annoncé qu'il allait ... .
b. Les skieurs sont mécontents car l'... des pistes n'est pas très important.
c. Il va falloir ... les routes pour que les automobilistes circulent plus facilement.
d. Plusieurs cols ... ont été fermés à la circulation.
e. Avec leur luge, les enfants glissent sur les pentes ... .

3 * **Relie comme il convient.**

une pente douce •	
une pente raide •	
une pente abrupte •	• facile à monter
une pente faible •	
une pente forte •	• difficile à monter
une pente escarpée •	
une pente accessible •	

Connaître des mots pour décrire la faune et la flore

4 ** **Classe les noms.**

Aide-toi d'un dictionnaire.

noms de fleurs	noms d'arbres	noms d'animaux

ours brun • vautour • sapin • marmotte • épicéa • aigle royal • véronique • gentiane • arnica • chamois • edelweiss • mouflon • hêtre • bouleau • bouquetin • mélèze

5 ** **Lis le texte puis réponds aux questions.**

À l'approche de l'automne, les marmottes aménagent un terrier d'hiver. Elles s'y installent confortablement et s'endorment pendant 6 mois, jusqu'au mois d'avril. C'est ce qu'on appelle l'hibernation.

a. Comment s'appelle le lieu d'habitation de la marmotte ?

b. Relève le nom qui indique que la marmotte vit au ralenti en hiver. Cherche un verbe de la même famille.

c. Explique l'expression de sens figuré « dormir comme une marmotte ».

Décrire les activités humaines

6 ** **Recopie les mots du texte en réponse aux devinettes.**

Les deux hommes posèrent les sacs sur la table rustique accotée au chalet, appuyèrent les piolets contre le mur crépi à la chaux et pénétrèrent directement dans la salle des guides par une porte de plain-pied.

Roger Frison-Roche, *Premier de cordée*, Flammarion.

a. Je suis un instrument très utile pour les alpinistes.

b. Je suis une maison de montagne.

c. Notre métier est d'accompagner des personnes en haute montagne.

7 ** **Complète les phrases avec les mots proposés.**

parcs nationaux • *troupeaux* • *torrents* • *avalanche* • *alpages* • *flore* • *barrages* • *faune*

a. Quand l'hiver se termine, les éleveurs emmènent leurs … dans les …, de vastes prairies situées près des sommets.

b. Dans les stations de ski, on peut voir des drapeaux à carreaux noirs et jaunes qui annoncent une possible … .

c. Lors de la fonte des neiges, l'eau vive des … se déverse dans les … construits pour produire de l'énergie hydroélectrique.

d. Dans les …, les activités humaines sont très réglementées afin de préserver la … et la … .

Écrire

8 **Relis le texte de la p. 190 et raconte l'ascension des deux amis jusqu'à la clairière aux gentianes.**

Tu peux aussi raconter ce qu'ils vont trouver en arrivant.

Répertoire

une avalanche	les alpages	neigeux	neiger
l'enneigement	un versant	escarpé	déneiger
la fonte des neiges	un sommet	abrupt	hiberner
l'hibernation	un chalet	montagnard	préserver

Des mots pour évoquer la campagne

Le sac à dos bien arrimé sur les épaules, les adolescents avançaient dans la campagne verdoyante. Mais comment résister à des **mûres** sucrées et bien fraîches ou au plaisir d'arracher quelques feuilles de **menthe**, de les écraser dans la main et de sentir ses doigts ensuite ? Si, au départ de la ferme, le petit groupe avait emprunté des chemins qui serpentaient entre des champs de **maïs** et de **tabac**, maintenant il progressait dans la forêt qui grimpait en pente douce sur les flancs de la montagne.

Marie-Jeanne Barbier, *Le Mystère au pas du loup*, © Actes Sud.

Cherchons

- **Relevez trois noms dans le texte qui évoquent la campagne.**
- **Parmi les végétaux écrits en violet, lesquels sont cultivés par l'homme ? Lesquels poussent naturellement ?**
- **Relevez un mot de la famille de *vert*.**

Décrire un paysage de campagne

1 * **Recopie les mots du poème qui correspondent aux définitions.**

Le pays

C'est un petit pays qui se cache parmi
ses bois et ses collines ;
il est paisible, il va sa vie
sans se presser sous ses noyers ;
il a de beaux vergers et de beaux champs
[de blé,
des champs de trèfle et de luzerne,
roses et jaunes dans les prés,
par grands carrés mal arrangés ;
il monte vers les bois, il s'abandonne
[aux pentes
vers les vallons étroits où coulent
[des ruisseaux
et, la nuit, leurs musiques d'eau
sont là comme un autre silence.

Charles-Ferdinand Ramuz, *Vers*, Éditions Mermod.

a. Arbre produisant des noix.
b. Terrain recouvert d'herbe.
c. Petite vallée.
d. Synonyme de *tranquille*.
e. Plantes pour nourrir les vaches. *(2 mots)*
f. Petite hauteur de forme arrondie.
g. Petit cours d'eau peu profond.
h. Lieu planté d'arbres fruitiers.

2 ** **Complète le texte avec les mots proposés.**

arbustes • *colza* • *printemps* • *croissance* • *reverdissent* • *bourgeons* • *fleurs*

Selon le calendrier, le … commence le 20 mars. À cette date, le jour et la nuit auront la même durée. Après le long sommeil hivernal, la nature se réveille. La sève recommence à monter dans les branches des arbres et des … ; elle fait gonfler les … . Les premières … apparaissent sur les haies et dans les prés. Les champs cultivés … : les plants du blé et du … d'hiver ont repris leur … .

René Mettler, *La Nature au fil des mois*, Gallimard Jeunesse.

3 ** **Recopie les adjectifs qui évoquent un paysage de campagne.**

rural • urbain • maritime • champêtre • montagnard • agricole • bucolique

Décrire la vie à la campagne

4 * **Aide-toi du texte pour répondre aux devinettes.**

Le monde rural est très étendu mais peu habité : un Français sur quatre seulement habite la campagne. Les ruraux habitent soit dans des fermes isolées, soit dans des hameaux qui regroupent quelques maisons, soit encore dans des villages, dont les plus grands comptent 2 000 habitants.

S. Le Callenec, *Géographie, cycle 3*, Hatier.

a. Nous sommes composés de quelques maisons.
b. Nous habitons à la campagne.
c. Nous sommes synonymes de bourgs ou de bourgades.
d. Nous sommes des lieux d'habitation et de travail pour les agriculteurs.

5 * **Associe les animaux de la ferme et l'endroit où ils vivent.**

a. une poule	**1.** un clapier
b. un cochon	**2.** une écurie
c. un lapin	**3.** un poulailler
d. une vache	**4.** une porcherie
e. un cheval	**5.** une étable

6 * **Recopie le nom des animaux qui font partie de la basse-cour.**

poule • cygne • faisan • dindon • coq • pintade • poussin • perdrix • chouette • oie • hirondelle • jars • cigogne • dinde • canard

7 ** **Remplace les verbes par un nom de la même famille.**

Récolter des pommes de terre
→ la récolte des pommes de terre

a. élever du bétail
b. moissonner du blé
c. traire des vaches
d. cultiver du maïs

8 ** **Complète les phrases avec les mots proposés.**

paysanne • agriculteurs • restauration • séjourner • tourisme vert

De nos jours, de nombreux … accueillent des vacanciers qui veulent … dans leur ferme ; cela s'appelle le … . Dans certains villages, des travaux de … des maisons anciennes ou des châteaux ont été entrepris. Dans d'autres lieux, des musées ont été créés pour faire connaître la vie … d'autrefois.

Écrire

9 **Décris ce que tu vois sur cette reproduction d'un tableau de Van Gogh.**

Répertoire

une colline	un pré	champêtre	cultiver
un vallon	un verger	rural	labourer
un hameau	la moisson	agricole	moissonner
une ferme	l'élevage	paysan	traire

Des mots pour évoquer la ville

Aujourd'hui, la grande majorité des Européens vivent dans des villes. Plus de 7 habitants sur 10 sont des citadins. Dans certains pays d'Europe, cette proportion peut atteindre ou dépasser 9 habitants sur 10 comme en Belgique, en Italie ou au Royaume-Uni. L'Europe est l'une des régions les plus **urbanisées** du monde. Pendant longtemps, les plus grandes villes du monde se trouvaient en Europe. Ce n'est plus le cas aujourd'hui. Dans certains pays, la France en particulier, il n'existe qu'une seule très grande **métropole**, la capitale.

Géographie. Une terre, des hommes, cycle 3, Magnard.

Cherchons

- **Relevez le nom signifiant *habitants des villes*.**
- **Cherchez dans le dictionnaire trois mots de la même famille que le mot en violet. Quel est le radical de ces mots ?**
- **Cherchez la définition du mot en vert. Quelle est son origine ?**
- **À quel mot du texte pourrait-on associer la ville de Paris ?**

Décrire la ville

1 * Retrouve dans la grille sept noms en rapport avec le thème de la ville.

Ils sont écrits verticalement ou horizontalement.

Q	U	A	R	T	I	E	R
U	J	G	I	W	P	O	I
I	O	G	V	A	E	M	M
P	Y	L	I	H	R	G	M
A	E	O	E	C	I	T	E
V	U	M	R	H	P	R	U
I	S	E	A	E	H	A	B
L	E	R	B	V	E	C	L
L	P	A	L	A	R	L	E
O	G	T	E	L	I	Y	N
N	Z	I	P	I	E	T	D
X	K	O	U	V	R	I	R
B	A	N	L	I	E	U	E

2 * Complète les phrases avec les noms de l'exercice 1.

a. Des bureaux ont été aménagés dans les … au cœur des villes.

b. Les villes sont divisées en plusieurs … .

c. Les loyers des appartement sont souvent moins élevés à la … des grandes villes.

d. L'… parisienne compte plus de dix millions d'habitants.

e. Un ensemble d'immeubles forme une … .

f. Les villes proches de Marseille composent la … marseillaise.

g. De nombreux habitants des villes aimeraient posséder un … avec un jardin.

3 * Associe les groupes de mots ayant la même signification.

a. ruelle

b. rue commerçante

c. rue piétonnière

1. rue réservée aux piétons

2. petite rue étroite

3. rue avec de nombreux magasins

4 ** **Recopie les mots du texte qui correspondent aux définitions.**

L'école

Dans notre ville, il y a
Des tours, des maisons par milliers,
Du béton, des blocs, des quartiers,
Et puis mon cœur, mon cœur qui bat
Tout bas.

Dans mon quartier, il y a
Des boulevards, des avenues,
Des places, des ronds-points, des rues
Et puis mon cœur, mon cœur qui bat
Tout bas. […]

Jacques Charpentreau, *La Ville enchantée*,

a. Place en forme de cercle d'où partent plusieurs voies de circulation.
b. Immeubles modernes très élevés.
c. Voies de circulation. *(3 mots)*
d. Mélange de sable, de gravillons, de ciment et d'eau servant à construire des bâtiments.

Décrire la vie en ville

5 * **Cherche dans le dictionnaire la définition de *transports en commun*. Puis recopie, parmi les noms proposés, les transports qui en font partie.**
voiture • vélo • autobus • moto • métro • camionnette • ambulance • tramway

6 ** **Trouve la réponse à ces devinettes.**
a. Je suis un habitant de la ville : un c _ _ _ _ _ _ .
b. Je suis le cœur de la ville : le c _ _ _ _ _ -v _ _ _ _ .
c. Je suis un synonyme de mairie : un h _ _ _ _ de v _ _ _ _ .
d. Je suis une voie de circulation rapide qui entoure une grande ville : un boulevard p _ _ _ _ _ _ _ _ _ _ _ .
e. Je suis noir et je recouvre les rues et les trottoirs : le b _ _ _ _ _ .

7 ** **Complète les phrases avec les mots ou les groupes de mots proposés.**
chaussée • *embouteillées* • *passants* • *gaz d'échappement* • *heures de pointe* • *grouillent* • *nuisances* • *trottoirs* • *pistes cyclables* • *urbaine*
a. Dans les grandes villes, des … ont été aménagées pour les cyclistes.
b. Les voitures circulent sur la … tandis que les piétons marchent sur les … .
c. Pendant les fêtes de Noël, les rues … de monde et les … s'attardent devant les vitrines décorées des magasins.
d. Aux …, c'est-à-dire au moment où les gens quittent leur travail et rentrent chez eux, les rues sont très … .
e. Le bruit, la pollution de l'air due notamment aux … des voitures provoquent des … pour la population … .

Écrire

8 **À la manière de Jacques Charpentreau dans l'exercice 4, écris un poème sur la ville dans laquelle tu habites ou sur ta ville idéale.**

Répertoire

un citadin	le piéton	un rond-point	urbain
un quartier	le passant	une piste cyclable	piétonnier
le centre-ville	une ruelle	circuler	périphérique
la banlieue	la chaussée		embouteillé
une métropole	un boulevard		

Des mots pour évoquer les moyens de transport

La tempête éclata tôt dans la soirée. Dès sept heures du soir, l'aéroport semblait sur le point de fermer. La pluie avait englouti la piste n° 1, et la piste n° 2 s'était transformée en canal. La moitié des vols était annulée. Les avions tournaient désespérément au-dessus des nuages en attendant l'autorisation d'atterrir. Le vent avait poussé un **DC 10** d'**Air France** jusqu'à **Luton**. Dans un **Jumbo Jet** en provenance de **Tokyo**, soixante-dix-neuf passagers japonais étaient tous tombés malades au même moment. C'était un de ces soirs qu'on n'oublie pas.

Anthony Horowitz, *Satanée grand-mère !*, Hachette Jeunesse.

Cherchons

- **De quel moyen de transport parle-t-on dans ce texte ? S'agit-il d'un moyen de transport terrestre, maritime ou aérien ? Relevez des mots qui justifient votre réponse.**
- **Que représentent les mots en violet ? En vert ? En orange ?**

Connaître des moyens de transport

1 * Complète les définitions avec l'adjectif qualificatif qui convient.

aérien • maritime • terrestre • fluvial

a. Je me déplace sur ou sous la terre : je suis un moyen de transport … .

b. Je me déplace sur ou sous la mer : je suis un moyen de transport … .

c. Je me déplace sur un fleuve, une rivière ou un canal : je suis un moyen de transport … .

d. Je me déplace dans l'air : je suis un moyen de transport … .

2 * Dans chaque liste, un moyen de transport n'appartient pas à la même catégorie que les autres. Recopie les listes sans l'intrus.

a. une montgolfière • un hélicoptère • un porte-avions • un planeur

b. un cargo • un cyclomoteur • un pétrolier • un voilier

c. une moto • un taxi • un TGV • une barque

3 ** Classe les moyens de transport dans le tableau.

transport maritime et fluvial	transport terrestre	transport aérien

un canot • un vaisseau • un aéroplane • un hydravion • un pousse-pousse • un scooter • un poids lourd • un yacht • un chasseur • une corvette • une patinette • un hydroglisseur • une bicyclette • un Canadair

Décrire le fonctionnement et les utilisateurs des moyens de transport

4 * Regroupe les mots de la même famille.

transporteur • pilotage • naviguer • conducteur • piloter • transport • conduire • navigation • pilote • conduite • navigateur • transporter

5 * **Associe chaque moyen de transport à son lieu de stationnement.**

Exemple : a - 4

a. une voiture
b. un avion
c. un autocar
d. un train de marchandises
e. un chalutier
f. un ferry

1. un embarcadère
2. une gare de triage
3. un port de pêche
4. un parking
5. une gare routière
6. un aérodrome

6 * **Recopie les mots du poème qui correspondent aux définitions.**

Puce
Une puce
dans un bus
rata le contrôleur
qui la pria
d'acquitter
son ticket
D'accord
fit la puce
mais aujourd'hui
c'est moi qui poinçonne…

Joël Sadeler, *Ménagerimes*,
Éditions Corps Puce.

a. Un synonyme de *trouer* conjugué à la 1re personne du singulier.
b. Personne qui vérifie que les passagers ont un titre de transport.
c. Petit carton qui permet de circuler dans un moyen de transport.

7 ** **Complète les phrases avec les mots proposés. Conjugue les verbes au présent de l'indicatif.**

trafic ferroviaire • survoler • régler • zone de pêche • décollage • jeter l'ancre • circulation automobile • chalutier • aéroport

a. Peu après son … de l'…, l'avion … la mer Méditerranée en direction de la Corse.
b. Arrivé sur la … avec un …, le marin pêcheur … et lance les filets à l'eau.
c. Au moment des vacances d'hiver, le … est intense en direction des stations de ski.
d. Un agent de police … la … près du carrefour.

8 ** **Même exercice.**

rails • pollution atmosphérique • sillonner • transports en commun • navires • déplacements • chemin de fer

a. D'immenses … de marchandises … les mers et les océans.
b. Pour se rendre au travail, de nombreuses personnes utilisent l'autobus, le métro, le tramway ou le train régional. Ces … facilitent les … et contribuent à diminuer la … .
c. Suite au déraillement d'un train, des ouvriers réparent les … sur la voie de … .

Écrire

9 **Écris un petit texte sur le moyen de transport que tu préfères ou sur celui que tu utilises le plus souvent.**

Répertoire

le trafic	une gare routière	routier	conduire
la pollution	l'aéroport	ferroviaire	transporter
les transports en commun	l'aérodrome	aérien	survoler
un contrôleur	un décollage	fluvial	atterrir
un déraillement	l'embarcadère	maritime	sillonner

Des mots pour décrire des sons

Quelque part dans le bois des Moines, un chien **aboya**. En bas, dans le village, une porte **claqua**. Le train à lait cahotait en **cliquetant** en direction de Rockford Market. C'étaient les bruits **familiers** de la nuit à Hilton Valley, et c'était peut-être eux qui avaient réveillé Avril. Non... Un son plus doux, plus proche, s'était glissé dans son esprit en lui soufflant « danger ».

Henrietta Branford, *Avril prend la mer*, © Éditions Gallimard.

Cherchons

- **Quel est le point commun aux trois verbes en violet ?**
- **Relevez un verbe qui exprime un son produit par une voix.**
- **Trouvez un contraire du mot en vert. Citez deux bruits qui vous sont familiers.**

Connaître des bruits

Aide-toi du dictionnaire pour tous les exercices de cette leçon.

1 * Classe les noms dans le tableau.

bruits forts	bruits faibles

murmure • frémissement • vacarme • fracas • vrombissement • gémissement • détonation • cliquetis • gazouillement • tintamarre • tapage • tohu-bohu • froissement • pétarade

2 * Recopie les adjectifs. Puis souligne ceux qui évoquent un bruit fort et entoure ceux qui évoquent un bruit faible.

assourdissant • étouffé • sourd • sonore • bruyant • amorti • retentissant • atténué

3 * Écris les noms qui correspondent à ces verbes.

a. bourdonner • **b.** claquer • **c.** gronder • **d.** craquer • **e.** pétiller • **f.** ronfler

4 ** Relie comme il convient.

le clapotis •	• des feuilles
le souffle •	• d'une cloche
le grincement •	• d'une porte
le bruissement •	• du réveil
le roulement •	• du feu
le crépitement •	• des vagues
le tintement •	• d'une voiture
la sonnerie •	• du vent
le klaxon •	• du tambour

Décrire des voix

5 * Classe les verbes dans le tableau.

à voix forte	à voix faible

s'écrier • chuchoter • marmonner • clamer • hurler • souffler • s'égosiller • soupirer • vociférer • crier • susurrer • tempêter • claironner • grommeler • maugréer • s'époumoner • bougonner

6 * **Dans chaque liste, un adjectif n'est pas synonyme de celui qui est en gras. Recopie les listes sans l'intrus.**

a. une voix **forte** : puissante • enrouée • éclatante • tonitruante

b. une voix **aiguë** : grave • stridente • perçante • criarde

c. une voix **grave** : caverneuse • basse • profonde • flûtée

7 ** **Cherche le sens de ces expressions de sens figuré dans le dictionnaire. Puis utilise-les dans une phrase.**

a. rester sans voix

b. de vive voix

c. à mi-voix

d. à voix basse

Connaître le cri des animaux

8 * **Indique le cri de chaque animal.**

a. une grenouille

b. une souris

c. un cheval

d. un loup

e. un cerf

f. un éléphant

g. un chameau

9 * **Réécris les phrases sous la forme d'un groupe nominal.**

Le chat miaule.

→ *Le miaulement du chat*

a. Le chien aboie.

b. Le corbeau croasse.

c. Le mouton bêle.

d. Le pigeon roucoule.

e. Le renard glapit.

10 ** **Cherche le nom des animaux dont le cri ou le bruit est indiqué par les verbes en gras.**

Silence, on tourne !

Chez moi,
Le réfrigérateur **ronronne**,
Le robinet **miaule**,
La radio **babille**,
La pendule **jacasse**,
Le téléphone **stridule**,
La bouilloire **siffle**,
Le sèche-cheveux **bourdonne**,
La sonnette **couine**,
L'aspirateur **rugit**,
Le chauffe-bain **beugle**,
L'électrophone **gazouille**,
La machine à laver **mugit**,
Le magnétophone **jase**,
Le moulin à café **vrombit**,
Quel travail
Pour dompter toute cette ménagerie !

Jacques Charpentreau, *Mon premier livre de poèmes*, © Jacques Charpentreau.

Écrire

11 **Écris un petit texte sur les bruits que tu as l'habitude d'entendre chez toi.**

Tu peux décrire les bruits de ta maison le matin, quand tout le monde se réveille.

Répertoire

le clapotis	un tintamarre	amorti	susurrer
le bruissement	une pétarade	strident	gazouiller
un murmure	le crépitement	assourdissant	bourdonner
un frémissement	un vrombissement	tonitruant	s'égosiller
un grincement	un bourdonnement	caverneux	vociférer

Des mots pour faire un portrait

La tante Mélina était une très vieille et très méchante femme, qui avait une bouche sans dents et un menton plein de barbe. Quand les petites allaient la voir dans son village, elle ne se lassait pas de les embrasser, ce qui n'était pas très agréable, à cause de la barbe, et elle en profitait pour les pincer et leur tirer les cheveux. Son plaisir était de les obliger à manger d'un pain et d'un fromage qu'elle avait mis à moisir en prévision de leur visite. En outre, la tante Mélina trouvait que ses deux petites-nièces lui ressemblaient beaucoup et affirmait qu'avant la fin de l'année elles seraient devenues ses deux fidèles portraits, ce qui était effrayant à penser.

Marcel Aymé, « La patte du chat » in *Les Contes du chat perché*, © Gallimard.

Cherchons

- **De quel personnage fait-on le portrait dans ce texte ?**
- **Que pouvez-vous dire de son physique ? Relevez les mots du texte pour justifier votre réponse.**
- **Que pouvez-vous dire de son caractère ? Relevez les mots du texte pour justifier votre réponse.**
- **Ce portrait est-il sympathique ?**

Décrire l'aspect physique

1 * Classe ces mots selon qu'ils indiquent une silhouette fine ou forte.
mince • gracile • potelé • grassouillet • filiforme • malingre • robuste • trapu • frêle • svelte • massif • chétif • corpulent • fluet • rondouillard

2 * Dessine les visages correspondant à ces descriptions.
a. Mon professeur de maths est chauve ; il a le front bombé, des yeux globuleux, un nez aquilin et un menton proéminent.
b. Ma tante Adélaïde a des cheveux clairsemés poivre et sel, un menton en galoche et un nez crochu.
c. Ma copine Margot a des cheveux blonds comme les blés, un visage ovale au teint hâlé, des yeux verts, un nez fin et des lèvres charnues.
d. Anatole a un visage joufflu et jovial piqueté de taches de rousseur ; ses yeux sont malicieux et vifs, ses cheveux ébouriffés.

3 ** Décris ces visages le plus précisément possible.

a.

b.
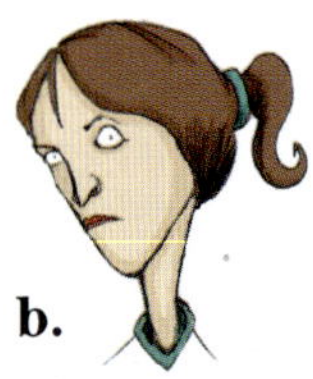

c.

d.

4 ** **Classe ces pièces d'habillement en trois catégories : *sous-vêtements, accessoires, vêtements*.**

des socquettes • un caleçon • un chandail • un corsage • un boléro • un bermuda • des mitaines • un kilt • un cardigan • un smoking • un chapeau melon • des bas • un haut-de-forme • un tailleur • un châle

5 ** **Lis le texte puis complète le tableau.**

Harry ne ressemblait en rien au reste de la famille. L'oncle Vernon était grand avec une énorme moustache noire et quasiment pas de cou. La tante Pétunia avait un visage chevalin et une silhouette osseuse. Dudley était blond, rose et gras comme un porc. Harry, au contraire, était petit et maigre, avec de grands yeux verts étincelants et des cheveux d'un noir de jais qu'il n'arrivait jamais à coiffer. Il portait des lunettes rondes et une mince cicatrice en forme d'éclair marquait son front.

J.K.Rowling, *Harry Potter et la chambre des secrets*,

	silhouette	visage / yeux / cheveux	signe distinctif
Harry			
Dudley			
Vernon			
Pétunia			

Décrire le caractère

6 * **Classe ces adjectifs dans le tableau.**

sympathique	antipathique

enjoué • jovial • maussade • morose • rayonnant • affable • souriant • revêche • grognon • radieux • chaleureux • renfrogné • sournois • hypocrite • franc • hilare

7 * **Complète les phrases par une proposition subordonnée relative ajoutant un trait de caractère ou un détail supplémentaire au personnage.**

a. Joffrey était un garçon svelte qui … .
b. Miranda, qui …, avait une figure osseuse et renfrognée.
c. Oncle Joe, qui …, est pourtant très âgé.
d. Edwin porte toujours une écharpe et une casquette qu'il … .
e. Grand-mère Catherine, que je …, semble toujours maussade.

Écrire

8 **Imagine que la tante Mélina a une sœur, Ursule, qui est tout son contraire. Rédige son portrait.**

Ursule était…

Répertoire

le corps	le visage	le caractère	
svelte	des yeux malicieux	chaleureux	antipathique
filiforme	des yeux globuleux	enjoué	hostile
frêle	un menton proéminent	jovial	revêche
fluet	des lèvres charnues	affable	renfrogné
corpulent	des cheveux ébouriffés	rayonnant	sournois
trapu	un visage joufflu	franc	maussade
potelé	un visage ovale		

Infinitif être

Indicatif

Présent	Futur	Imparfait
je suis	je serai	j'étais
tu es	tu seras	tu étais
il, elle, on est	il, elle, on sera	il, elle, on était
nous sommes	nous serons	nous étions
vous êtes	vous serez	vous étiez
ils, elles sont	ils, elles seront	ils, elles étaient

Passé composé	Passé simple
j'ai été	je fus
tu as été	tu fus
il, elle, on a été	il, elle, on fut
nous avons été	nous fûmes
vous avez été	vous fûtes
ils, elles ont été	ils, elles furent

Impératif

sois
soyons
soyez

Participe passé

été

Infinitif avoir

Indicatif

Présent	Futur	Imparfait
j'ai	j'aurai	j'avais
tu as	tu auras	tu avais
il, elle, on a	il, elle, on aura	il, elle, on avait
nous avons	nous aurons	nous avions
vous avez	vous aurez	vous aviez
ils, elles ont	ils, elles auront	ils, elles avaient

Passé composé	Passé simple
j'ai eu	j'eus
tu as eu	tu eus
il, elle, on a eu	il, elle, on eut
nous avons eu	nous eûmes
vous avez eu	vous eûtes
ils, elles ont eu	ils, elles eurent

Impératif

aie
ayons
ayez

Participe passé

eu

Infinitif chanter (1er groupe)

Indicatif

Présent	Futur	Imparfait
je chante	je chanterai	je chantais
tu chantes	tu chanteras	tu chantais
il, elle, on chante	il, elle, on chantera	il, elle, on chantait
nous chantons	nous chanterons	nous chantions
vous chantez	vous chanterez	vous chantiez
ils, elles chantent	ils, elles chanteront	ils, elles chantaient

Passé composé	Passé simple
j'ai chanté	je chantai
tu as chanté	tu chantas
il, elle, on a chanté	il, elle, on chanta
nous avons chanté	nous chantâmes
vous avez chanté	vous chantâtes
ils, elles ont chanté	ils, elles chantèrent

Impératif

chante
chantons
chantez

Participe passé

chanté

Infinitif finir (2e groupe)

Indicatif

Présent	Futur	Imparfait
je finis	je finirai	je finissais
tu finis	tu finiras	tu finissais
il, elle, on finit	il, elle, on finira	il, elle, on finissait
nous finissons	nous finirons	nous finissions
vous finissez	vous finirez	vous finissiez
ils, elles finissent	ils, elles finiront	ils, elles finissaient

Passé composé	Passé simple
j'ai fini	je finis
tu as fini	tu finis
il, elle, on a fini	il, elle, on finit
nous avons fini	nous finîmes
vous avez fini	vous finîtes
ils, elles ont fini	ils, elles finirent

Impératif

finis
finissons
finissez

Participe passé

fini

Infinitif aller (3e groupe)

Indicatif

Présent
je vais
tu vas
il, elle, on va
nous allons
vous allez
ils, elles vont

Futur
j'irai
tu iras
il, elle, on ira
nous irons
vous irez
ils, elles iront

Imparfait
j'allais
tu allais
il, elle, on allait
nous allions
vous alliez
ils, elles allaient

Passé composé
je suis allé(e)
tu es allé(e)
il, elle, on est allé(e)
nous sommes allé(e)s
vous êtes allé(e)s
ils, elles sont allé(e)s

Passé simple
j'allai
tu allas
il, elle, on alla
nous allâmes
vous allâtes
ils, elles allèrent

Impératif
va
allons
allez

Participe passé
allé

Infinitif faire (3e groupe)

Indicatif

Présent
je fais
tu fais
il, elle, on fait
nous faisons
vous faites
ils, elles font

Futur
je ferai
tu feras
il, elle, on fera
nous ferons
vous ferez
ils, elles feront

Imparfait
je faisais
tu faisais
il, elle, on faisait
nous faisions
vous faisiez
ils, elles faisaient

Passé composé
j'ai fait
tu as fait
il, elle, on a fait
nous avons fait
vous avez fait
ils, elles ont fait

Passé simple
je fis
tu fis
il, elle, on fit
nous fîmes
vous fîtes
ils, elles firent

Impératif
fais
faisons
faites

Participe passé
fait

Infinitif ***venir*** (3e groupe)

Indicatif

Présent	Futur	Imparfait
je viens	je viendrai	je venais
tu viens	tu viendras	tu venais
il, elle, on vient	il, elle, on viendra	il, elle, on venait
nous venons	nous viendrons	nous venions
vous venez	vous viendrez	vous veniez
ils, elles viennent	ils, elles viendront	ils, elles venaient

Passé composé	Passé simple
je suis venu(e)	je vins
tu es venu(e)	tu vins
il, elle, on est venu(e)	il, elle, on vint
nous sommes venu(e)s	nous vînmes
vous êtes venu(e)s	vous vîntes
ils, elles sont venu(e)s	ils, elles vinrent

Impératif

viens
venons
venez

Participe passé

venu

Infinitif ***voir*** (3e groupe)

Indicatif

Présent	Futur	Imparfait
je vois	je verrai	je voyais
tu vois	tu verras	tu voyais
il, elle, on voit	il, elle, on verra	il, elle, on voyait
nous voyons	nous verrons	nous voyions
vous voyez	vous verrez	vous voyiez
ils, elles voient	ils, elles verront	ils, elles voyaient

Passé composé	Passé simple
j'ai vu	je vis
tu as vu	tu vis
il, elle, on a vu	il, elle, on vit
nous avons vu	nous vîmes
vous avez vu	vous vîtes
ils, elles ont vu	ils, elles virent

Impératif

vois
voyons
voyez

Participe passé

vu

Infinitif pouvoir (3e groupe)

Indicatif

Présent	Futur	Imparfait
je peux	je pourrai	je pouvais
tu peux	tu pourras	tu pouvais
il, elle, on peut	il, elle, on pourra	il, elle, on pouvait
nous pouvons	nous pourrons	nous pouvions
vous pouvez	vous pourrez	vous pouviez
ils, elles peuvent	ils, elles pourront	ils, elles pouvaient

Passé composé	Passé simple	Participe passé
j'ai pu	je pus	pu
tu as pu	tu pus	
il, elle, on a pu	il, elle, on put	
nous avons pu	nous pûmes	
vous avez pu	vous pûtes	
ils, elles ont pu	ils, elles purent	

Infinitif vouloir (3e groupe)

Indicatif

Présent	Futur	Imparfait
je veux	je voudrai	je voulais
tu veux	tu voudras	tu voulais
il, elle, on veut	il, elle, on voudra	il, elle, on voulait
nous voulons	nous voudrons	nous voulions
vous voulez	vous voudrez	vous vouliez
ils, elles veulent	ils, elles voudront	ils, elles voulaient

Passé composé	Passé simple	Participe passé
j'ai voulu	je voulus	voulu
tu as voulu	tu voulus	
il, elle, on a voulu	il, elle, on voulut	
nous avons voulu	nous voulûmes	
vous avez voulu	vous voulûtes	
ils, elles ont voulu	ils, elles voulurent	

Infinitif ***prendre*** (3e groupe)

Indicatif

Présent
je prends
tu prends
il, elle, on prend
nous prenons
vous prenez
ils, elles prennent

Futur
je prendrai
tu prendras
il, elle, on prendra
nous prendrons
vous prendrez
ils, elles prendront

Imparfait
je prenais
tu prenais
il, elle, on prenait
nous prenions
vous preniez
ils, elles prenaient

Passé composé
j'ai pris
tu as pris
il, elle, on a pris
nous avons pris
vous avez pris
ils, elles ont pris

Passé simple
je pris
tu pris
il, elle, on prit
nous prîmes
vous prîtes
ils, elles prirent

Impératif
prends
prenons
prenez

Participe passé
pris

Infinitif ***savoir*** (3e groupe)

Indicatif

Présent
je sais
tu sais
il, elle, on sait
nous savons
vous savez
ils, elles savent

Futur
je saurai
tu sauras
il, elle, on saura
nous saurons
vous saurez
ils, elles sauront

Imparfait
je savais
tu savais
il, elle, on savait
nous savions
vous saviez
ils, elles savaient

Passé composé
j'ai su
tu as su
il, elle, on a su
nous avons su
vous avez su
ils, elles ont su

Passé simple
je sus
tu sus
il, elle, on sut
nous sûmes
vous sûtes
ils, elles surent

Impératif
sache
sachons
sachez

Participe passé
su

Infinitif ***dire*** (3e groupe)

Indicatif

Présent	Futur	Imparfait
je dis	je dirai	je disais
tu dis	tu diras	tu disais
il, elle, on dit	il, elle, on dira	il, elle, on disait
nous disons	nous dirons	nous disions
vous dites	vous direz	vous disiez
ils, elles disent	ils, elles diront	ils, elles disaient

Passé composé	Passé simple
j'ai dit	je dis
tu as dit	tu dis
il, elle, on a dit	il, elle, on dit
nous avons dit	nous dîmes
vous avez dit	vous dîtes
ils, elles ont dit	ils, elles dirent

Impératif

dis
disons
dites

Participe passé

dit

Infinitif ***partir*** (3e groupe)

Indicatif

Présent	Futur	Imparfait
je pars	je partirai	je partais
tu pars	tu partiras	tu partais
il, elle, on part	il, elle, on partira	il, elle, on partait
nous partons	nous partirons	nous partions
vous partez	vous partirez	vous partiez
ils, elles partent	ils, elles partiront	ils, elles partaient

Passé composé	Passé simple
je suis parti(e)	je partis
tu es parti(e)	tu partis
il, elle, est parti(e)	il, elle, on partit
nous sommes parti(e)s	nous partîmes
vous êtes parti(e)s	vous partîtes
ils, elles sont parti(e)s	ils, elles partirent

Impératif

pars
partons
partez

Participe passé

parti

Crédits iconographiques : p. 67 : © Éditions Magnard, illustration Cyril Farudja ; **p. 77** : © Sunset ; **p. 99** : © Éditions Albert René/Goscinny-Uderzo ; **p. 189** : Fotofolia.com ; **p. 193** : © AKG Images.

Achevé d'imprimer en septembre 2008 par Canale (Turin)
Dépôt légal : avril 2008 - N° d'éditeur : 2008/323